"一带一路"开发研究丛书

总主编 ◎ 向宏 胡德平 王顺洪 徐飞

循环递进

"一带一路"倡议创造的内外市场及大中小企业协同发展的新契机

蒋玉石 张红宇 ◎ 编著

西南交通大学出版社
·成都·

图书在版编目（CIP）数据

循环递进："一带一路"倡议创造的内外市场及大中小企业协同发展的新契机 / 蒋玉石，张红宇编著. —成都：西南交通大学出版社，2017.4
（"一带一路"开发研究丛书）
ISBN 978-7-5643-5398-8

Ⅰ. ①循… Ⅱ. ①蒋… ②张… Ⅲ. ①企业发展–研究 Ⅳ. ①F272.1

中国版本图书馆 CIP 数据核字（2017）第 078768 号

"一带一路"开发研究丛书

Xunhuan Dijin

循环递进

"一带一路"倡议创造的内外市场及大中小企业协同发展的新契机

蒋玉石　张红宇　编著

出版人　阳　晓
责任编辑　罗爱林
封面设计　严春艳

印张　22　字数　326 千	出版发行　西南交通大学出版社
成品尺寸　165 mm × 230 mm	网址　http://www.xnjdcbs.com
版次　2017 年 4 月第 1 版	地址　四川省成都市二环路北一段 111 号 西南交通大学创新大厦 21 楼
印次　2017 年 4 月第 1 次	邮政编码　610031
印刷　四川玖艺呈现印刷有限公司	发行部电话　028-87600564　028-87600533
书号　ISBN 978-7-5643-5398-8	定价　82.00 元

ISBN 978-7-5643-5398-8

图书如有印装质量问题　本社负责退换
版权所有　盗版必究　举报电话　028-87600562

"一带一路"开发研究丛书
编写委员会

总 主 编　向　宏　胡德平　王顺洪　徐　飞

副总主编　何云庵　陈志坚　朱健梅

编　　委　沈火明　何　川　钟　冲　邱延峻

　　　　　汪　铮　张雪永　阳　晓　孟新智

"一带一路"开发研究丛书
创作与出版说明

一、立项说明

"一带一路"倡议如果没有找准全球发展的真实需求,她不可能在今天得到如此众多国家的支持和响应。尽管如此,寻求最广泛的共识与参与依然是我们需要艰苦努力的目标,因为这一倡议的本质是推动"五通三同":政策沟通、设施联通、贸易畅通、资金融通、民心相通以及利益共同体、责任共同体、命运共同体,在此基础上实现区域共同市场的协同发展与全球化的深入。

"一带一路"倡议尽管是一个经济发展战略和操作计划,但她明显区别于一般的全球发展概念和相应项目计划,因此,"五通三同"既是手段又是目的,只有如此,我们才能推进相关事业的螺旋递进和升华发展。

面对如此众多的国家与经济体,要建立"五通三同"的基本理解与共识并不断深化,将是一个非常复杂的浩繁系统工程。我们深知没有理论研究的超前展开和持续跟进,寻求广泛共识与普遍参与将是非常困难的。

"'一带一路'开发研究丛书"将从五个角度把握选题方向,弄清基本诉求、明晰关键问题、找准逻辑关系:一,从中国国家战略角度;二,从全球发展角度;三,从"一带一路"倡议实施的相关主体角度;四,从西南交通大学角度;五,从新基建高潮与轨道交通发展角度。

(一)从中国国家战略角度

随着改革与开放事业的循环递进,中国借助全球化契机,快速实现了城市化与工业化，也就是初步现代化。长周期高速成长的中国在今天面临如何跨越"中等收入陷阱"与"修昔底德陷阱"的巨大难题，全球经济格局的变化也给我们带来了新一轮的挑战。通过更紧密地融入世界经济体系尤其是亚非欧市场，毫无疑问是跨越两大陷阱、实现和平崛起的根本性战略选择。

2013年9月，中国国家领导人正式向国际社会提出了共建"丝绸之路经济带"和"21世纪海上丝绸之路"的重大倡议，两者合称"一带一路"倡议。近四年来，"一带一路"倡议首先在中国变成了实实在在的国家战略，从组织机制与体系到首批项目安排都全面展开，取得了阶段性成果；"一带一路"倡议不仅得到了沿线国家的积极响应，也结出了诸如亚投行、金砖银行等重大战略性、阶段性成果；2016年11月17日，第71届联大将"一带一路"倡议正式作为大会议程，这不仅标志着国际社会对它的接受，更预示着"一带一路"倡议逐渐成为全球发展的新理念与新思路，成为"千年计划"的重要操作内涵；2017年1月17日，习近平主席在达沃斯世界经济论坛年会上宣布将在北京召开"一带一路"国际合作高峰论坛，预示着中国声音、中国主张、中国方案将满怀信心地进入国际议题；刚刚结束的中美元首"海湖庄园会晤"不仅将开启中美"新型大国关系"格局下的新合作局面，还将在规划中美关系下一个45年的过程之中，探寻"繁荣中美与建设世界并行不悖"的、促进世界经济"增量再平衡"的、中美共同倡导的全球发展新主张和"再全球化"新战略，这些中美间的战略安排将促进"一带一路"倡议的全面深化和"一带一路"大市场的兴旺发达。

我们可以预计，5月14日至15日在北京召开的高峰论坛不仅是中国主场的全球性盛会，也标志着"从一带一路到人类命运共同体"的全人类"大交通"时代的即将来临，新一轮的世界经济大繁荣也许将由此开启，中国新一轮"对外求和、对内求变"的改革发展新战略同样也将由此开启；随后召开的中共十九大将是新一轮改革发展新战略的组织保障与机制深化。

(二) 从全球发展角度

今天亚洲的大部分国家依然面临现代化的紧迫需求，也就是城市化与工业化的紧迫需求；美洲尤其是南美、欧洲尤其是东欧不少国家也面临同样的需求；非洲更是如此。

"一带一路"倡议的一个重要特征就是借鉴中国快速实现工业化与城市化所积累的相关经验、模式、方法以及相应的中国能力，联合欧美日等发达国家力量和沿线发达经济体力量，推动亚、非、拉为主的洲域市场快速实现赶超型的、后发优势的现代化过程。因此，"一带一路"倡议也可以说是全球市场整体实现城市化与工业化的"收尾工程"，它将迎来的是现代化的灿烂晚霞。

今天的北美、欧盟等发达国家和经济体，虽然也因就业等压力提出了"再工业化"等口号，事实上是很难收到实效的，更难发挥比较性优势。他们恰恰应该面对未来寻求超前的战略安排与新竞争力布局，通过商业模式与机制的创新实现诸多未来产业的提前成熟，并通过新兴产业与新生活方式创造全新的后工业化产业体系与新消费体系，实现经济的转型与市场的繁荣乃至社会的发展。

"一带一路"倡议的另一个重要特征就是在中美螺旋递进的战略合作机制下，依托美国发达的科技力量与教育力量，创新技术方案与商业模式，联合欧日等发达经济体力量和沿线发达经济体力量，推动中美市场为基础的、"一带一路"沿线相对发达经济体普遍参与的、超前布局的、先发优势的后现代化过程。因此，"一带一路"倡议也可以说是中美联手推动的全球市场发达经济体超前实现后工业化与后现代化的"超前工程"，它将迎来的是后现代化的蓬勃朝阳。

"一带一路"倡议的上述两大特征使其完全有可能成为"再全球化"或"后全球化"时代，实现世界经济"增量再平衡"和新一轮长周期繁荣的全球新战略，也是推动工业化往后工业化演进的文明转型工程。

(三) 从"一带一路"倡议实施的相关主体角度

"一带一路"倡议实施涉及的各类主体非常丰富，同类主体又有不同的层级需求；每类主体对"一带一路"的关注、研究、参与都抱有不同的目的与不同的逻辑演进关系。

"一带一路"倡议实施涉及的产业面也相当广泛，不同区域产业链发育的成熟度又有相当大的差异，全球性产业秩序也处在总体平衡的动态调整之中，它的不确定性和不同主体扮演的龙头角色又决定了产业重组与再造所面临的企业性格的个性化。

"一带一路"倡议实施中有一个征象必须说明，那就是区域共同市场的抬头乃至区域共同市场主义的兴起，这就使我们多了一个关注的对象，那就是区域共同市场的牵头人，也许是国际组织、也许是强势国家、也许是强势企业。

"一带一路"倡议实施不能回避它对现行国际政治经济秩序的影响甚至是话语权地位的调整，既有秩序的守成方和挑战方之间的矛盾是无法回避的，关键是看新秩序的建构能不能达成挑战方与守成方的新平衡，这种新平衡的认可需要靠新思维与大主张。

我们的研究，包括因本套丛书带来的深化研究显然是不能够囊括各类主体的不同需求，当下的需求也许还能够有几分感觉，未来变化中的需求调整是很难把握的，尤其是博弈的双方在入场前后的动机变化是最难把握的，我们将尽努力挑战它。

（四）从西南交通大学角度

西南交通大学秉持 120 年的大交通理念，在全校师生、校友事实上已经是"一带一路"倡议项目实施的普遍参与者基础上，根据创办"双一流"大学的总体目标，提出了"以'一带一路'倡议为契机，以国家实验室为突破，全面建构大交通范畴的学科体系建设理念和有特色的世界一流大学目标"，并以此展开交大新一轮的改革发展新事业。

学校成立了"一带一路"开发研究院与"一带一路"历史文化研究院，参加了全国政协统筹的，由清华大学、国家开发银行、丝路基金等机构发起的"丝路规划研究中心"，同时与中央财经领导小组办公室保持联系，将学校机制与国家机制结合，一方面系统性、全局性展开"一带一路"研究，另一方面积极展开国家战略层面的项目实践。近期开发研究院在华盛顿组织了 20 位中美双方政产学人士参加的"中美民间基建合作计划专家工作组",推动中国民间资本联合赴美的"美国基建投资计划",取得中美双方高层的一致认可与褒扬。2016 年年底,历史文化研究院应梵蒂冈教皇邀请赴梵展开"中梵丝绸之路历史文化研究",不仅取得了阶段性成果,还建立了与梵方多个机构的长期合作机制,2017 年 5 月将组织北大、北师大、北外、中国红楼梦研究会、中国曹雪芹研究会等中方专家与梵方教皇大学、梵蒂冈博物馆展开系列研讨会与课题合作,推动"一带一路"历史文化研究上台阶、创品牌。

两个研究院在工作中发现虽然"一带一路"倡议的实践已经走在前面,但理论研究尤其是系统理论研究与理论准备明显不足,落后于实践。我们认为"一带一路"倡议是在全球化发展转型期、全球性工业化与现代化步入后发阶段、后工业化与后现代化步入先发阶段、崛起大国与守成大国进入相持阶段、世界经济正在由失序的不平衡走向有序的再平衡过渡阶段等多个特殊时期提出的。面对这样一个特殊时期,既需要有突破的理论思维与主张,也需要表达核心主张的理念阐述、更需要有逻辑的操作方案且要照顾不同主体的真实需求与思维习惯。

基于上述观点,两个研究院提出了由"智库型模式"起步并逐渐过渡到"智库与教学结合模式"的发展思路。一方面通过智库拓展与"一带一路"相关主体尤其是市场主体的紧密互动关系,进一步找准两个研究院的操作性定位;另一方面组织编写"'一带一路'开发研究丛书",聚集研究资源、提出研究思路、创新研究方法、服务战略实施,在此基础上,进一步找准两个研究院的学术定位。与此同时,动员与统筹全校力量、五所交大的协同力量和成都地区、西南地区高校力量,乃至"一带一路"关联地区大学力量和"大交通"关联的全球性力量参与研究与智库活动。

通过两个研究院对"一带一路"倡议的系统研究,我们越来越发现不仅"一带一路"所关联的亚洲、非洲、欧洲尤其是中东欧普遍面临基础设施先行带动的城市化与工业化快捷发展的后发现代化的总体需求,整个美洲包括北美同样存在如此需求。我们注意到伴随中美合作关系的升级，世界性的新基础设施建设高潮即将掀起。也许它发端于中美两国的基建升级、繁荣于"一带一路"直接推动的亚非欧"世界岛"。

两对新一轮的基建浪潮，在后发现代化国家最重要的表现特征是"大交通"推动的城市化与工业化；在先发现代化国家和地区如美、欧、日等以及中国部分地区，表现特征是"新型大交通"推动的新空间布局与新产业布局。

"大交通"强调依托高铁及城市轨道交通串联形成的城市带、产业带以及在此基础上的特色城镇群与特色产业群；"新型大交通"强调依托磁浮等新型轨道交通实现大都市与特色卫星小镇的快捷连接，重构都市空间格局与新产业布局，除此之外还包括空地一体化新型交通格局带来的"未来城市"的兴建。

由此看来，"新型轨道交通"将是"大交通"与"新型大交通"的基础解决方案，西南交通大学在轨道交通领域的全国性地位乃至全球性地位决定了它的特殊角色。

高铁尤其是时速300公里左右的常规高铁，虽然是新型轨道交通的重要组成部分，但它的研发体系和产业体系已基本成熟，交大要做的工作更多的是补充与完善。交大要在升级版的超级高铁，重载铁路，第二代中低速磁浮列车、高温超导磁浮列车等磁浮轨道交通多样化应用，空铁等多制式城市轨道交通，国防特种运输装备，真空管道超高速轨道交通（1000 km+），现代有轨电车、虚拟有轨电车等"新型轨道交通"方面聚集研究力量与市场力量，不仅创中国"双一流"大学，还要创世界第一的"新型轨道交通大学"，以此带动交大综合能力的全面成长，用全球性基建高潮的大势推动交大成为国际一流研究型大学与智库型大学。

为了实现上述目标，尤其是在"新型轨道交通"产业体系成型之前，交大不仅要为学术体系的完善发挥独特作用，也要为标准体系的完善发挥关键作用，更要为市场体系的超前布局发挥先锋作用。因此，尽快组织战略投资人一步到位形成大资本介入的"中国新型轨道交通集成集团有限公司"显得尤为重要与迫切。它是学术、科研、产业良性循环的重要一环，在一个全新产业孵化之初，这样的机制更显得尤为必要。

（五）从新基建高潮与轨道交通发展角度

伴随中美合作新格局的来临、"一带一路"倡议的全面实施，一场启动于中美市场、繁荣于"一带一路"市场的全球性基础设施建设高潮即将来临。交通，毫无疑问是先行工程，轨道交通尤其是高铁和城市轨道交通又是先行工程中的先行工程。

中国已经有大大小小的若干行业取得了全球规模与技术的领先优势，在大行业领域取得市场领先优势的还是凤毛麟角，中国高铁与城市轨道交通是我们最自豪的佼佼者，它事实上成了全球有目共睹的中国基础设施建设能力的核心能力。我们的尴尬在于为我们这一产业巨大市场优势做出贡献的主要还是国内市场，而大步走向全球市场才是我们轨道交通产业真正成熟的标致。

我们靠国内规模市场优势做大了产业，但还没有做强，关键问题出在应用研究与基础研究的相对滞后，深层问题又在于研究力量的协同与组织机制的困扰，更深层次的问题在于应对全球竞争、大国竞争到底应该有怎样的产业发展战略与机制保证。

培育优势企业、打造优势产业毫无疑问是国家竞争力战略与新一轮改革发展的关键能力需求与基础能力需求；中国高铁与城市轨道交通因市场规模所积累的丰富经验与综合能力，使其成了市场潜力最大的优势产业和企业集群，这样的综合优势产业相对而言实在太少；它过去的成功，一是靠大胆决策、超前超规模展开、用暂时的亏损换取中国城市化与工业化整体能力的快速提升等巨大综合收益，二是靠产学研资源的系统性长期积累；现在的问题，浅层面看是过于依赖国内市场、进入国际市场依然面临技术经济多项指标的竞争压力，深层次看表现为产业、科研、教育整体协同机制与定位出了问题，基础科研与新技术孵化跟不上市场的变化与需求；市场大势来了，它启动于中美新一轮的基建合作计划，繁荣于"一带一路"基础设施建设的先行；需求来了我们从何下手，只能是一方面尽最大努力抓市场，另一方面抓产业与应用研究能力提升，但这需要一个过程；综合而言，从教育突破相对容易、逻辑也比较顺畅，中国轨道交通教育、科研、产业综合体系离世界第一只差一步，教育水平离第一目标相对更近，教育水平的整体提升必然带来基础研发与新技术孵化的能力跃升，直接推动产业规模优势变成性价比优势、技术优势、品牌优势，全球第一的教育品牌更便于整合各类相关主体与不同阶段的科研资源，有利于突破产学研整体能力的协同性障碍；通过世界第一的轨道交通大学和相关研究体系，带出世界第一的优势产业和企业集群不仅可行且战略意义重大，如此安排"一带一路"倡议与"中美基建合作计划"就能快速取得丰富的早期收获。

二、选题原则与创作力量的组织

在今天看来，"一带一路"倡议既是一套中国发展战略，也是一套全球发展战略。两者之间是一个相辅相成的关系：中国战略必须有清晰的国际逻辑，否则没有操作性；全球战略必须要有一定的中国因素，否则同样操作性不强。中国不仅仅是"一带一路"的倡议者，更是市场要素资源组织的基础环节与关键环节，也是新机制的建构者与新方法的始创者。

选题原则要兼顾理论与理念、政府与市场、经济与技术、工业化与后工业化、现代化与后现代化、全球化与后全球化、经济与社会、历史与文化，还要兼顾宏观与微观、战略与战术、理论与实践、国家与地方，更要兼顾国际与国内、长远与现实、区域与国别、产业与项目、产业与金融、大企业与小企业、金融体系与金融产品、金融市场与资本市场等多方面。要从这些关系中抽象出选题要义，安排好出书计划的时间序列与分类序列。

"'一带一路'开发研究丛书"总体采取命题研究的创作形式，创作力量首先是以西南交通大学为首的大学力量，包括五所交大、成都、四川、西南地区相关高校和北京地区相关高校等，其次是国内外从事相关问题研究的各类专业人士。

我们特别注重寻找相似题目的著作者，由他组织研究力量结合我们的战略意图进行再创作。如此安排不仅有利于快速形成研究成果，更有利于思想碰撞、观点交锋与学术深化。

由于"一带一路"概念本身是一个操作性概念，因此方案策划与设计显得尤为重要，许多选题将采取"研讨会"形式展开，由主创人员邀请相关专家共同研究"方案设计"，这样不仅使其研究成果的应用价值得以大大提升，还方便阅读，方便相关人员依不同角色进行资讯的取舍。

如何创新研究形式与课题创作形式是我们接续关心的重要问题，通过它可以使选题的资讯内涵与价值内涵得到最大化发挥。

"'一带一路'开发研究丛书"的编写过程本身也是西南交通大学"一带一路"开发研究院与西南交通大学"一带一路"历史文化研究院创立、研究力量组织、定位精准、方法论形成、智库品牌创立、超级项目能力形成、超级项目模式建立的过程，也是交大产学研模式升级发展的过程，更是中国"一带一路"倡议完善的过程。

我们希望本套丛书能有效服务整个"一带一路"倡议的深度认知与中国"一带一路"倡议的深化。它重在系统基础上的早期行为推动，也不排除在若干年后通过实践的总结形成第二套丛书。我们希望借此丛书的创作为"实验政治学"、"发展经济学"、"产业经济学"、"公司经济学"、"方案经济学"以及"现代化理论"与"后现代化理论"、"大交通理论"、"文化人类学"与"空间人类学"等学科的理论建设做出贡献，更希望为"一带一路"倡议建构起系统的理论体系。

三、选题分类与计划

"'一带一路'开发研究丛书"按九大类方向进行选题规划：一是核心理论与主张系列，二是总体战略系列，三是大国与域内经济体相关理念与主张系列，四是新理念与行动系列，五是人文历史系列，六是中国改革开放新战略系列，七是中国新市场理念与战略转型系列，八是智库与媒体系列，九是轨道交通系列。

编委会初步拟定了九大类 100 多个选题方向，主要是便于著作者参考与选择，整个丛书计划控制在 100 本以内，编委会与著作者在互动中确定最终选题与研究计划和写作提纲，双方取得一致意见后再进行具体的研究与写作工作。

编委会初步拟定的 100 多个参考选题也将在研究深化过程中不断调整与修改，此次提出的如下选题旨在打开研究视野、明确九大分类的逻辑关系，为首批计划的推出建构参照坐标。

（一）核心理论与主张系列

1. 文明与产业：从工业化与现代化走向后工业化与后现代化
2. 新规则：工业文明与后工业文明的胶着与转型
3. 新贸易论：国家间的竞争与改变世界的基础力量
4. 国是与生意：超级项目与超级资本在未来十年将如何改变世界
5. 停滞与繁荣：摆脱政治困扰，迎接新商业力量带来的世界性繁荣
6. 十字路口：新国家为何官僚化以及特朗普可能的再设计与再改变
7. 一千个理由：中美始于现实主义繁盛于新商业主义的战略合作
8. 窗口期：习近平、特朗普可能带来的改变与行进中面临的巨大压力
9. 一带一路：中国经验与中美欧能力结合的后发现代化道路
10. 拥抱：摆脱冷战思维的大国战略
11. 科莫湖：湖边散步，对话美中欧新世界体系
12. 增量再平衡：中美战略对话的全球性议题与机制构想
13. 大交通：从"一带一路"走向人类命运共同体
14. 实践社会主义：在制度竞赛的反省中寻找超越第三条道路的新方向
15. 人类命运共同体：通过经济繁荣导向新普世价值的全球共识

（二）总体战略系列

16. 竞争力报告："一带一路"相关国家与经济体现实能力的总体评价
17. 增长热点：金砖、金钻、灵猫、展望、薄荷、迷雾等概念的研究
18. 全球化与区域贸易协定：五百多个区域贸易协定(RTA)的来龙去脉
19. 超大区域的RTA：欧盟、APEC、东盟、北美自贸区、TPP、TPIP等概念研究
20. WTO波澜起伏：从全球化到再全球化
21. 多国的规划：来自欧洲、亚洲、非洲以及美国的丝路规划方案
22. 总体需求：亚非拉对城市化与工业化的渴望
23. 融合与创新："一带一路"倡议在数百个区域贸易协定基础上的提出
24. 解释"一带一路"：早期实验、正式提出、逐渐成型与相对稳定
25. 战略对接："一带一路"倡议与相关国家战略及区域战略的衔接
26. 新循环体系："一带一路"创造的全球经济新运行格局
27. 世界的试验：后发城市化与工业化的中国经验与教训
28. 新动力与新空间：超级资本推动新兴产业与新生活方式的提前繁荣
29. 收尾与超前：工业化的后发模式与后工业化的先发模式
30. 信风：新一轮全球性基建高潮的来临
31. 世界岛：梦想在大资本时代中美欧合作格局下实现
32. 支撑体系：丝路新时代的节点城市与产业体系
33. 产业分工：联合国的三级工业分类与"一带一路"的分工体系
34. 园区模式：花样繁多的园区概念与中国式的产城融合体
35. 生根开花：中国在"一带一路"超前布局的80余个经贸合作区

（三）大国与域内经济体相关理念与主张系列

36. 特朗普新政：保守主义与现实主义的当下立足与新商业主义的未来发展
37. 改造世界的特朗普：问题意识、逻辑力量与方法论
38. 脱欧之后的再定位：英国在欧盟与新欧亚非一体化市场中的再定位
39. 再造优势：德国借助"一带一路"提振欧盟的新思路与新战略
40. 岛国求变：日本在新外交格局下重构一体化市场的理念与方略
41. 新一轮合作：中韩在"一带一路"大市场体系中谋求新合作格局
42. 海陆互动：新加坡在强化海权优势基础上的陆权联盟式扩张
43. 华丽转身：中东石油大国在"一带一路"机遇下的战略转型
44. 印度：寻求深度认知与理解，探寻全面结构性合作
45. 欧洲图强："一带一路"理念下的东进战略与欧亚非市场共同体
46. 欧亚非经济联盟："一带一路"倡议作为手段与目的
47. 亚洲共进论：区域与次区域共同市场带来的亚洲繁荣

（四）新理念与行动系列

48. 国别经济："一带一路"倡议实施的认知前提与基本能力
49. 产业经济："一带一路"倡议实施的关键环节与核心动力
50. 区域共同市场：后全球化过渡期的市场特性与趋势前瞻
51. 新图景：区域共同市场与主体功能区
52. 经济地理革命："一带一路"串起的区域共同市场体系
53. 不确定中的求索：国际货币太阳系的瓦解与新体系的建构
54. 人民币国际化：从贸易货币、投融资货币走向储备货币
55. 亚投行：全球开发性金融的新角色与新模式

56. 丝路基金：中国由贸易大国向投资大国转型的引导性基金
57. 并驾齐驱：贸易与航运的波罗地海指数与海上丝路指数
58. 新模式：中美欧高科技合作 1.0 与 2.0 互动机制
59. 六大走廊：概念性规划基础上的深度研究
60. 第三欧亚大陆桥：穿越亚洲人口密集地区连接中欧的新通道
61. 捷径：北极航线、克拉地峡运河等海上丝路新通道构想
62. 哑铃战略：十余趟中欧班列连接两个扇面的城市群与产业群
63. 管道丝路：中国与俄缅哈土等国油气管道创造的新开发模式
64. 东西方之桥：土耳其在"一带一路"倡议中的重新定位
65. 比雷埃夫斯港：海上丝路港城连接的中东欧新通道
66. 科伦坡再造：海上丝路中转大港的新发展计划
67. 中白工业园：白俄罗斯的新中心城市与丝路明珠
68. 苏伊士新区：中埃合作的新型经贸合作区与海上丝路的节点城市
69. 瓜达尔港城：一个面向三个大市场的超级工业基地与商贸大城
70. 先走一步：中国在非洲的基建与产业发展
71. 雅达瓦伦油田：中国超级油田海外合作的里程碑
72. 印度钢铁：崛起大国的钢铁产业快发之路与后发之路的双轮驱动
73. 班加罗尔：软件产业聚集区与中国互动的互联网+
74. 有机农业：远东布局的生产基地和全球市场
75. 台湾价值：超级项目合作重塑两岸关系
76. 巴拉望的后现代生活：与增长中心配套的热带海滩度假城与非现场工作基地

（五）人文历史系列

77. 曾经的辉煌：东西方商路连接的古丝绸文明
78. 大航海时代：洲域经济的交流与早期的全球化
79. 从历史走来：始于《中国》的西方关于中国的描述
80. 西方视野的中国：大历史、大文化与大战略的观察

81. 丝路传奇：千百年来西方人的丝路著述与故事
82. 历史的拐点：中国在世界交往中的失落
83. 盛宴：中国艺术在古丝路的辉煌与新丝路的繁盛
84. 梵蒂冈使臣：罗马在东西文化交流中的历史角色与未来设想
85. 大历史定位："一带一路"倡议的历史延续与未来穿越
86. 横断山总体价值论：建构地球终极资源与全人类明天需求间的大逻辑框架
87. 第三空间浪潮：透过若干经典案例解构建构空间人类学
88. 伊甸园：大香格里拉的后现代憧憬
89. 腾冲：古丝路历史文化要冲与新丝路的重新定位
90. 生活大国：四川的尝试与即将到来的中国新战略
91. 艺术的胜利：重庆都市调性的改造与竞争力的勃发
92. 复兴邻里社会：智慧城市与中小微企业新发展浪潮带来的社会变革

（六）中国改革开放新战略系列

93. 第二轮开放：对外求和与对内求变的新战略
94. 愿景与行动："一带一路"倡议的多角度解读
95. 冷思考："一带一路"深层问题与关键问题梳理及求解
96. 战略定力：中国策略的宏微观梳理与系统执行
97. 创新驱动：内外市场互动的创新机制与模式
98. 循环递进："一带一路"倡议创造的内外市场及大中小企业协同发展的新契机
99. 早期收获："一带一路"倡议的有感化与阶段性递进
100. 企业生态：良性发展的基础与深化改革的关键
101. 工业强国：增量再平衡全球机制下中国制造业的转型升级
102. 并非夸大的使命：中国商业力量的成长与未来使命
103. 新亮点：口岸贸易与自由贸易区
104. 利益维护：中国"一带一路"倡议下的海外利益维护
105. 海外中国：中国跨境投资的现状与未来战略
106. 华人血脉："一带一路"华侨资本的关键作用与利益安排

（七）中国新市场理念与战略转型系列

107. 第一战略：推动优势产业冲击第一目标与市场覆盖
108. 并购与整合：中国制造业升级的价值再造与战略重组
109. 战略投资：时髦概念背后的深层功夫与系统能力
110. 机会投资：战略理念与能力支撑下的短线投资
111. 平台公司：多元化的实践与逐渐清晰的能力特征
112. 全球并购：躁动下的冷思考与趋势前瞻
113. 新央企：政治定位清晰后的市场行动
114. 改造与担待：中国上市公司与机构投资人的非常使命
115. 企业家：一个价值被忽略的特殊阶层与关键力量
116. 资本聚集："一带一路"超级项目导向的中国证券市场改革
117. 资本时代："一带一路"开启的中国跨境投资新天地
118. 聚变：郑州如何由超级货运空港演变为航空大都市
119. 于家堡：一个为京津冀融合发展和"一带一路"国别总部而定制的未来城市
120. 发现新疆：双经济走廊概念与超级项目聚集的循环递进
121. 双主题战略：云南在大通道与新生活中央高地两大概念下的再定位
122. 两洋通道：云南如何做好第三欧亚大陆桥与泛亚通道的大文章
123. 深圳谋变：基于现状与可能背景下的超级项目都会
124. 大湾区：新全球经济格局下粤港澳的再定位与一体化
125. 重庆战略力：国企与民企两个战略平台的双轮驱动
126. 多元中关村：欧美日俄以等国多点布局的超级项目孵化基地
127. 智慧城市：以非现场工作为基础的智慧化改造与不断升级
128. 大湾区的香港：在"一带一路"倡议下诉求金融深化与服务贸易升级
129. 装备制造业："一带一路"上的升级版与内外市场的互动
130. 服务贸易："一带一路"倡议下的内外市场联动与大布局

（八）智库与媒体系列

131. 力量的整合：中国与"一带一路"相关研究力量的价值发现与重组

132. 中国丝路开发研究基金会："一带一路"倡议门户型智库的价值主张与方案设计

133. 峨眉论坛：面向"一带一路"的开放论坛与新型国际组织

134. 峨眉论坛大学：创新组织模式与教学模式的"一带一路"国际人才培训基地

135. 超级项目论：中国在后全球化过渡期的非常机遇与方法

136. 超级项目前期："一带一路"倡议系统推进的关键能力

137. 超级项目智库：政产学融合的前期孵化机制与绿色通道

138. 开发性金融："一带一路"创造的新模式与新空间

139. 顶层智力：全国政协精英人才在"一带一路"基础研究上的价值最优化

140. 战略精英：复合型人才在非常时期的非常作用

141. 智力丝绸之路："一带一路"沿线的大学合作

142. 再出发：面对国家总体竞争力与战略安排的高校改革

143. 全球战略（华盛顿）研究院：设计中美欧如何联合创办新型智库

144. 丝路传媒集团："一带一路"全域布局的新媒体集团方案设计

145. 丝路通讯社："一带一路"全域布局的新模式通讯社方案设计

（九）轨道交通系列

146. 轨道交通：昨天的辉煌、今天的重任、明天的浪漫

147. 高铁主义：轨道交通与公路网络的良治后发模式

148. 新型轨道交通：现代化国家与地区交通能力提升的新选择

149. 轨道交通：全系列的中国制造与超级项目模式的中国投资

150. 泛亚铁路：交通体系联动区域共同市场的城市群和产业带

前言

古丝绸之路开辟于2100年前（距2015年）的汉朝，绵延7000多千米，从此打开了中西方经济、文化、历史、艺术和宗教的交流，成为几个世纪以来世界发展的重要催化剂。2013年9月，习近平主席在哈萨克斯坦进行了具有里程碑意义的讲话，呼吁中哈共同建设"新丝绸之路经济带"，以获得双赢发展。同年10月，习近平主席在访问东盟国家时提出"21世纪海上丝绸之路"，"一带一路"倡议正式形成。倡议的提出使中国经济面临着重新洗牌的机遇和挑战。为了在冲突和矛盾中求得和谐，中国经济需要调整原有的规则以适应世界经济的标准，但同时从某种意义上来说，"一带一路"倡议也是优化我国产能结构，输出传统优秀文化的重大机遇，有利于重塑中国在世界的国家形象。其中，大中小企业作为中国的经济主体，如何更有效地在世界经济大舞台上发出中国企业家的声音、建构起中国新一代大中小企业良好形象、赢得"一带一路"沿线国家（地区）消费者的良好口碑等，日益成为促进中国经济成功转型升级、引导中国大中小企业和谐发展的一个重要课题。

"一带一路"倡议提出后，国内学者从不同角度对倡议进行了解读和学术研究，主要包括战略解读、区域融合、中外贸易互通、投资融资、文化交流、旅游互通、教育合作、环境保护、地理空间演变等。

针对大中小企业的研究，主要集中在产业结构调整、人才建设、合作共享、品牌建设等方面。本书在整合现有文献资料的基础上，按照"战略解读—产业建构"的思想进行研究，主要涉及能源行业、金融业、交通运输业、贸易合作、协同发展、社会责任等方面，并结合较多的真实典型案例，较全面地分析了"一带一路"倡议将带给中国市场及大中小企业哪些新的发展契机，中国大中小企业将要面临哪些新风险和新挑战，以及大中小企业在"走出去"过程中如何更有效地整合资源、抱团取暖、协调发展。

本书认为，大中小企业代表中国经济主动"走出去"，不仅面临发展中国家的企业新常态，同时也面临发达国家企业新业态的巨大冲击，这就势必要求我国大中小企业对倡议进行更正确地解读和把握。我国大中小企业在践行"走出去"的过程中，应重点把握以下四个方面：首先，要明确输出的是富余产能而不是淘汰产能；其次，中国市场的状态不能平行复制出境，要重视跨文化及当地消费者的需求差异；再次，避免将传统的"凑合"文化带出中国，也就是说，在海外市场竞争过程中，更要注重品牌建设、市场维护及服务等相关营销细节，以适应国外当地市场消费者的行为习惯；最后，从某种程度上来说，中国大中小企业代表着我国国家形象，因此更应注重中国健康文化的输出，以文化的认同提高"Made in China"产品的交易效用，提升当地消费者对中国产品（品牌）和技术的心理认同感。

本书的主要特点：一是从宏观层面整体解读了"一带一路"对中国市场和大中小企业的影响，站在整个产业（行业）的立场帮助大中小企业进行合理定位；二是系统地分析了"一带一路"倡议下产业整合与我国大中小企业成长的关系；三是综合国内外市场环境，分析了我国大中小企业面临的机遇和挑战；四是提出我国大中小企业在"走出去"的过程中,在坚持我国民族原则和国家利益的同时,要主动作为和创造性学习,积极适应国际标准和遵守当地礼仪,带着较强的社会责任感去发展当地经济,从而为沿线国家(地区)的当地民众带去更多的福祉。

  本书是四川高校智库西南交通大学"一带一路"研究中心的系列学术成果之一。研究院所需人员和工作条件(设备、经费、场地等)由学校统筹予以支持解决,并确保增量投入。研究院作为学校文科类研究平台(中心)的牵总性机构,充分整合了全校相关学科资源,积极深入开展"一带一路"相关的政治、经济、文化、社会、历史、交通等全方位研究,为学校发展积极争取外部资源和支持。我们希望通过本书与国内外同行进行学术交流,但是由于时间仓促,加上作者本身学术水平、见识、能力有限,难免存在不足之处,因此恳请得到各方学者、同仁、企业家、社会各界朋友的批评和指正,从而共同促进相关领域的发展,再次感谢!

编著者
2016 年 11 月

目录

第一章 "一带一路"倡议有利于重构中国全球价值链战略·001

第一节 "一带一路"倡议的解读…………………………………… 004

第二节 "一带一路"倡议有利于展现中国对外开放的新格局…… 016

第三节 "一带一路"倡议有利于我国经济供给侧
改革目标的实现………………………………………… 036

第二章 "一带一路"倡议引领全球市场新趋势……………………… 044

第一节 构建"一带一路",迈向共同繁荣之路………………… 045

第二节 "一带一路"倡议带来的新型中国式产能输出………… 063

第三章 "一带一路"倡议有利于协调大中小企业内外市场·084

第一节 大中小企业在中国和其他新兴市场的崛起………… 085

第二节 "一带一路"倡议带给大中小企业在交通市场上的
商业机会………………………………………………… 087

第三节 "一带一路"倡议带给大中小企业在电力市场上的
商业机会………………………………………………… 092

第四节 "一带一路"倡议带给大中小企业在汽车制造市场上的
商业机会………………………………………………… 094

第五节 "一带一路"倡议带给大中小企业在旅游市场上的
       商业机会 …………………………………………………… 096
第六节 "一带一路"倡议对我国大中小企业区域合作方式
       带来新的挑战 …………………………………………… 099

第四章 "一带一路"倡议引领中国产业调整发展的新契机 …………… 104

第一节 引导产业链中下端的加工制造业、劳动密集型产业
       向中西部转移 …………………………………………… 104
第二节 立足本地优势，发展特色产业 ………………………… 107
第三节 用"一带一路"倡议帮助优化我国产业布局 ……………… 108
第四节 "一带一路"倡议有利于促进中国金融业迈上新台阶 …… 123

第五章 "一带一路"倡议下中小企业协同发展的新契机与挑战 ……… 131

第一节 "一带一路"背景下中小企业发展的机遇与挑战 ………… 131
第二节 "一带一路"背景下中小型企业的市场创新战略 ………… 141

第六章 "一带一路"倡议带给大型企业的发展新契机与新挑战 ……… 155

第一节 "一带一路"给我国大型企业带来的机遇与挑战 ………… 155
第二节 "一带一路"倡议下交通运输类大型企业的
       发展格局及战略选择 …………………………………… 160
第三节 "一带一路"背景下以全球化视野推进建筑企业发展 …… 167
第四节 "一带一路"倡议助力能源企业"走出去" ………………… 177
第五节 "一带一路"背景下进出口贸易业类大型企业发展策略 … 185
第六节 "一带一路"背景下金融类大型企业发展契机与战略 …… 190

第七章 "一带一路"国际区域合作贸易竞争与互补关系研究 ······ 197

第一节 "一带一路"对国际区域合作的战略意义 ······ 197
第二节 "一带一路"国际区域合作贸易比较优势分析 ······ 200
第三节 "一带一路"国际区域合作相关国家贸易指数（CS）分析 ······ 215

第八章 "一带一路"背景下构建大中小企业社会责任软实力 ······ 226

第一节 企业国内经营与跨国经营面临的环境风险差异 ······ 226
第二节 我国"走出去"企业如何应对东道国的非市场风险 ······ 241
第三节 "一带一路"背景下构建我国"走出去"企业社会责任软实力 ······ 250
第四节 海外投资经验借鉴 ······ 255

第九章 "一带一路"倡议和中国铁路"走出去" ······ 261

第一节 铁路"走出去"服务"一带一路" ······ 261
第二节 中国铁路"走出去"的现状 ······ 266
第三节 中国铁路走出去的前瞻 ······ 291

附　注 ······ 293

参考文献 ······ 301

后　记 ······ 322

第一章 "一带一路"倡议有利于重构中国全球价值链战略

近年来，随着全球价值链和供应链的迅猛发展，日益对全球化的生产、贸易乃至于投资都产生了无比深远的影响，从而使全球市场依存程度得到进一步的加深。事实上，国际分工越来越表现为相同产业不同产品之间和相同产品内不同工序、不同增值环节之间的多层次分工。① 因而，随着当前国际分工及国际交流的领域、范围、深度及广度不断扩大，产业间分工也随之发展成为产业内分工。以产品内部分工为基础的中间投入品贸易称为产品内贸易，从而形成了"全球价值链"体系。②

全球价值链的核心环节决定着整个链条的财富流向。世界贸易组织（WTO）和区域贸易协定（FTA）试图建立的许多新规则都是为了适应这种逐渐占据主导地位的分工形式。③ 未来，全球竞争是价值链的竞争，构建中国自己的全球价值链战略应上升为国家战略，这是中国从经济大国迈向经济强国的关键。④

中国在 2016 年任二十国集团（G20）主席国期间，推出的贸易与投资五大议题中就包括帮助发展中经济体和中小企业融入全球价值链。虽然称之为"全球价值链"，但目前价值链并没有在全球范围内广泛分布，主要还是分割成区域性的价值链。比较重要的区域价

---

① 王岚. 融入全球价值链对中国制造业国际分工地位的影响. 统计研究，2014，31（5）:17~23.
② Miroudot S, Rouzet D, Spinelli F. Trade Policy Implications of Global Value Chains. General Information, 2013.
③ 苏庆义. 推进"一带一路"战略构建线性价值链. 和讯名家. [2016-04-28]. http://news.hexun.com/2016-04-28/183600438.html.
④ 张茉楠. 实施重构中国全球价值链战略. [2015-04-17]. http://news.hexun.com/2015-04-17/175076087.html.

值链包括北美价值链、亚太价值链和欧洲价值链。这三大区域价值链呈圆形，是在块状区域形成的价值链，故而可以形象地称之为"圆形价值链"。

中国提出"一带一路"倡议，在增强沿线经济体经贸关系的过程中，将构建一种新型的价值链——线性价值链。因为从区域分布来看，"一带一路"沿线国家的存在形式是线性的。线性价值链和圆形价值链存在诸多差异，差异之一是圆形价值链易封闭而线性价值链利开放。在圆形价值链中，往往存在比较核心的经济体，具有不可替代性，是该价值链的"轴心"。价值链内的经济体往往因相互依赖而成为一个整体，价值链外的经济体很难融入这种分工圈，也不易享受这种价值链带来的好处。而线性价值链则不同，它不易产生核心经济体，线性分布上的每个经济体都是必不可少的一个，而且每个经济体都能以自身为轴构建小的圆形的价值链，即每个线性价值链上的经济体都可以辐射周边的经济体。故而线性价值链更具开放性。

中国具备了深化"一带一路"线性价值链与国际产能合作的基础。中国提出的"一带一路"倡议，可以在构建新的价值链形式的过程中激活沿线国家的经贸关系。

一方面，"一带一路"倡议下的经贸合作取得了较大进展。2015年，我国同"一带一路"沿线国家的进出口贸易总额近1万亿美元（9955亿美元），同比增长25%。截止到2015年年底，在沿线65个国家中，我国投资49个国家，共计150亿美元，同比增长18%；我国与60个国家共签订约3987个基础设施建设合同，总金额达926亿美元，占当年我国同全球所签订合同总额的44%，同比增长7.4%。其中，项目投资主要分布于电力工程、交通运输、石油化工、通信工程等领域。境外经贸合作区是推进国际产能与装备制造合作的有效平台，已成为促进我国和东道国经贸合作双赢的重要载体。目前，中国已经在全球50多个国家设立了118个境外经贸合作区，共有2799家中资企业入驻。在沿线65个国家中，现有23个国家设立了77个境外合作区，共900家中资企业入驻，投资项目3975个，年产值超过200亿美元，为当地解决就业20万人，上缴税收10亿美元。还有25个国家希望同我国建立36个境外经贸合作区。我国与"一带一路"国家双边贸易总额见图1.1。

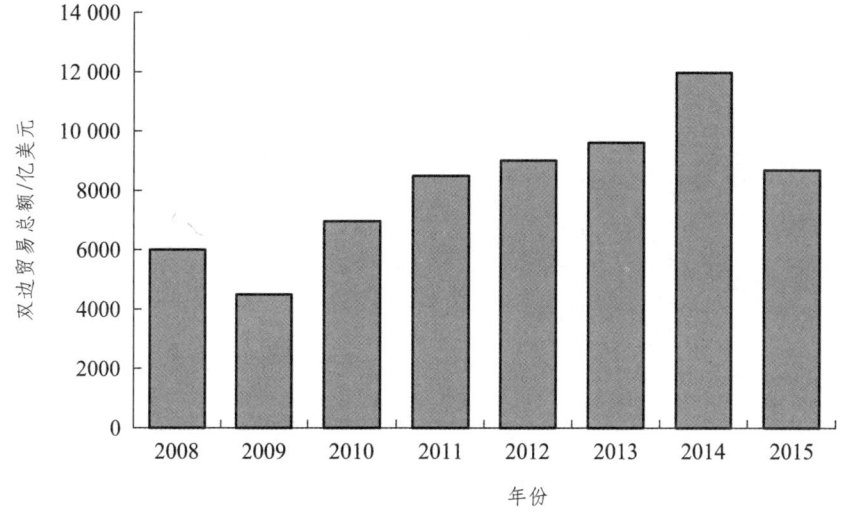

图 1.1 我国与"一带一路"国家双边贸易总额

另一方面，中国大量的优质产能为进一步深化国际产能合作提供基础。目前，中国是不少沿线国家的最大贸易伙伴、最大出口市场和主要投资来源地。根据联合国工业发展组织资料，目前中国工业竞争力在136个国家中排名第七位，制造业净出口居世界第一位。按照国际标准工业分类，在22个大类中，中国在七大类中名列第一，钢铁、水泥、汽车等220多种传统工业品产量居世界第一位。与此同时，随着产业升级以及工业化进程的深化，中国已经在多晶硅、光伏电池、风能设备等新兴产业，以及在轨道技术、车辆装备、移动信号高端装备制造业等领域，具备了较强的技术创新能力，并逐步实现了从单一产品输出到成套设备输出的转变。目前，中国南车与中国北车（现已合并为"中国中车"）的产品已出口到六大洲约90个国家和地区，中国南车与中国北车合并更是为"中国高铁"进军全球排行前列做好了准备。中国至少已与30个国家进行了高铁合作或者洽谈，这些不仅能够有力支持中国对外开展铁路、公路、航空、电信、电网和能源管道等领域互联互通战略，而且在对外产能合作中还可以延长产业链和价值链，发挥产业前后联动效应。①

为发展线性价值链，中国倡导基础设施投资的重要性，联通沿线国家；中国企业也可以选择风险较低、基础较好的沿线国家进行投资、发展经贸关系，构筑起以此为核心的小型价值链。在这一过程中，沿线分布着离散的不同的核心经济体，最终将"一带一路"扩展成较宽的带状，带动整个欧亚大陆的经济发展和经贸联通。在这一过程中，中国将构筑起对外开放的新格局，并为整个欧亚大陆的发展做出不可估量的贡献。

第一节 "一带一路"倡议的解读

2016年"两会"（中华人民共和国全国人民代表大会和中国人民政治协商会议）关于"一带一路"的提案议案几乎涵盖所有行业。可见，"一带一路"已深入影响到方方面面。在"十三五"规划纲要中则进一步明确提出：要以"一带一路"建设为统领，丰富对外开放内涵，提高对外开放水平，协同推进战略互信、投资经贸合作、人文交流，努力形成深度融合的互利合作格局，开创对外开放新局面。

"一带一路"包含着非常深刻和丰富的内涵，虽然不同的专家从不同的视角做出了各自的解读，但是总结归纳起来讲，主要是"五通三同"。其中，所谓的"五通"就是政策沟通、设施联通、贸易畅通、资金融通、民心相通；所谓的"三同"就是利益共同体、命运共同体和责任共同体。这"五通三同"是一个整体、统一体，不可分割，缺一不可。②同时，"一带一路"还肩负着三大使命：探寻经济增长之道、开创地区新型合作、实现全球化再平衡。特别是"一带一路"向西发展，将中亚、西亚等区域连接起来，推行全球化的包容性发展，使包

---

① 张茉楠. "一带一路"倡议深化全球价值链分工与合作. 海外投资与出口信贷，2016，3:3~7.
② 蒋希蘅，程国强. "一带一路"建设的若干建议. 西部大开发，2014，10:98~101.

括蒙古等在内的内陆国家和地区迎来了新的发展契机;"一带一路"向南发展,将南亚、东南亚等区域互通起来,使缅甸、老挝、越南、柬埔寨等在内的发展中国家优势互补,促进区域合作不断迈上新台阶。

当前国内外社会各界对中国提出的"一带一路"国际合作倡议大多持积极评价,然而也存在不少疑虑和误读。比如:国外部分学者担忧"一带一路"会挑战现有的区域合作机制,甚至有学者误将"一带一路"比作新版的"马歇尔计划",是为遏制美国在地区的影响力并将其赶到大西洋;还有些学者认为"一带一路"是中国霸权主义的体现,是对抗欧亚经济联盟的机制。此外,有媒体将"一带一路"简单地等同于沿线国家买卖产品,还有媒体将"一带一路"自娱自乐化,将其看作是简单、片面地与沿线国家打交道。

一、"一带一路"倡议提出的背景及基本内涵

(一)"一带一路"倡议提出的时代背景

古丝绸之路是张骞(约公元前164年—前114年)于西汉(公元前202年—公元9年)出使亚洲中西部地区开辟的以长安(今陕西西安)为起点,经关中平原、河西走廊、塔里木盆地,到锡尔河与乌浒河之间的中亚河中地区、大伊朗,并联结地中海各国的陆上通道。

丝绸之路起始于古代中国,是连接亚洲、非洲和欧洲的古代路上商业贸易路线,从运输方式上分为陆上丝绸之路和海上丝绸之路。丝绸之路是一条东方与西方之间在经济、政治、文化进行交流的主要道路。它最初的作用是运输中国古代出产的丝绸、瓷器等商品。德国地理学家 Ferdinand Freiherr von Richthofen 最早在19世纪70年代将之命名为"丝绸之路"。

当今世界正发生复杂而深刻的变化,各国面临的经济发展、种族歧视、民族冲突、恐怖主义等问题依然严峻。共建"一带一路"是顺应经济全球化、世界多极化、文化多样化、社会信息化的时代潮流,符合国际社会的根本利益,旨在促进资源高效配置、经济要素有序自由流动,开展更高水平、更大范围、更深层次的区域合作,进而推动

"一带一路"沿线各国实现经济政策协调,共同打造包容、开放、普惠、均衡的区域经济合作架构。"一带一路"是国际合作以及全球治理新模式的积极探索,无时无刻不在彰显着人类社会对于美好生活的共同向往和追求,必将为世界和平发展增添新的正能量。①

(二)"一带一路"倡议提出的国内背景

首先,一直以来中国传统的出口国较为狭窄和单一,对我国经济的健康运行造成了困扰。通常而言,当某国产业产能利用率大于85%以上时,表明该国的经济运行较为健康、合理。然而,据国际货币基金组织测算,当前我国产业产能利用率还不足65%。②因此,在面对国内需求不足的窘境时,唯有开拓新的市场,抢抓机遇,通过"一带一路"才能为其带来一条新的出路。

其次,中国从其他重要资源国获取矿产资源、油气资源等渠道来源过于单一。中国的铁矿石依赖于澳大利亚和巴西,石油依赖于中东,换而言之,并且资源方面的合作不深入、不稳定、不牢固,③大多依靠海路进入,进口渠道依然较为单一。通过实施"一带一路"后,新增资源可以从陆路通道直接进入,有利于实现获取资源途径来源的多样化。

急需提高中国的战略纵深度,防患于未然,从源头上进一步强化国家的资源安全。如前所述,我国各种急需资源的主要进入通道是海路,然而一旦发生战争,海路将直接暴露于外部威胁中,这对我国的国家安全是十分不利的。④一旦遭到敌对势力的大规模打击,将会导致灾难性的后果。在战略纵深更高的中部和西部地区,地广人稀工业

---

① 国家发改委,外交部,商务部. 推动共建丝绸之路经济带和21世纪海上丝绸之路的愿景与行动. 人民日报,2015-03-29(4).
② 钟洪亮. 我国产能过剩治理研究. 福州:福建师范大学,2015.
③ 蒋屹. "一带一路"战略背景下我国海外矿产资源开发外部安全风险研究. 北京:中国地质大学,2015.
④ 王义桅,吕楠. 热话题与冷思考——关于"一带一路"与中国外交的对话. 当代世界与社会主义,2015,4:4~12.

少,在战时受到的威胁也少,因此从某种程度上来说,通过"一带一路",带动对西部的开发力度,必将使国家安全得到进一步的强化。

(三)"一带一路"倡议提出的构想

2013年9月7日上午,国家主席习近平在哈萨克斯坦纳扎尔巴耶夫大学做演讲,提出共同建设"丝绸之路经济带"[①]。2013年9月和10月,国家主席习近平在出访中亚和东南亚国家期间,先后提出共建"丝绸之路经济带"和"21世纪海上丝绸之路"(简称"一带一路")的重大倡议,得到国际社会高度关注。中国国务院总理李克强参加2013年中国—东盟博览会时强调,铺就面向东盟的海上丝绸之路,打造带动腹地发展的战略支点。[②]加快"一带一路"建设,有利于促进沿线各国经济繁荣与区域经济合作,加强不同文明交流互鉴,促进世界和平发展,是一项造福世界各国人民的伟大事业。2014年6月22日,在卡塔尔多哈进行的第38届世界遗产大会上宣布,中哈吉三国联合申报的"丝绸之路:长安—天山廊道的路网"成功申报世界文化遗产。[③]

在后金融危机时代,通过"一带一路"建设,一方面有利于沿线国家实现合作与对话,共同分享中国经验、教训和改革发展红利,建立更加平等、更加均衡的新型全球伙伴关系;另一方面有利于沿线国家将自身的技术与资金优势、产能优势、经验与模式优势转化为市场与合作优势,实行全方位开放,共同夯实世界经济长期稳定发展。

(四)"一带一路"倡议提出的基本内涵

"一带一路"倡议的核心内涵在于"开放、包容、互利和共赢",实质上它将惠及各个参与国的方方面面,既关乎区域协调与全球治理结构的新的变革,同时又涉及相关国家之间的双边合作、人文交流和贸易往来。

[①] 宋锡祥."一带一路"与哈萨克斯坦投资仲裁保障机制研究.上海:上海市社会科学界学术年会,2015.

[②] 宋德奇.搭"一带一路"顺风车促中国—东盟检测认证便利化.中国质量万里行,2015,10:53.

[③] 车军,李倩,晓月.梦圆多哈大运河申遗成功.名城绘,2014,4:6~15.

第一,开放既是古丝绸之路的基本精神,也是现代丝绸之路建设的核心理念。换而言之,"一带一路"建设对世界上所有国家、国际组织、经济体、区域合作组织乃至于各种民间机构都敞开大门,不具排他性,不搞所谓的"小圈子"和所谓的"封闭性集团"。只要各参与方致力于降低贸易摩擦和投资成本,不断致力于提高双方的投资与贸易便利化水平,都欢迎加入其中。

第二,包容意味着"一带一路"各参与方没有门槛要求,合作方式、合作机制具有多元化、多样化的特征,并不针对特定的第三方。参与各方本着友好协商的原则,围绕扩大经贸合作、促进共同发展的目的,构建多方利益共同体。在涉及的具体项目建设过程中,可采用双边或多边、本区域或跨区域的合作方式。由此可见,"一带一路"运行机制不仅不会对现有的区域合作机制造成冲击,反而有利于沿线各国更好地与现有各类机制实现良好的对接。①

第三,互利是推进"一带一路"各参与方建设的根本动力,各参与方要真正落实优势互补,实现利益共享、共同发展。在全球化日益发展的今天,任何一项区域合作构想,只有真正实现互利共赢才能具有广阔前景和持久活力,才能获得各参与方的认可。因此,"一带一路"建设要求各参与方之间不搞利益攫取,不搞零和博弈,不能损害第三方的合法利益,更不能搞与邻为壑的重商主义、贸易保护主义。

第四,共赢是保障"一带一路"得以可持续发展的基础。从历史上看,古丝绸之路虽是由汉朝政府打通并拓展的,却是以民间商旅互通有无为主,并不是由某一国政府主导。因此,"一带一路"建议急需各参与方的共商、共赢、共建、共享,使之真正成为"利益共同体""发展共同体",乃至"命运共同体"。

二、"一带一路"倡议与当前中国经济新常态下的国情相吻合

金融危机以来,中国的国际经济环境大大改变,经济发展面临

---

① 程国强. 深化智库合作 共建现代丝绸之路. 对外传播,2015,3:13~14.

严峻挑战，迫切需要培育新的外部经济环境，以满足中国经济"新常态"的需要。中国经济的"新常态"可以从需要和硬条件两个方面进行理解。从需要看，世界经济长期萧条，中国的出口进入低增长甚至负增长状态，传统的低成本比较优势丧失，一般制造业出口正被东南亚周边国家替代，而仅靠内需显然容纳不了业已形成的庞大制造业产能。中国需要通过与发展中国家的经济合作为自己的基础产业产品和产能寻找市场。这种合作当然需要一定的国际经济合作架构和规则。从硬条件看，中国的经济规模、实力，特别是在资金、技术、产业经验和发展模式方面对发展中国家优势明显，在某种程度上、某种范围内有可能建立和推行中国提倡的国际经济合作理念与原则。具体体现为：

第一，金融危机打破了"西方消费、东方制造"的模式，国际分工方式得以进一步洗牌和重组。经过这轮金融危机以后，整个世界的经济都在重构①，过去那种传统的"西方消费、东方制造"的国际分工模式现今已发生了巨大的变化。随着美国、欧洲的消费能力下降，那种再靠借钱来消费的经济增长模式难以为继。同时，依靠大量出口、大量顺差的"东方制造"模式势必需要进行重组，由此需要有新的市场和新的发展模式才能适应新的全球化趋势。

第二，全球性产能过剩加剧，需要新需求、新的经济增长动力和市场方的加入，以承接过剩产能。事实上，产能过剩是全球各个国家都要碰到的问题。现在各行各业的大宗商品价格波动联动关系非常强，如随着石油价格的大量下降，铜价的跌幅一天之内有可能高达7%。但是，与之对应的是工人工资居高不下，每人每年起码需要4000美元以上。在这种情况下，全球范围内迫切需要新的需求，将劳动力密集型产品转移出去，急需寻找一个新的市场承接方。②

第三，更重要的是过去中国"引进来"这种开放模式现在已经发生了变化。中国从2015年开始已经成为对外投资的净投资国，也就是

---

① 汤敏.中国需要第三极，需要"一带一路".财经界，2015，2:95~98.
② 钟洪亮.我国产能过剩治理研究.福建师范大学，2015.

外国直接投资到中国来比咱们中国直接投资到外国去还少，而且这个速度一旦出现了之后，我们的对外投资每年有 20%～30%的增长，而引进来投资每年是百分之几的增长，这个差距会越来越大。如果说 2002 年的时候我们对外投资几乎还为零，那么，现在已经有了较多的增长。从这个角度来说，从中国内生的经济来说，需要一种新的开放战略。一种新的开放模式，就是在"引进来"的同时要大规模地"走出去"。

基于这些，从国际宏观环境的需求和国内的经济需求看，我们需要一个新战略，一个新的开放战略。这个开放战略，我们可以用"一带一路"来概括。对于"一带一路"，大家不要把重点放在"一"字上，虽然它叫"一路"，叫"一带"，但实际上这是我们新的未来开放的一个大战略。从这个意义出发，我们可以看出，现在我们的"一带一路"，远远超出了过去想的那种"带"，那种"路"的概念。在这里涵盖的国家有 65 个，人口是 44 亿，占全世界人口的 63%，这实际上是一个全方位的、开放的倡议，未来会有更多的国家加入。

"一带一路"大力发展国内需要，特别是在"一带"上，大力开发西部。在"一路"里，实际上包含着亚太经济圈，包括跟欧洲经济圈相连，跟亚太经济圈相连，恰好"一带一路"就是把整个世界给概括起来了。中国对外经济战略的目的是为中国经济转型发展与"新常态"创造国际经济条件。这些条件指的是，开拓新的海外市场特别是发展中国家市场，通过国际产能合作转移部分成熟产业，通过区域经济一体化和贸易投资自由化实现优势互补和区域共同发展。

三、"一带一路"倡议推进中国的市场经济体系更加完善

在 2015 年的政府工作报告中，明确提出要把"一带一路"建设摆在调整区域经济结构三大任务之首。事实上，中国经济的发展就是在不断开拓创新和寻求突破的过程中成长起来的。因此，从某种意义上来说，包括中国在内的沿线各国都面临着经济转型、经济结构调整、

增加国民收入等类似的紧迫任务,"一带一路"沿线各个国家和人民的前途命运休戚与共,紧密相连。一旦"一带一路"变成现实,必将有利于构建起一条全世界最具发展潜力、跨度最长、合作及相互依存度最高的经济走廊,沿线国家将共同致力于把经济这块大蛋糕做大、做强,这样势必比分而治之、不相往来、互设贸易壁垒的结果要好得多。

第一,"一带一路"为世界提供一种新的发展构架和合作模式,有利于缓解当前国内需求不足的现状。目前我国经济增长机理已经发生了重大改变,就是由改革开放初期的供给约束为主的经济增长方式,慢慢转变为以需求约束为主的经济增长方式。从某种程度上来说,国内有效的总需求不足已成为制约经济运行和可持续发展的主要成因,这也是我国经济为什么要实施供给侧改革的根本原因。因此,实施"一带一路",将有利于发挥国内的比较优势,用我们的价格优势、质量优势、品牌优势和技术优势抢占沿线国家的市场份额和赢得当地民众的口碑,促进国内相关产品、技术、专利等的出口,在向国外转移剩余生产能力的同时,为沿线国家和人民带来更多的实惠,从而更加有利于实现多方的和谐发展和互利共赢。例如,中国人民大学国际关系学院教授王义桅曾谈到:新疆有很多很好的产品,西部大开发战略主要还是想着把西部跟东部连在一起,现在有了"一带一路",将会彻底改变思路,直接向西发展,那么新疆的选择余地也就更大了。

第二,"一带一路"有助于我国与沿线国家进行产能、能源和各种资源的合作,实现优势互补,有利于破解国内经济长远发展面临的各种瓶颈,从而为国内产业和经济结构转型升级腾出空间。由于"一带一路"沿线国家的经济产业与我国的经济产业处于一种垂直分工状态,通过"一带一路",实现互联互通,有利于把周边国家的独有产能、能源和资源优势转化为经济利益,更有利于提升当地民众的收入、就业、教育、文化、购物以及医疗等领域的获得感。

第三,"一带一路"既鼓励"走出去",同时又鼓励积极"引进来",通过人流和资金流的往来,必将有利于提高我国外汇储备的使用效益。[①] 我国有着庞大的外汇储备,但是结构单一,大多为美元资产,收益率并不理想。通过建设"一带一路",在扩大对外投资的同时,也鼓励境外资本到我国投资;不仅鼓励我国企业通过对外投资拉动国内相关产品、技术和资源的出口,而且也会积极促进我国企业从其他国家进口国内急需的产品、资源和能源等。国家外汇管理局国际收支司司长管涛曾表示:"一带一路"必将有利于进一步拓宽外汇储备使用渠道,不断尝试多元化运用外汇储备的新举措,在配合国家战略实施、推进贸易投资便利化的同时,在保证外汇储备本金安全的前提条件下,不断提高我国外汇储备使用的效益。

第四,坚持正确的"义利观",坚持"共建、共享、共商"原则,实施"差异化"政策,构建和谐稳定的周边关系。随着我国同周边国家的经济往来日益紧密,稳定的周边环境对于"一带一路"有着非常重要的支撑作用。由于"一带一路"沿线国家间关系、民族宗教状况错综复杂,因此应尽可能消除沿线国家的安全疑虑,不急功近利,推崇"和平、开放、包容、互信、互利"的丝绸之路精神,勇于在当地承担更多社会责任,不搞短期行为,实施"差异化"的政策和策略,打造与当地政府、产业链条上的企业乃至普通老百姓牢固的情感和利益纽带,在"利"的驱动下,同时注重"义"的感召力,不断获得来自方方面面的支持与信任。例如,外交学院亚洲研究所副所长郭延军就曾提出:通过合理的"水外交"方式,使其成为我国在"塑造周边"过程中的一个"亮点工程",成为我国主动作为,积极提供地区"公共产品"的一个典范。

总体而言,"一带一路"倡议使"中国发展引擎"所驱动的地缘经济潜力,能够更好、更多、更快地惠及到沿线国家和人们,在帮助实现"中国梦"、中华民族伟大复兴的同时,有利于进一步促进各种资源要素的优化配置,推动"一带一路"沿线国家的区域经济合作,帮

[①] 高佳琳.外汇储备与"一带一路"战略的相互影响.外交学院,2015.

助沿线其他发展中国家实现各自的梦想。需要注意的是，在尊重各国平等、合理、合法权利的同时，需要不断增强对外援助的战略性和实效性，绝不放弃中华民族的正当权益，绝不能拿国家核心利益做交易和筹码。

四、国内外学者对"一带一路"倡议的关注

分别以 Web of Science、CNKI 数据库为数据源，以"一带一路"为主题词进行了搜索，外文共得相关文件 14 篇，而中文关于经济与管理科学的文章共 19 395 篇。国内外学者对"一带一路"的关注主要呈现出以下几个特点：

（一）对"一带一路"倡议的研究，中国学者占主导地位，菲律宾、印度次之

由图 1.2、图 1.3 可知，与"一带一路"相关的外文文献中，中国学者占据绝对地位。这和中国作为"一带一路"倡议的提出者有很大关系，中国"一带一路"相关研究院的成立，也带动了中国学者的研究热情和使命，但中国的学者没有形成合作网络。菲律宾作为东盟成员，印度作为中国 21 世纪海上丝绸之路的积极与建设性伙伴，从中国的基础设施建设投资中收益颇多，两国学者主要侧重基础设施的研究。

图 1.2　外文文献作者网络分布

"一带一路"倡议创造的内外市场及大中小企业协同发展的新契机

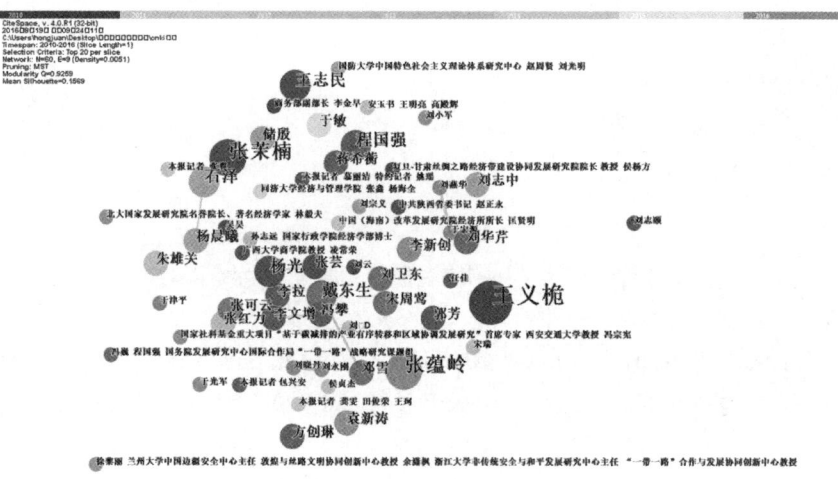

图 1.3　中国文献作者网络结构

（二）对"一带一路"倡议的研究机构呈现专业化和部门化

由图 1.4、图 1.5 可知，"一带一路"相关研究机构主要分布在大学和研究院，这也是"一带一路"建设需要智库支持的发展结果。中国的研究机构主要集中在"一带一路"的几个节点，如北京、西安、新疆、郑州、上海、广西，但同时中国的一些大学将自己的专业优势积极融入"一带一路"建设，如武汉大学、哈尔滨工程大学、吉林大学等。国外主要集中在综合性的名校，如菲律宾的德拉萨大学、印度的贾瓦哈拉尔尼赫鲁理工大学。

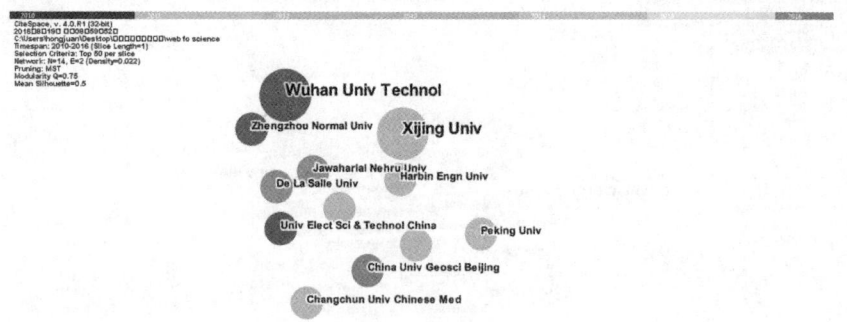

图 1.4　外文文献研究机构网络分布

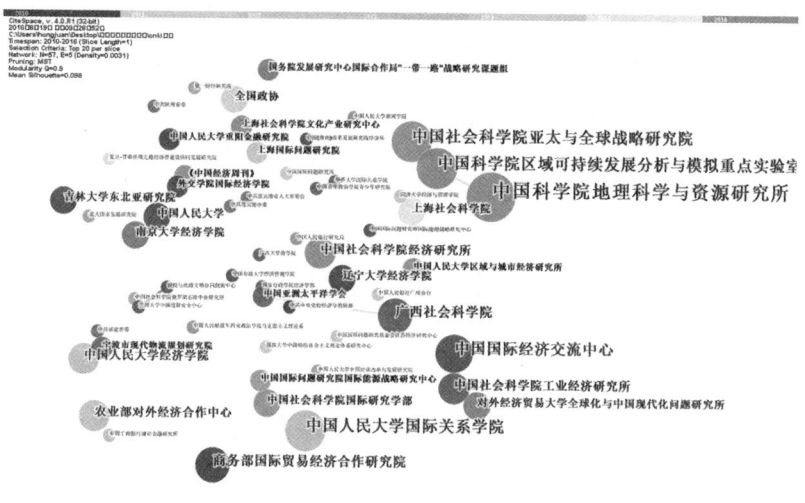

图 1.5 中文文献研究机构网路结构

（三）对"一带一路"倡议的研究主题呈现从宏观到微观，从政府到地方的趋势

国内的"一带一路"研究呈现自上而下的研究结构，由图 1.6、图 1.7 可知，研究主题从 2013 年的"一带一路"倡议内涵的解读（王保忠、何炼成、李忠民，2013）到 2014 年的区域合作（朱环，2014；蒋希蘅、程国强，2014）、外交政策（申现杰、肖金成，2014）、地方经济的发展，再到 2015 年的文化输出、经济一体化（杜德斌、马亚华，2015；段从宇、李兴华，2014；郑志来，2015）、产业合作（陈学璞，2015，张蕴岭，2015），再到 2016 年将要全面开放（Chia，2016，Lin，Wang，2016；Mishra，2016）、人才培养（顾俊，2016）、贸易投资（刘瑞、高峰，2016；吴莉婧、谢淑华，2016）、产能输出（梅燕雄 等，2016；王恒，2016）和信息交流合作（孟祺，2016；吴建南、杨若愚，2016）等。研究主题逐渐从宏观的顶层设计转向微观的合作领域，从政府的战略解读转向民间的战术研究。

016 循环递进
"一带一路"倡议创造的内外市场及大中小企业协同发展的新契机

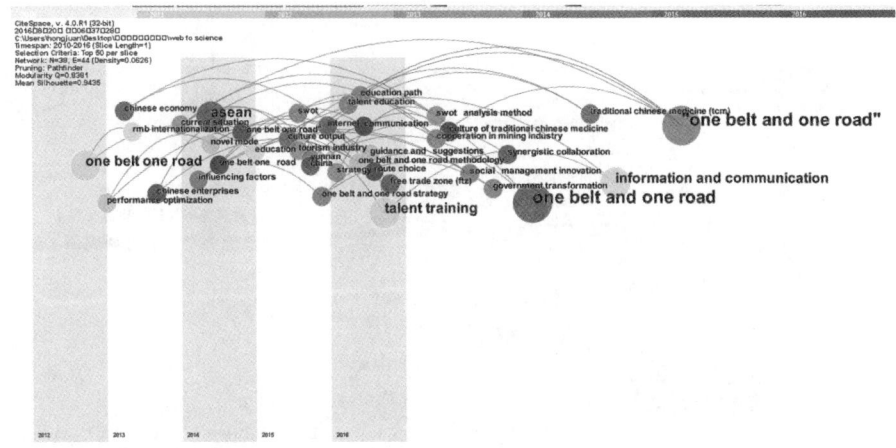

图 1.6 外文文献研究主题网络结构

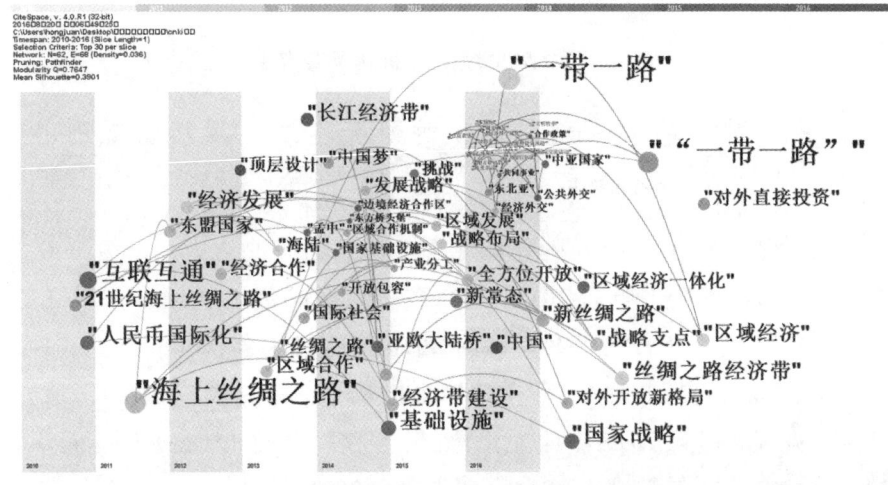

图 1.7 中文文献研究主题网络结构

第二节 "一带一路"倡议有利于展现中国对外开放的新格局

中国对外开放是以引进外资为起点，以外资带动出口为手段，通过推动加工贸易主导的出口扩张，积累更多外汇储备，从而实现中国经济融入世界经济的开放进程。因此，中国前三波开放的推进模式总体上呈现出集聚式开放的特征，即以吸纳全球要素为基础，通过开辟出口加工区，提供组装能力，率先带动以轻工和纺织为主的出口导向产业，继而通过更多地吸引资本和技术密集的外国直接投资，提升制造水平，充当世界工厂。

"一带一路"倡议则是在中国已经摆脱储蓄和外汇"双缺口"，进入贸易顺差和国际储备充足的背景下提出的，旨在引导要素连接式开放，是以资金、技术、人才和资源流动为基础，以各类要素的"引进来"与"走出去"相结合，实现沿线国家间经贸联系与产能合作的新方式，有助于实现中国经济从单向、浅度的国际化向双向、深度的国际化迈进。本节将从中国"一带一路"对外开放战略，以及大中小企业如何"走出去"实现国际化等角度，探讨"一带一路"倡议对中国对外开放战略的助推作用。

一、"一带一路"助推中国对外开放大战略

"一带一路"是中国资本输出计划的战略载体。在经济层面上，"一带一路"的目的有两大层次：近期着眼于"基建产能输出+资源输入"，远期着眼于"商贸文化互通，区域共同繁荣"。基于以上分析框架，本书梳理出国内产业发展的五大主题机遇。

（一）"通路通航"主题

在"一带一路"建设中，交通运输是优先发展领域，包括交通运输业（港口、公路、铁路、物流），铁路建设与相关设备，航空服务、设备、整机生产等。交通运输的优先发展，加快提升了我国与周边国家交通基础设施的互联互通水平，并实现区域交通运输一体化。

交通运输业（港口、公路、铁路、物流）将率先直接受益于亚欧交通运输大通道的建成，为带动区域经济发展创造条件，将加快推进公路、铁路、民航、海运等多种运输方式的互联互通，吞吐量得到了

明显提升。连云港至鹿特丹港联通的新欧亚大陆桥，将强化其在国际陆路运输中的骨干作用。中国也将全力打造与我国第三大贸易合作伙伴——东盟地区的海陆空综合交通方式：海上——将中国和东南亚国家临海港口城市串联起来；内河——中国出资澜沧江—湄公河河道建设，打造黄金水道；公路——南（宁）曼（谷）、昆（明）曼（谷）公路已经开通，东南亚正在形成两横两纵的公路通道；铁路——中国计划以昆明和南宁为起点，建设泛东南亚铁路联系东南亚陆路国家。

交通基础设施建设和运营"走出去"①，也将带动铁路建设与相关设备，航空服务、设备及整机生产等产业增长。我国在基础设施建设、港口运营、设备制造等领域的管理与技术优势，推动中国标准、技术、装备、服务和交通运输企业在更大范围和更高层次上"走出去"。中国港口有丰富的基础设施建设和运营经验，铁路建设"走出去"给其他基础设施类公司走出去提供了良好的契机。同时，东南亚及南亚国家存在强烈的建设大港口的需求，我们认为这些领域的优质企业存在建设和运营"走出去"的良好前景。尤其是在铁路建设方面，突破国家界限的"欧亚铁路网计划"，也会刺激铁路建设的发展。据不完全统计显示，目前有意向的铁路工程已达到 0.5 万千米，和欧亚铁路网的 8.1 万千米的规划目标相比还有巨大的空间。而且中国依靠压倒性技术和成本优势，将成为铁路建设的最大受益方。

（二）"基建产业链"主题

"基建产业链"包含建筑业（建筑及基础设施工程），装备制造业（设备及配套类装备制造），基建材料（钢铁、建材、有色等）。从需求端来看，"一带一路"的沿线国家，无论是从国内需求还是未来区域经济合作的角度分析，这些国家对于基础设施建设的需求均极其旺盛。"一带一路"沿线国家由于财政紧张的原因，基建投资支出不足，普遍呈现基础设施落后的现状——人均 GDP、人均公路里程、人均铁路里程等指标均远低于我国，亚洲和非洲的沿线国家较中国分别有 10%和

---

① 张锦，陈刚，李国旗，Nguyen Thiyen. "一带一路"战略中交通物流关键问题与对策. 物流技术, 2015, 21:4~6+14.

20%的城镇化提升空间，而中国在自身城镇化过程中累积的大量经验和产能可以对外输出。①从国内来看，西北部区域各省区铁路、公路及高速公路密度在全国均属后列，新疆、青海、甘肃跻身倒数5位，宁夏、陕西居于中后段水平，为实现"一带一路"各国间的基建对接，中国西北部的城市建设、交通运输网络等基建领域投资需求提供了空间。

从供给端来看，伴随着固定资产投资增速放缓，我国建筑业及制造业需求不足，基础建设输出能够增加我国建筑业、制造业需求，优化产能。在"一带一路"倡议的大背景下，我国参与设立"金砖国家开发银行"与"亚洲基础设施投资银行"很大程度上表明我国加大对外开展基建投资业务的构想。根据总体基建投入约占GDP的5%估算，"一带一路"沿线对基建的需求或达到每年1.05万亿美元，而中国对外承包完成额2013年仅为0.14万亿美元，仅占其中的13%。主观意愿和客观条件形成合力，未来我国建筑业和制造业企业"走出去"的步伐将大幅加快，海外市场广阔的产业前景将逐渐打开。

在"一带一路"倡议的政策支持下，对外工程承包施工企业"走出去"能形成较大的出口拉动，有效对冲国内需求端的下滑，从而带动整个"基建产业链"。目前，全球经济复苏缓慢，国内经济也面临艰难转型。在当前的贸易环境下，追求出口增长容易引起诸多摩擦和矛盾，而对外投资的方式更容易被接受，用对外投资启动外需是比出口更好的选择，利用施工企业输出方式能带动国内设计、咨询、制造、材料、劳务、金融、保险、服务等多行业的输出，对冲国内需求端下滑。不同于外贸出口通常的低成本和低附加值，施工企业"走出去"方式有效带动的是中国附加值较高的产品，如机电产品，符合国家产业升级的目标。

（三）"能源建设"主题

"能源建设"主题之下，构建中国陆上的能源大通道战略，将直

---

① 王海江.中国中心城市交通联系及其空间格局.河南大学，2014.

接利好中国油气进口的管道建设相关产业。[1]与西部新疆接壤的中亚国家油气资源极为丰富,是仅次于中东的第二个油气资源最为丰富的地区。目前,我国从中亚及俄罗斯进口的石油量占比仍然偏低,天然气近几年从中亚的进口量在不断攀升,但随着天然气的普及,国内需求量的快速增长,通过新疆从中亚的进口量仍将持续增加。拓展新的油气资源进口途径是"一带一路"紧迫的战略目标,包括中国油气进口的管道建设相关产业,电站建设、电力设备等。近几年,我国对油气资源的需求在快速增加,但我国的油气资源进口主要通过马六甲海峡的海陆运输,获取途径较为单一,能源安全较易受到威胁,拓展新的油气资源进口途径十分紧迫。

未来为满足新增进口量的输送需求,新疆将建设多条能源管道,包括:中亚天然气管道 D 线、西气东输三线、四线、五线工程,轮南—吐鲁番、伊宁—霍尔果斯等干线及天然气管道,中哈原油管道二期工程等,构建中国陆上的能源大通道。[2]配套的输油管道、天然气的输送管道、电网以及道路运输等,这些领域必然迎来进一步的利好。加强与沿线国家能源资源开发合作,鼓励重化工产业加大对矿产资源富集和基础设施建设需求较旺的沿线国家投资,实现开采、冶炼、加工一体化发展,推动上下游产业链的融合。

从需求方面来看,"一带一路"沿线发展中国家的电力消费水平极低,发展空间巨大。根据 2013 年的电力消费统计数据来看,"一带一路"沿线非 OECD 国家的人均年电力消费量仅仅约为 1655.52 kW·h,而同期 OECD 国家的人均年电力消费量约为 7579.49 kW·h,前者仅仅为后者的 21.84%左右。因此,单从电力消费角度来看,"一带一路"沿线的非 OECD 国家的未来电力消费水平将会有极大的增长空间,伴随着电力消费量的增加,必然会带动这些国家的电力投资,从而带来巨大的电气设备需求。

由于这些国家国内制造业比较薄弱,"一带一路"所涉及的主要

---

[1] 马良成.中国"向西开放"战略与伊斯兰世界关系研究.云南大学,2015.
[2] 汪玲玲.我国进口石油资源流动特征研究.南京师范大学,2015.

国家电气设备严重依赖进口。上述国家的总体进口比例约为56.73%，按照此比例并且结合"一带一路"涉及地区未来投资趋势计算可以得出，2014—2020年，"一带一路"沿线地区非OECD国家大约有年均1396.06亿美元或更多的电气设备进口需求，今后我国的电力企业有可能会分享这个巨大的海外市场。

2013年，我国发电设备产量约1.2亿千瓦，约占全球总量的60%。我国电气设备的技术水平在诸多领域都已属于世界先进水平，具备了在国际市场上的竞争优势。目前，我国的水电项目及设备在国际上极具竞争力，全球的水电工程中大约有80%是中国企业建设的。在光伏市场方面，我国的太阳能电池产品的转换率在国际上处于先进水平，并且出口组件约占全球市场份额的60%。

通过"一带一路"的逐渐展开，我国电气设备走出去的步伐将进一步加快，我国的电气设备在"一带一路"沿线地区的非OECD国家市场上占有40%左右的市场份额应该是可期的。照此比例计算，我国电气设备企业2014—2020年在"一带一路"沿线国家的出口总额将可能达到约984.35亿美元/年，这将使我国的电气设备企业大幅受益。例如，根据印度电气电子制造商协会的统计，中国的电气设备在2012年已经占了整个印度电气设备市场的44.92%的份额，而且据印度电力部统计，2012年到2017年，印度已开工建设的装机容量为7.6万兆瓦，其中超过六成的设备可能由中国制造商提供。

（四）"通商"主题

"通商"主题主要包括商贸与文化产业。从长期来看，道路联通、贸易联通中同样伴随着文化沟通，"丝绸之路"自古是文化交汇的体现，其交流合作的内容涵盖了文化、旅游、教育等人文活动。①培育具有丝绸之路特色的国际精品旅游线路和旅游产品，可以积极推进特色服务贸易，发展现代服务贸易。人员的流动还会加强沿线国家和地区的

---

① 宋海胤. 主体间性视域下的丝绸之路文化传播路径与策略研究. 北京交通大学，2016.

特殊旅游产品、文化产品、民俗风情、旅游线路及非物质文化遗产项目的发展，旅游企业可以开展旅游管理协作、旅游业务合作、旅游包机航线、旅游投资贸易、旅游服务采购。

从政策支持方面来看，文化旅游产业也将伴随"一带一路"整体战略的推进而迎来新的增长空间。"丝绸之路"是中国旅游最古老而且最具代表性的品牌之一，是"美丽中国"国家旅游形象的重要支撑。国家旅游局将 2015 年中国旅游主题年确定为"美丽中国—2015 中国丝绸之路旅游年"。国务院《关于促进旅游产业改革与发展的若干意见》要求"打造跨界融合的产业集团和产业联盟，支持具有自主知识产权、民族品牌的旅游企业做大做强"；要"推动区域旅游一体化，完善国内国际区域旅游合作机制，建立互联互通的旅游交通、信息和服务网络，加强区域性客源互送，构建务实高效、互惠互利的区域旅游合作体"。

（五）"信息产业"主题

"互联互通"即加强全方位基础设施建设，不仅包括公路、铁路、航空、港口等交通基础设施的建设，还包括互联网、通信网、物联网等通信基础设施。"一带一路"国家之间的深度互通会对信息基建提出更高的要求，这对中国通信行业，特别是像华为、中兴和信威等已经成功"走出去"的通信基础设施提供商来说，构成重大利好。[①]

中国通信设备产业作为"走出去"的先行者，在全球五大电信系统设备厂商中已占据两席，华为的销售收入已经超过爱立信跃居第一。目前华为海外收入占比已超过 70%，中兴海外收入占比达到 50%，烽火也有 10% 的收入来自海外，中国电信系统设备厂商的全球竞争力，为落实"一带一路"规划中的通信基础设施建设提供了重要的基础。回想中国企业的第一轮"走出去"，华为、中兴和信威等公司，受益于国务院扶持优势装备出口的优惠政策，相继获得国家开发银行数百亿元规模的买方信贷融资支持，从而在非洲、拉美、东欧等新兴国家市场拓展中占据优势；现在中国企业迎来第二轮"走出去"的机遇。一

---

① 李竞. 华为与中兴进入欧洲统一通信市场的策略分析. 西安电子科技大学，2011.

方面，全球经济的数字化趋势意味着"一带一路"国家存在持续的信息基础设施建设增长空间；另一方面，亚洲基础设施投资银行、丝路基金等融资机构必然会积极对海外信息基础设施进行融资，这可以更加直接地关联到对中国设备的需求。中兴、华为等已经实施"走出去"并取得良好效果，以及ICT领域其他已经开始海外拓展的公司都将迎来重大产业机遇。

二、"一带一路"成为世界最长经济走廊

古老的丝绸之路，曾是经济共赢、文明互鉴的合作范本；"一带一路"将在开放、发展、和平、共赢、安全、交融的世界新格局下，再创丝绸之路的新辉煌。"一带一路"是世界上跨度最长的经济大走廊：发端于中国，贯通中亚、东南亚、南亚、西亚乃至欧洲部分区域，东牵亚太经济圈，西系欧洲经济圈，覆盖约44亿人口；"一带一路"，是世界上最具发展潜力的经济带：沿线大多是新兴经济体和发展中国家，普遍处于上升期，无论是从发展经济、改善民生，还是从应对金融危机、加快转型升级的角度看，沿线各国的前途命运，从未像今天这样紧密相连、休戚与共。新丝路战略构想，契合沿线国家的共同需求，沿线各国是共建"一带一路"的天然合作伙伴。改革开放30多年来，中国已经成长为世界第二大经济体。中国的发展成就，受益于经济全球化；同时，中国的经济发展已经并将继续对世界做出重大贡献。"一带一路"不仅是实现中华民族振兴的构想，更是沿线各国的共同事业，有利于将政治关系、地缘毗邻、经济互补等优势转化为务实合作、持续增长优势，打造利益共同体和命运共同体。

"一带一路"合作中，经贸合作是基石。遵循和平合作、开放包容、互学互鉴、互利共赢的"丝路"精神，中国与沿线各国在交通基础设施、贸易与投资、能源合作、区域一体化、人民币国际化等领域，必将迎来一个共创共享的新时代。我国正从经济大国向经济强国转变，"一带一路"构想意味着我国正努力将自身的经济增长体系转化为区域增长体系。当前，全球贸易体系正经历自1994年乌拉圭回合谈判以来

最大的一轮重构。我国第一阶段的对外开放是利用经济全球化机遇参与国际分工，重在参与他国创造的机会，在全面对外开放中，要主动为自己和别国创造经济发展机遇。

第一，"一带一路"将形成全球第三大贸易轴心。[①]"一带一路"沿线国家（地区）覆盖总人口约46亿（超过世界人口60%），GDP总量达20万亿美元（约全球1/3）。区域国家经济增长对跨境贸易的依赖程度较高，2000年各国平均外贸依存度为32.6%；2010年提高到33.9%；2012年达到34.5%，远高于同期24.3%的全球平均水平。根据世界银行数据计算，1990—2013年，全球贸易、跨境直接投资年均增长速度为7.8%和9.7%，而"一带一路"相关65个国家同期的年均增长速度分别达到13.1%和16.5%；尤其是国际金融危机后的2010—2013年，"一带一路"对外贸易、外资净流入年均增长速度分别达到13.9%和6.2%，比全球平均水平高出4.6个百分点和3.4个百分点。"一带一路"正在形成除大西洋贸易轴心和太平洋贸易轴心之外，新的以亚欧为核心的全球第三大贸易轴心。预计未来十年，"一带一路"出口规模占比有望提升至1/3左右，成为中国主要贸易和投资伙伴。

第二，"一带一路"将构筑新的雁阵模式。雁阵模式的核心是产业转移。[②]从20世纪60年代到80年代，从日本到"亚洲四小龙"再到东盟其他国家，东亚国家和地区通过产业的依次梯度转移，大力发展外向型经济，实现了整个地区的经济腾飞，形成了"雁阵模式"。20世纪80年代，亚洲形成以日本为核心的雁阵模式，其中，日本以其先进的工业结构占据了雁阵分工体系的顶层，新兴工业化经济体处于第二梯度，我国及东盟诸国为第三梯度。三个梯度分别以技术密集与高附加值产业、资本技术密集产业、劳动密集型产业为主要特征。随着我国产业结构升级以及日本经济持续衰退，过去以日本为雁首的亚洲产业分工和产业转移模式逐渐被打破。

[①] 李丹,崔日明."一带一路"战略与全球经贸格局重构.经济学家,2015, 8:62~70.
[②] 张茉楠."一带一路"引领中国未来开放大战略.中国中小企业,2015, 3:19~24.

根据劳动力成本和各国的自然资源禀赋相对比较优势,未来 5 年,我国劳动力密集型行业和资本密集型行业有望依次转移到"一带一路"周边及沿线国家,带动沿线国家产业升级和工业化水平提升,构筑以我国为雁首的新雁阵模式,充分挖掘"一带一路"区域国家经济互补性,建立和健全供应链、产业链和价值链,促进泛亚和亚欧经济一体化。

第三,"一带一路"将形成陆海统筹的经济循环。"一带一路"将打破长期以来陆权和海权分立的格局,推动形成一个欧亚大陆与太平洋、印度洋和大西洋完全连接、陆海一体的地缘空间格局。建设"一带一路"形成一批纵横交错、互相连接的沿海、沿江、沿边的战略大通道,以外部通道建设加快内部各主要经济区块的联系和整合,缓解西部内陆地区区位和空间劣势,破解我国内陆地区因不靠边、不靠海导致的开放条件制约,加快我国西部地区同长三角、珠三角(含港澳地区)、环渤海和东南亚地区的连通,弥补传统欧亚大陆桥辐射力的缺失,将西部地区、珠三角和东南亚地区横向地连在一起,以跨境大贸易大合作大边通打造一批重要物流链和关键节点,推动形成具有跨国境要素集成能力、市场辐射能力的区域产业发展新布局。

第四,"一带一路"与国内自贸区相互促动链接。"一带一路"与自贸区建设是一体两面,相互配套的关系,将共同构成我国新对外开放格局,前者侧重以基础设施为先导促进沿线经济体互联互通;而后者则以降低贸易门槛、提升贸易便利化水平加快域内经济一体化为主要内容。

三、"一带一路"倡议下的大中小企业对外投资新格局

中国将投 400 亿美元设丝绸之路(简称"丝路")基金,为"一带一路"沿线国家基础设施、资源开发、产业合作和金融合作等与互联互通有关项目提供投融资支持,这一举措备受市场瞩目。分析师认为,对 A 股市场而言,资本输出将促进产业升级,基础设施规划和建设领域的具体政策将首先落地。

"一带一路"倡议创造的内外市场及大中小企业协同发展的新契机

"一带一路"主要受益公司从区域和行业属性两个维度来寻找。首先，处于"一带一路"节点地域的上市公司将直接受益，如新疆、云南、广西、福建、西藏和上海等。其次，从行业属性上看，"一带一路"沿线国家大部分为欠发达国家，基础设施较为落后，城镇化程度较低，基建需求最为明显，因此大基建行业（建筑施工、工程机械、电力设备、钢铁建材）最先受益，同时，倡议推行离不开金融支持，基础货物往来离不开港口铁路交通运输，后期实现互联互通后的工业制造输出也就成为常态。①

（一）"一带一路"倡议将启动海外基建浪潮

2014年11月8日，国家主席习近平在北京举行的"加强互联互通伙伴关系"东道主伙伴对话会上发表题为"联通引领发展 伙伴聚焦合作"的重要讲话，宣布中国将出资400亿美元成立"丝路"基金，并提出了加强互联互通、深化"一带一路"合作的一系列建议。②由于"丝路"基金是开放的，亚洲区域内外投资者均可积极参与。因此，一旦产生良好的示范效应，后续资金将有望不断进入。而"丝路"基金的发起资金来源于外汇储备、财政部和进出口银行。外汇储备的占比在65%以上，初期规模可能在100亿美元以上，以后逐渐增资到500亿美元，并且上不封顶，可以视投资效果和投资需求再增资。

"一带一路"恰逢其时，有望启动海外基建浪潮。通过债务模式的基建扩张，拉动全球经济对投资者构成一种潜在的拐点性机会。而具有资本优势和产业比较优势的中国，将是其中的最大受益者。

（二）"一带一路"倡议将使基建、高铁企业备受关注

"一带一路"愿景与行动提出，基础设施互联互通是"一带一路"建设的优先领域。业内人士认为，基础设施互联互通是"一带一路"的

---

① 一带一路的资本盛宴.资本市场，2015，6:19~49，18.
② 杜尚泽.习近平主持加强互联互通伙伴关系对话会并发表重要讲话.人民日报，2014-11-09（1）.

首要前提/核心关键,必须优先。"铁公基+产业园"基建提速。①从公开资料统计看,2015年各省"两会"政府工作报告中关于"一带一路"基建投资项目总规模已经达到1.04万亿元。投资项目集中在铁路、公路、机场、水利建设。其中,铁路投资近5000亿元,公路投资1235亿元,机场建设投资1167亿元,此外,港口水利投资金额超过1700亿元。

对A股市场而言,资本输出将促进产业升级,推荐投资者重点关注基建、高铁和核电领域里的企业。除新加坡外,东盟国家和中亚地区工业化程度均不高,基础设施落后,对管线、铁路、港口、机场、电信、核电等基础设备和能源设备需求量巨大。而丝绸之路经济带地域首推新疆和陕西,海上丝绸之路地域首推福建和广西。福建的地理位置具有对台交往的独特优势,且目前正在申请海西自贸区;广西是我国唯一与东盟海陆相连的自治区,是海上丝绸之路中的"通道"和"门户",现代的"海上丝绸之路"将中国和东南亚国家临海港口城市串起来,所属地的港口将直接受益。

(三)"一带一路"倡议将使相应地域板块有望受益

"一带一路"倡议下地域板块可以重点关注三条主线:一是资本输出促进产业升级,推荐基建产业链、高铁和核电,基建产业链特别关注具有海外业务的"中字头"建筑承包商、建材、工程机械等;二是丝绸之路经济带地域首推新疆和陕西,相关领域的建筑建材、钢铁有色、机械等基建产业链受益最大,而作为欧亚大陆桥起点的江苏的港口,因为是多题材共振也值得关注;三是海上丝绸之路地域首推广西,行业推荐交通运输,所属地港口将直接受益。具体可以落实为"五通",政策沟通、道路联通、贸易畅通、货币流通、民心相通。我们可以预计,受益产业将集中在交通运输(港口机场、贸易物流)、建筑建材(铁路、公路、基建)、能源建设、商旅文化、比较优势制造业等方面。

---

① 林诠.中国经济会否在降准降息轮回中重走"铁公机"第四浪.中国建材,2015,5:66~73.

循环递进
"一带一路"倡仪创造的内外市场及大中小企业协同发展的新契机

在交通运输产业,"一带一路"倡议下将建设右江百色、红水河和龙滩、岩滩通航设施。建设澜沧江—湄公河国际航运、中越红河水运通道、中缅陆水联运出境通道。"海丝三大港"泉州、广州、海口,已积极参与沿线国家港口等重大基础设施建设,推动做好巴基斯坦瓜达尔港、孟加拉吉大港、斯里兰卡汉班托塔港等印度洋战略性港口的建设和运营管理工作。此外,连云港一旦开行连新欧专列,将帮助没有出海口的中亚国家发展经济贸易,加上原来的海铁联运优势,大力发展国际营销和跨境电子商务,推动企业在沿线交通枢纽和节点建立仓储物流基地和分拨中心,完善区域营销网络。

在建筑建材产业,"一带一路"倡议下将统筹谋划陆上、海上、航空基础设施互联互通,积极推进亚欧大陆桥、新亚欧大陆桥、孟中印缅经济走廊、中巴经济走廊等骨干通道建设,努力打通缺失路段、畅通瓶颈路段,加强海上港口建设及运营管理,增加海上航线和班次,畅通陆水联运通道,拓展建立民航全面合作的平台和机制。

在能源建设产业中,从西部来看,基础设施建设主要在能源方面,如配套的输油管道、天然气的输送管道、电网以及道路运输等,这些领域必然迎来进一步的利好。加强与沿线国家能源资源开发合作,鼓励重化工产业加大对矿产资源富集和基础设施建设需求较旺的沿线国家投资,实现开采、冶炼、加工一体化发展,推动上下游产业链融合。

在商贸文化产业中,丝绸之路自古是文化交汇的体现,其交流合作的内容涵盖了文化、旅游、教育等人文活动。培育具有丝绸之路特色的国际精品旅游线路和旅游产品,积极推进特色服务贸易,发展现代服务贸易。人员的流动还会加强沿线国家和地区的特殊旅游产品、文化产品、民俗风情、旅游线路及非物质文化遗产项目的发展,受益有关旅游部门和旅游企业的旅游管理协作、旅游业务合作、旅游包机航线、旅游投资贸易、旅游服务采购。

四、"一带一路"倡议下的大中小企业国际化视野与新思维

英国经济学家 John Dunning 的投资发展周期理论指出,[①] 随着经济发展水平的提高,发展中国家的对外直接投资将逐步增加,资本输出将最终超过资本输入。这正是中国近年来的情况,随着经济规模不断扩大,正在渐渐完成从资本净输入大国向资本输出转型的过程。中央政府提出的"一带一路"倡议,则为推动企业更好、更深地"走出去"提供了重大契机,为大中小企业国际化提供了新视野与新思维。

从英国、美国过去的发展历程中我们可以看出,要成为世界强国,成为投资大国是必经阶段,而且欧美跨国大型企业的成功而且快速发展壮大,也是通过"走出去",进行海外投资而成就的。我国的企业要做大做强成为国际性大企业,也需要深度"走出去"。自 20 世纪 90 年代起,我国企业"走出去"业已多年,至今每年海外投资的总额已经超过千亿美元,2014 年更首度成为全球资本净输出国。然而,国际市场的激烈竞争,各国政府对我国企业大举向海外投资的政治疑虑,再加上我国企业在海外投资经验不足,导致真正成功而回报理想的项目占比偏低,投资的产业也局限于以基础建设、能源资源等为主。

(一) 大中小企业要具有国际化思维

虽然"一带一路"倡议将推动企业全方位地"走出去",但进行海外投资的企业能否在海外市场站稳脚跟、开拓市场,关键依然在于企业在商业思维、工作模式和理念等方面,能否从"内在内行"向"外在内行"转变。在这一转变进程中,除了企业自身要转变外,包括对外宣传部门对"一带一路"倡议的海外传播,甚至到参与对外交流的每个中国人,都应当勇于突破和转变,兼容并包,主动交流,胸怀天下,迎接我国企业走向国际,发展成为国际性大企业的新时代。在"一

[①] 朱华. 投资发展周期理论与中国 FDI 发展阶段定位研究. 经济学动态, 2012, 5:37~42.

带一路"下，我国企业直接面对全球竞争，大中小企业要具有国际化思维，具体表现为：

第一，对于企业而言，走向国际市场的关键是要重视国际商业竞争中最基本的理念———"在商言商"。在商言商说起来是比较浅显的道理，但是在企业"走出去"的历程中，由于各种原因常常导致人们过多地考虑商业之外的因素，不但遭受投资所在国政府的无端猜测，还可能因此蒙受损失。在"一带一路"倡议下，企业即便有官方的强大资金和政策支持作为后盾"走出去"，但要真正走进"一带一路"沿线国家，应该更多持在商言商、务实主义的心态，更积极地融入本地社会。

从"在商言商"角度出发，"走出去"的企业首先要警惕不要盲目跟从投资所在国政府的指挥棒。"一带一路"沿线一些国家经济相对落后，这些国家的政府为加快经济发展，常常急于求成：如项目规划缺乏充分论证，在环境评估、技术评估还没有全部完成之前，就要求外国投资者的项目快速上马，或是优先选择施工期较短，但成本较高的项目，这就加大了外国投资者的投资成本。有些国家则对本国发展实际水平考虑不足，政府要求外国投资者提供极高性价比的技术、产品和工程。

如果我国企业在"走出去"期间，遭遇到此类过于"心急"，把我国企业当"冤大头"，对我国企业有诸多过高要求的国家时，切不可盲目听从投资所在国政府的指挥，也不要在所在国政府的小恩小惠下匆忙上马项目，而是应该充分做好尽职调查、技术审查和风险评估工作。辨别项目可行性较高、成本效益和回报有保证之后，才是做出投资决定的较佳时机。

第二，企业进入海外市场要培养匠人（craftsman）精神，关注产品的质量和技术，打造企业的良好声誉。相比欧美、日本等发达国家，当前我国企业"走出去"有一个软肋。我们看到，当前很多条件比较好、回报较稳定的项目，往往被发达国家的企业夺得，条件、回报均一般或较差的项目，我国企业才能分一杯羹。即使是这些"鸡肋"项目，我国企业之间还不时进行"内斗"，展开激烈的竞争，有的企业采取低价中标策略,这不但为以后在项目实施过程中埋下隐患,也影响了我国企业的声誉,得不偿失。①因此,在"走出去"的过程中,除了企业之间要加强合作,建立合作机制,以及我国政府要建立及完善协调机制,有序引导企业参与招投标等之外,更重要的是企业要培养匠人精神——对于产品质量、制造技术的崇敬,更加强调企业间的分工与合作。匠人精神并非不鼓励竞争,而是竞争的前提是以产品的质量、制造技术说话,以此迫使企业不断改进技术和质量。只有具备了匠人精神的企业,在前往"一带一路"沿线国家投资时,才能输出质高价优的产品和工程项目,才能在与发达国家竞争时不落下风,才能为我国的企业、产品、技术赢得口碑。

第三,要长远、深入地进入国际市场,除了产品质量外,符合国际标准的后续服务也必须跟上。企业打开海外市场,除了提供产品之外,后续服务往往更为重要。尤其在"一带一路"倡议推动的初期,不少海外投资企业集中在基建方面,此类业务的长期服务不但利润丰厚,更有利于企业真正在海外市场"走进去",让投资所在国离不开我国企业,是打造企业品牌、口碑的关键。在这方面,香港、澳门地区的不少大企业拥有丰富的经验。②虽然香港企业不像内地那样擅长修大型基础设施,但在运营、服务上却有独到经验。香港港铁公司在车站管理、车站设计的便利性上有口皆碑,其车站上盖的房地产综合发展的模式更让港铁成为全球极少数盈利的公共交通系统。我国香港机场管理局在机场设计、航班管理和高效运作等服务的模式也早已达到国际一流水平。作为国际航运中心,香港地区的港口运营商在码头建设、航运调配和国际物流方面,澳门地区的休闲旅游业经营者在城市整体旅游规划方面,都拥有丰富经验,甚至比欧美日国家的同行有过之而无不及。

---

① 梁海明."一带一路"背景下外宣如何有效助力我国企业更好地"走出去".中国记者,2016,3:67~70.
② 孙久文,潘鸿桂."一带一路"战略定位与澳门的机遇.现代管理科学,2016,1:27~29.

因此，内地的企业除了交流、学习先行者们在长期服务方面的经验外，也可以考虑联合具备一流国际服务水平的港澳地区企业抱团"走出去"。例如，内地在对沿线国家开展高铁铁路、机场和港口等基础设施建设时，就可联同香港的港铁公司、机场管理局、港口营运商和澳门的休闲旅游业经营者共同"走进去"。

第四，企业"走出去"不应只抱有"支援贫困地区"的想法，而要在商言商，以及培养本地化（localization）意识。过去不少企业"走出去"，不但较少主动融入社会进行人文交流，也较为忽略当地劳工福利、安全保障和环保因素，不少企业更抱有"Over Pay"的想法，认为只要用钱能解决的问题，都不是问题。不少"一带一路"沿线上的发展中国家，已开始对我国某些企业的投资说不，或者是要求我国企业提供更优厚的条件，付出更多的金钱。

这并不仅仅是我国企业的毛病，过往很多西方跨国企业也曾由于本地化意识不强而吃亏。例如，日本丰田汽车就曾在位于加纳比海的波多黎各推出一款名为"Fiera"的汽车，结果乏人问津，最后一调查，原来"Fiera"在波多黎各的意思是指"又丑又老的女人"。以此为鉴，企业"走出去"更加要培养本地化意识，主动学习及掌握当地的制度和文化，遵守规则，与当地社区形成良性互动，主动融入当中文化，了解当中的风俗习惯，适应地方需求，不能有侥幸心理。① 同时，我国企业除了参与该国的官方项目之外，也要考虑"接地气"，更多地与当地民营企业合作。只有逐渐为投资所在国的民众所接受、认同，我国企业才有可能发展得更顺利、更快。

简而言之，在"一带一路"倡议的背景下，我国企业"走出去"应该大大方方、直截了当地告诉投资所在国的政府、民众，我国的企业过来投资，就是在商言商，合法经营、追求盈利。坦坦荡荡，才能避免投资所在国对我国企业提出不合理的要求，另外，也能够消除各国猜测我国企业"走出去"的目的，以及外界对我国"一带一路"倡议的误解。

---

① 蒋芳婧. 浅析全球化时代的东南亚汽车产业. 东南亚纵横，2015，2：37~42.

（二）"走出去"要站稳脚跟，树立品牌

此外，虽然"一带一路"倡议将推动我国企业走出国门，但要真正在海外市场站稳脚跟，企业必须树立品牌形象，加强品牌意识。[①]在企业经营策略上，除了上文所讲的要以高标准来要求产品质量和后续服务之外，品牌形象的树立至关重要。我们甚至可以说，国际市场上企业的竞争，很大程度上是品牌的竞争。例如，我国引以为傲的高铁项目，近期在向一些新兴市场国家推广时遭遇挫折，泰国首条高铁就决定采用日本新干线系统，我国虽然也有意参与泰国高铁项目，却并没有进入最后谈判。有些民企不由感慨，技术实力和背景都如此强大的国企"走出去"都困难重重，中小民营企业岂非更寸步难行？

此案例恰恰凸显了我国企业品牌形象的不足。当然，我们不能忽视日本给泰国高铁提供了便宜的贷款利率等因素，但更重要的是，泰国人并不认为我国高铁技术能达到泰国的要求。泰国的制造业实力雄厚，其电子产品在东盟国家的受欢迎程度仅低于日本，而高于我国，甚至有"东盟的德国"的美誉。在这样的国度，日本新干线系统标榜有50年的安全运营经营，促使泰国更倾向于日本的产品和技术。

我国高铁的技术最初师法日本新干线系统、法国阿尔斯通和德国西门子等，如今的核心技术虽已从"中国制造"转变为"中国创造"。但是在外国政府和民众心目中，却难免质疑我国的这些核心技术只是"改良版"，且只有不到10年的历史，相对"年轻"。日本在国际媒体的宣传上，更强调其"50年经验、50年安全运营"。

然而，我国高铁在对外形象的宣传中，并未能消除他国的这一疑虑。对于日本高铁突出"安全""守时"的攻势，我国高铁在形象宣传上并没有很好地"接招"。例如，耗资不菲的高铁宣传片，只是围绕郑和下西洋的历史、我国历任领导人与他国领导人的多次会晤、高铁如何推动中国经济发展等外国并非十分关心的问题，其中有不少可以改进的空间。

许多企业"走出去"总是背负为国争光、输出技术等包袱，也容易

[①] 梁海明. 风口、痛点、机遇——奏响"一带一路"企业走出去的三部曲. 决策探索（下半月），2016，2:10~13.

导致企业患得患失，不但容易被"一带一路"沿线国家质疑背后动机，也常遭受沿线国家利用我国的顾虑，提出各种不合理的要求。假以时日，国外对我国企业的这种印象，也会影响我国品牌形象的树立。

除了在树立品牌形象下的功夫不足外，我国企业另一个急待加强的薄弱环节就是知识产权的保护意识，这也是目前"一带一路"倡议下常常被大家忽视的一个环节。据统计，我国企业过去在进行海外投资的过程中，每年都有数以百计的商标遭国外企业抢注而失去商标经营的自主权，如"飞鸽牌"自行车商标被印度尼西亚抢注、"海信"在德国被抢注、联想因 Legend 在很多国家被注册而要改用"Lenovo"等。建立起品牌形象本已十分不易，而已经拥有品牌的我国企业再被外国抢注，无论是通过法律手段向国外企业赎回商标，还是另起炉灶开张新设商标，成本都非常昂贵，这些都为我国企业"走出去"带来不少障碍。

研究者调研发现，部分企业缺乏长远规划，对知识产权的重要性认识不足，常常等到自身出口业务形成一定规模才想到海外注册，却可能为时已晚。[①]也有些企业对投资所在国的知识产权保护制度了解不足，缺乏品牌商标的防御思维，在部分商标法不太健全的国家，的确常常发生商标原本所有人无奈放弃品牌的案件，或是至少要付出高额的经济补偿。

还有一些企业过多地考虑了知识产权保护的费用成本，由于海外商标保护、维护等费用较高，增加了我国企业的负担，导致不少企业放弃商标保护，而且在商标遭外国企业抢注后维权意识不强。而且，目前拥有专门知识产权保护队伍的企业为数甚微，也缺乏官方相关的数据和专业指引，不少企业后知后觉导致未能抢占先机、提前部署品牌商标保护程序。对企业而言，既要培养自身知识产权保护的海外思维模式，也应考虑创新商标保护模式，如采取家族品牌策略（family

---

① 张长立，高煜雄，曹惠民."一带一路"背景下中国海外知识产权保护路径研究. 科学管理研究，2015，5:5~9.

brand strategy）、多元品牌策略（multi-brandstrategy）和联合品牌策略（co-branding）三结合的新模式，在"走出去"时根据不同的国家、地区，不同消费人群，采取不同的品牌策略，不但可避免一旦商标遭抢注就面临全军覆灭的窘境，还可通过与投资所在国的知名企业合作，共同推出产品，并冠上共同品牌，为我国企业在竞争激烈的海外投资市场寻求新的发展模式。

（三）"走出去"要政府发力

在这场全球商业竞争中，除了企业要加强知识产权保护外，我国政府也可在以下几处"发力"：

首先，政府应当重视从强化知识产权人才培养、储备，加强对品牌商标代理机构的资格认证、诚信机制建设及规管，以及增强培训机制等方面着手，开展前瞻性规划，组建系统的、完善的品牌商标服务专业队伍，为到海外投资的我国企业商标遭抢注问题保驾护航。

其次，政府应提供更多资源，对到海外注册商标达到一定数量的我国企业提供资金补助，解决注册费用过高等问题。与此同时，政府应进一步引导品牌商标行业组织、协会的建设，大力发挥他们自我服务、自我管理、自我教育作用，为"走出去"的企业多提供一层保护网。

再次，在政策保障上政府还应加快与"一带一路"沿线国家建立商标领域的合作备忘录，通过政府之间的沟通平台，协助遭抢注商标的企业，在相关国家主管部门的支持和配合下得到妥善解决。

最后，政府也应考虑设立对知识产权、商标保护不力的国家黑名单，供企业参考。与此同时，政府可通过每个季节发布有关哪些国家对品牌商标侵权情况比较严重，企业在哪些国家需经常申请注册保护，同一行业在哪些国家已有注册等最新信息，以及提供各主要国家中我国企业商标注册程序、商标注册数量、侵权诉讼数量和企业维权平均成本等信息，让企业在"走出去"之前，掌握相关权威资料，提前部署。

第三节 "一带一路"倡议有利于我国经济供给侧改革目标的实现

一、"一带一路"与我国经济供给侧改革的关系

供给侧结构性改革的提出有一个背景，在本轮金融危机之后，各主要国家包括欧美日都实施了量化宽松政策，但效果大家看得很清楚。① 到目前为止，全球贸易大幅萎缩。需求侧包括的投资、消费和出口三驾马车增长乏力，那么就需要从供给侧，包括劳动力、技术和资本方面进行发力，进行结构调整和改革。所谓的供给侧结构性改革三者缺一不可，即所谓的"供给侧+结构性+改革"。在供给侧结构性改革中，我国实施的目标是要实现经济增长的中高速，产业调整从低端水平向中高端的水平迈进，全国人民的收入从中低等水平向中高等收入水平迈进。

"供给侧改革"和"一带一路"是相辅相成的。就"核心区"新疆而言，"一带一路"建设在一定程度上化解了钢铁、水泥等行业的产能，而且及时调整经济结构，鼓励丝绸之路经济带沿线企业主动作为，通过积极改革、结合实情勇于探索，大大激发了企业活力，除满足国内市场需求的同时，还拓宽了国际市场，企业走出去已成新常态。具体而言，关于供给侧结构性改革，可以从制度供给和金融供给的两个角度进行理解。

（一）"一带一路"如何进行制度供给的结构性改革

从全球来看，我国无论是税负成本还是制度性交易成本在全球都排在前列。② 总体而已，我国宏观的税负比是 37%，超过了发达国家

---

① 张可成. 供给侧改革中"一带一路"支撑作用研究. 河南社会科学，2016，4:11~17.
② 金德谷. "一带一路"与边疆经济发展:基于满洲里市的税收分析[J]. 广西民族研究，2016，1:156~163.

的 30%到 35%的平均水平；从税收收入来看，中国的税收收入 50%以上来源于企业和商品的流转税，而美国 80%的税收收入来自于它的财产税和所得税。从税收的直接主体看，我国税收的 85.5%主要来自于企业，剩余大多是来自于个人；从税负结构来看，税负主要来自间接税，然而间接税过高会直接增加企业的负担，影响企业的创新。在"一带一路"建设中，企业的国际竞争力亟待得到进一步提高。从税收的角度来看，需要政府更多地实施包括减税在内的财税体制改革，以进一步简政放权，为我国的企业和市场主体建设"一带一路"提供更好的环境。

在"一带一路"建设过程中，制造成本和企业运营成本依然处于不断攀升的状态中。[①]中国人民大学重阳金融研究院合作研究部主任、研究员刘英曾谈到：从 2004 和 2014 年这十年来看，我国的制造业成本攀升非常快。2004 年，我国制造业成本不仅低于发达国家，而且还低于印度、巴西等很多发展中国家。但到 2014 年，我国的制造业成本不仅高于印度、墨西哥、印度尼西亚等发展中国家，而且已经接近美国的 95.5%。当前我国所面临的这种环境急需进行创新和改革。

中国营商环境依然有待得到进一步的改善。事实上，我国除了税负成本、制度性交易成本比较高之外，营商环境尚不乐观。据世界银行《2016 年营商环境报告》，在 189 个国家中我国排在第 84 位；清廉指数在 168 个国家中排在第 83 位，正好居中。尽管近年来我国营商环境已经有了一个非常快速的提升，但仍处于中等水平。因此，在高税负、高成本、环境也不是太好的情况下，需要在"一带一路"的进程中提升制度的供给侧结构性改革。

"一带一路"沿线大多是发展中国家，大多处在"凹陷"地带。"一带一路"沿线看似不发达的这些地区和国家，正相当于三十多年前改革开放之初的中国，尽管底子薄，产业结构不完善，各方面也不完整，但有非常强劲的发展潜力。这些地区的对外年均贸易增长速度非常快，外资流入速度也非常快。年均经济增长速度超过了全球平均增速的一

[①] 蒋屹."一带一路"战略背景下我国海外矿产资源开发外部安全风险研究.
北京:中国地质大学，2015.

倍，包括我国在内的"一带一路"沿线国家的经济对全球增长贡献率甚至达到了45%。正如发展经济学、转轨经济学、制度经济学所讲道的那样，在"一带一路"建设中，应充分挖掘沿线国家的后发优势，走"赶超"之路，加强"一带一路"国家间的合作，包括国际产能和各方面的合作，一起发展，从而共同推进各自的工业化进程。具体而言，可以从以下三个方面来着手开展工作：

首先，要进一步简政放权，进一步完善金融、财税政策，界定好政府与市场的边界。在此过程中，政府需要提供更好的公平竞争环境，要真正发挥市场在资源配置中起到的决定性作用，建立健全促进对外承包工程可持续发展的金融、财税政策体系，做好包括"营改增"在内的财税体制的改革，鼓励金融机构对我国企业在"一带一路"沿线国家承包的工程项目特别是中高端项目加强金融支持，发挥政策性银行的示范作用，引导商业银行参与，在贷款利率和项目融资等方面给予政策倾斜。东北财经大学的鲍洋提出应该加大丝路基金、对外承包工程保函风险专项资金、省级"一带一路"基金等对"一带一路"对外承包工程项目的支持力度，用足用好相关信贷优惠政策和扶持措施。

其次，探索运用PPP模式，整合"一带一路"沿线国家的政府、社会资本力量，实现政府与社会资本的合作。事实上，"一带一路"沿线国家之间的基础设施建设资金需求量非常大，但是由于各自面临经济困难、内部运营管理机制不灵活、国内政治局势不稳定等问题，造成了资金需求和供给之间缺口巨大的矛盾。例如，欧洲面临英国脱欧等棘手问题，中东诸国的财政风险也随着油价下行而遭遇各种危机，不发达的非洲国家，资金和基础设施一直都是制约其发展的瓶颈。因此，在"一带一路"建设中，可以通过PPP模式和供给侧结构性改革，成立项目公司载体，最大限度地拓展民间资本投资者的投资渠道，解决一带一路"沿线国家在基础设施建设中的重要资金来源问题。在实现防控P2P行业风险的同时，还有利于普通投资者分享"一带一路"基础设施建设所带来的长期稳定的投资收益。[1]

最后，由于当前"一带一路"区域内的贸易往来的经济总量占比

---

[1] 吴颖."一带一路"战略与中国和阿拉伯国家的能源合作.外交学院，2015.

相对较低，因此建议进一步加强"一带一路"自贸区的网络建设，构建一批沿线跨境经贸合作区。和欧盟、NAFTA以及东盟等在区域一体化方面取得实质性进展的地区相比，"一带一路"相关国家中，依然有20个国家没有加入WTO，经贸合作还处于初级阶段，过度依赖于外部市场。例如，新欧亚大铁路途经多个国家，轨距不同，换轨操作费时耗力；各国口岸合作机制尚未形成，通行便利化程度不够，物流成本偏高；一些国家的港口设施落后，增加了相互商品和服务流通的困难程度。因而，如何构建一套更适合"一带一路"相关国家实情的经贸规则成为当前急需解决的难题。只有去除贸易壁垒和障碍，才能有效地降低区域内经济体之间的恶性竞争、提高区域整体贸易收益水平等。

（二）"一带一路"如何推进金融供给侧结构性改革

众所周知，"一带一路"建设需要大量的资金。以亚洲基础设施建设为例，据估算从2010—2020年这10年期间，所需资金就将达到8万亿的规模。面对未来如此庞大的建设资金需求，单一的投融资模式很难满足，由此可见资金已成为掣肘"一带一路"的关键因素之一。那么如何有效破解"一带一路"建设资金难题呢？这就势必需要进一步推进金融供给侧结构性改革。

从微观层面来看，中国企业日常运营的资金成本和杠杆率已经较高了。例如，以2014年贷款基准利率5.6%来计算，加上中介费用、管理费用等，利息高达10%～15%。随着民间高利贷、影子银行等现象的推波助澜，有些中小微企业实际的融资利率高达20%以上。

从宏观层面来看，截至2015年年底，我国政府的资产负债率高达56.5%，距离60%的警戒线相差无几，如果不对现行金融制度进行创新和改革的话，有可能会出现系统性的金融风险，应该提前做好各种防范措施。[1]

从金融结构来看，我国间接融资还是主要依靠贷款融资，直接融

---

[1] 侯福来. "一带一路"国家战略下中国与欧盟经贸关系研究. 外交学院，2015.

资比重偏低，重心非常不稳，迫切需要优化金融结构，构建包括股市在内的多层次的资本市场，加强国际金融合作，以弥补基础设施各个方面"一带一路"建设的资金缺口。

在这方面，要发挥技术、专业、区位优势，全面服务"一带一路"，探索差异化开放发展路径。率先启动"深港通"，推动香港互认基金在深交所 LOF 平台挂牌交易和互认 ETF 基金在深港交易所交叉挂牌。服务中国（广东）自由贸易试验区规划，建设跨境金融产品交易平台。研究推进与"一带一路"沿线国家金融服务设施战略合作，开发特色指数跨境基金产品交叉挂牌，建设境外信息发布、境外投资服务平台、国际创新企业社区。

总之，中国金融的供给侧结构性改革应在学习国际经验的基础上，结合自身国情，发挥主观能动性和创造性，不能完全照搬西方的做法，而应采取"拿来主义"的做法，汲取其精华，抛弃其糟粕，总结我国多年来的金融改革成果，推陈出新，与时俱进，从而为"一带一路"建设提供性价比非常优质的金融产品和服务。另外，在"一带一路"沿线，中国是金融产品门类最齐全的发展中国家之一，在共建共商的基础上，把国内性价比最优秀的金融产品、最优质的金融服务贡献到"一带一路"上，和他们进行公平、公正的金融合作，绝对不能说我们的金融供给侧结构性改革是为"把过剩产能输出"而服务的，这完全不是"一带一路"建设所需要的。

二、"一带一路"倡议有利于提升中国区域经济综合竞争力

中国经济在全球经济格局中的地位快速提升，1978 年全国 GDP 仅为 3650 亿元，2014 年全国 GDP 已达到 636 463 亿元，增长了 174 倍。中国经济发展进入新常态，将继续给包括亚洲国家在内的世界各国提供更多市场、增长、投资、合作机遇。① 未来 5 年，中国进口商品将超过 10 万亿美元，对外投资将超过 5000 亿美元，出境旅游人数

---

① 砥砺前行中的世界经济：新常态、新动力、新趋势——2015 年世界经济分析与展望. 世界经济研究，2015，1:3~23，127.

将超过 5 亿人次。中国在经济取得巨大成就的同时,坚持睦邻、安邻、富邻,秉持和谐包容、齐头并进的发展理念,在努力提升自我发展的同时,帮助周边国家协调发展。

(一)"一带一路"将有助于推进西部开放的步伐

在深入实施西部大开发的背景下,我国西部地区经济的发展虽然取得了明显进步,但是由于受制于资源禀赋、地理区位、发展基础、思维定势等多种因素的影响,与东部方沿海等发达地区相比,总体而言仍然存在着较大差距。随着"一带一路"的实施,西部地区应适应新常态,主动作为,切实找准自身定位,统筹利用国际国内两个市场,构筑新时期的对外经济走廊,为实现跨越式发展、形成对外开放的新格局和新气象创造良好的前提条件,努力让西部地区成为我国向西开放的主要地区。傅勇林认为,西部省市区是"一带一路"的主要参与者和最大受益者,契合西部各省市区的共同需求,为开放发展开启了新的机遇之窗,有利于提升西部开放型经济水平,助推经济转型升级。

(二)"一带一路"将极大地提升西部竞争力

随着我国对外开放的进一步深入,传统意义上的"内"和"外"的关系逐渐发生了许许多多的微妙变化。比如我国东部拥有超过 2.2 万千米的边境线和 1.8 万千米的海岸线,因此在以前东部沿海往往处于对外开放的前沿。由于自然、历史、社会等原因,西部地区经济发展相对落后,开放的步伐还迈得不够。究其原因,交通不畅是一个重要原因。随着西部地区交通基础设施的建设,尤其是高铁的迅猛发展,必将快速地推进西部地缘红利的释放。全国人大代表、西南交大交通运输与物流学院副院长罗霞提出要支持推进"川、滇、藏、渝、黔、桂"跨境物流基础设施共建共营,持续深化与东盟成员国经贸物流合作。

通过"一带一路",必将有利于把西部更为宽广的边境线变为对外开发的大通道,必将直接推动西部地缘红利的释放,从而有利于迅速提升西部各省、市和直辖区的综合竞争力。在经济新常态的大背景下，从某种意义上来说，"全球经济看亚洲，亚洲经济看中国，中国的新一轮增长点看西部地区"正在变为现实。

（三）西部地区联手打造我国经济增长第四极

就目前的发展形势而言，"以人为本"的西部地区应该联手，在国家实施"一带一路"的背景下，扩大和改善西部居民的发展机会和福利水平，进一步抓住机遇，努力打造继珠三角、长三角、京津冀之后的我国经济增长第四极。

第一，提升西部地区的综合竞争力和经济可持续发展能力，需要推动西部区域的协同发展。在《国民经济和社会发展第十三个五年规划纲要（草案）》中明确提出，以区域发展总体战略为基础，以"一带一路"建设、京津冀协同发展、长江经济带发展为引领，形成沿海沿江沿线经济带为主的纵向横向经济轴带，塑造要素有序自由流动、主体功能约束有效、基本公共服务均等、资源环境可承载的区域协调发展新格局。因此，西部地区正好可以利用难得的机会，一举形成与东部沿海良性发展的全新格局。

第二，进一步加快培育西部"城市群"，形成"1+1>2"的聚合效应。习近平总书记曾明确指出："城市群是人口大国城镇化的主要空间载体，像我们这样人多地少的国家，更要坚定不移，以城市群为主体形态推进城镇化。"西部地区在国家实施"一带一路"的过程中，应该目光放长远，立意要高，规划要科学合理，切实把西部"城市群"建设成为中国在全球化网络中具有竞争力的核心节点区域，从而有利于更好地发挥西部城市群的集聚力和辐射力。总体来说，我国东部、中部和西部区域经济的格局将呈现出"哑铃状"的格局。其中，长江经济带将作为"哑铃"的中轴线，以上海为代表的长三角地区作为哑铃的一段，以武汉、成渝为中心的城市群作为哑铃的另一段。通过"城市群"，有利于使生产要素摆脱行政区划束缚，有利于发挥西部后发优势，使其能够在更大的空间内进行自由流动，从而形成"1+1>2"的聚合效应。

第三，在经济发展的同时，需要不断深化保护好西部的生态环境，争取早日实现美丽中国的建设目标。①虽然"一带一路"在空间上有利于西部地区形成串联中外的轴线，有利于促进其经济增长，但是随之而来的人口、资源、环境的压力也会与日俱增，出现不少急待解决的障碍。因此，在实施两大经济带发展战略时，势必要求西部地区各级政府树立生态文明理念，发展高新技术产业，尊重自然、顺应自然、保护自然，着力培育"低碳高新产业群"，务实推进美丽中国的建设目标。

---

① 张学鹏，曹银亮."一带一路"前景下经济开放与西部地区经济增长. 宁夏社会科学，2016, 3:81~89.

第二章 "一带一路"倡议引领全球市场新趋势

改革开放以来，中国在双边、多边等多个渠道形成了全面、多层次、广泛的对外开放格局，同时加强邻国和世界主要经济市场的经济合作。中国以很高的开放诚信度和经济实力通过组建经济特区、组织签署自由贸易协定、参与区域合作等手段，促进经济改革开放，加强贸易、投资、基础设施、监管等方面与世界的良性联系。但是，在对外开放的过程中，还存在"引进来"和"走出去"失衡的问题。针对这些问题，"一带一路"倡议可以基于跨区域市场经济联通和内外部市场协调，实现区域市场互动的新突破。

通盘考虑国内形势与国际市场、中国发展与世界发展，"一带一路"倡议更好地协调国内外市场的整体形势，从国内市场开放统一和国际市场发展变化抓住发展机遇，迎接风险挑战。目前，中国的对外开放呈现东快西慢，海强陆弱的格局。"一带一路"倡议将提高东部开放水平，同时推动中西部地区和内陆地区的开放步伐，形成中国的陆路和海上市场的协调局面，东西方市场互济和全球市场开放的新格局。"一带一路"也将通过国家战略支持和国际合作，在国家发展的同时，进一步扩大中国西部市场的广度和深度开放，大大刺激国家的市场潜力和发展活力，扩大自身发展和开放实现共同发展合作。

正如习近平总书记强调，"一带一路"建设不是中国一家的独奏，而是沿线国家的合唱。任何国家都不能垄断决策权，这将为推动建立以合作共赢为核心的新型国际关系提供示范和借鉴。同时，"一带一路"是探索全球治理的新模式，构建新型国际关系的新实践。中国一贯奉行互利双赢，积极奉行诚信、互惠的外交理念，逐步深化与邻国的合作，为亚—欧—非市场创造新的合作关系，指导经济合作的新趋势。"一带一路"开放包容，不限于国家范围，不提倡独家制度设计，有意愿的国家和经济体都可以参与联合磋商，实施互惠互利的双赢局面。

本章将从中国统筹协调内外市场策略、大中小企业在新兴市场中新机遇、大中小企业产能输出、国际区域合作等方面，详细介绍中国在实施"一带一路"过程中将面临的国内外市场新的趋势。

第一节 构建"一带一路"，迈向共同繁荣之路

古代丝绸之路始创于中国，是各国人民智慧的凝结，是世界人民共同创造的财富。各国人民沿着丝绸之路互帮互助、互学互鉴、互通有无，逐渐形成了沟通中华文明和世界其他文明的经济文化交流之路，形成了合作共赢的优良传统，它承载的和平合作、开放包容、互学互鉴、互利共赢的精神也将在当代薪火相传。"一带一路"命运共同体的布局就是要复兴这一古老丝绸之路的精神，为中国的和平发展与世界的共同繁荣创造条件。

自 2008 年全球金融危机以来，欧亚国家面临发展模式转型，发展的压力更加严峻。利用中国和邻国政治地缘政治优势，经济互补性，通过"一带一路"发展平台，构建共同发展的社区命运体。我们可以考虑到各方的利益，寻求最大的合作，各方充分发挥潜力，造福于更广泛的领域。"一带一路"将成为追求经济繁荣，发展互利双赢的道路。"一带一路"起源于中国，通过中亚、东南亚、南亚、西亚、欧洲及部分地区、东亚经济圈、西欧经济圈，覆盖约 44 亿人口，经济总产值约 21 万亿美元，分别占全球的 63% 和 29%。"一带一路"是世界上最长的经济走廊，是世界经济合作区发展的最大潜力。作为"一带一路"的倡导者，中国通过"一带一路"建设，把中国的发展和沿线国家的发展相结合使邻国可以从发展中受益。

一、中国统筹协调内外市场的有利条件

"一带一路"沿线地区具有非常重要的战略区位优势以及丰富的能源等自然资源和良好的经济发展态势。近年来，美国、俄罗斯、日本等国际大国纷纷实施了力图主导该地区事务的措施，给"一带一路"建设带来了严峻挑战。但中国有统筹协调国内国外市场的有利条件。

2011年7月，美国国务卿希拉里在美国第二次参加美国战略对话时提出了新的"丝绸之路"计划。2011年10月，国务院发出电报，向美国驻南亚大使馆要求将统一的"中国新政策"命名为"新丝绸之路"战略，并通知合作伙伴，这标志着新丝绸之路战略正式成为党的政策。新丝绸之路计划"是美国在南亚的政策体系，其目的是加强在基础设施各个方面的建设，在阿富汗和中亚与南亚的合作为突破口，推动经济社会发展、增加就业。美国国务卿希拉里强调："土库曼斯坦的石油和天然气领域在巴基斯坦和印度将满足日益增长的能源需求，提供大量的收入。塔吉克斯坦的棉花将由来自印度的布料制成。阿富汗的家具和水果将在阿斯塔纳和孟买出现。"韩国媒体认为，该方案是丝绸之路的核心内容，帮助中亚国家发展社会资本（social overhead capital），帮助他们实现贸易自由化。客观地说，上述观点并非不合理。2014年年底，美国实施的计划会议的中亚区域经济合作（Central Asia Regional Economic Cooperation）的努力下已经取得一些进展，一些项目的发展应具有区域经济的积极意义。不过，美国计划在制度上跟进，有效执行的行动仍明显不足，整体效果并不理想，而预期目标远非如此。基于上述想法，韩国媒体对此做了恰如其分的评论：希拉里的"丝绸之路"已经消失了，这次也听不到"美国是中亚国家经济发展的贡献"。

形成鲜明对比的是美国的想法，中国的双边和区域经济合作，与这些国家在最近几年已经变得更务实、更有效。例如，习近平主席在

2013年9月访问哈萨克斯坦期间，两国签署了22项经贸合作协议，总金额300亿美元。2014年12月，国务院总理李克强访问哈萨克斯坦签署了一项140亿美元的大订单，以促进能源、基础设施、金融等领域的双边合作。2015年4月20到21日，习近平主席对巴基斯坦的国事访问期间，带来的是460亿美元的投资计划，两国签署了51项协议和一天内的谅解备忘录，宣布5大电力项目启动。这不是一个简单的马歇尔计划中文版。相反，中国推出的"一带一路"倡议在如包容、性质、内容、合作方式、实施周期等方面都有了实质性的提高，从而构建起一种具有中国特色的面向21世纪新的全球化模式[①]，并切实提高了合作沿线国家的全面创新能力和国民福祉。

（一）中国制造与中国建造

从如图2.1所示的一组有关工业生产与制造业的国际比较数据不难看出，"中国制造"在全球范围内发挥的作用越来越大。

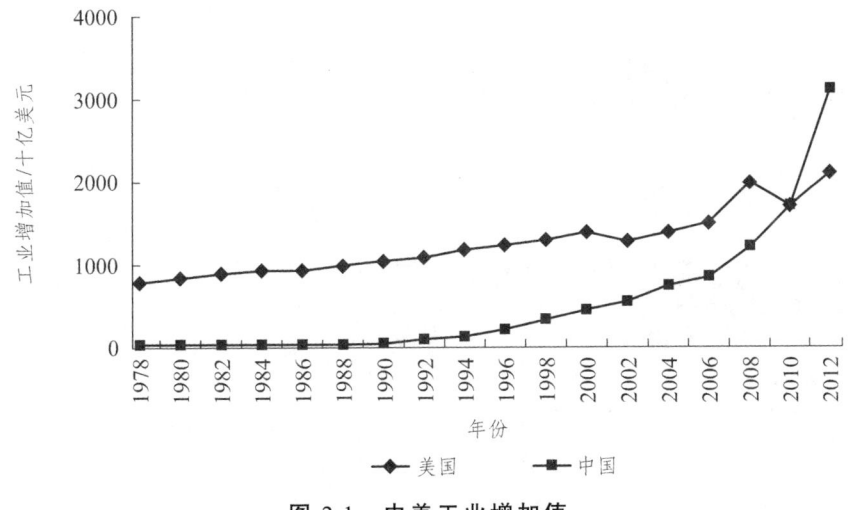

图 2.1　中美工业增加值

数据来源：美国数据来自BEA，中国数据来自《中国统计年鉴》。

---

① Zhang H. On the Prospect of China's Financial Industry: Go Global with the "One Belt One Road" Initiative. Frontiers，2015，25（25）:78~82.

结合美国劳工部劳工统计局（Bureau of Economic Analysis）以及《中国统计年鉴》的数据统计分析，用汇率折算美元来衡量中美两国工业增加值，比较数据得出：在 1990 年时，中国工业增加值规模只有最大工业国美国的 12%左右；到 2000 年时，中国工业增加值规模仍不到美国的 30%；然而 10 年过后，到 2010 年年底时，中国工业制造规模第一次超过美国；截止到 2013 年年底，中国工业制造规模已经是美国的 1.3 倍左右。

如图 2.2 所示，从联合国统计数据分析得出，以汇率折算美元衡量中、美、日三个最大工业国的制造业增加值占全球的比例：20 世纪 90 年代初中国占比只有 5%左右，当时日本该比例值最高曾超过 20%，美国在 20 世纪初该比例值最高曾接近 30%。然而，中国这一占比从 90 年代后期快速提升，2004 年以后增速加快，2013 年达到了 23%，而美国和日本在 2013 年的制造业增加值分别为 17.2%和 7.8%。

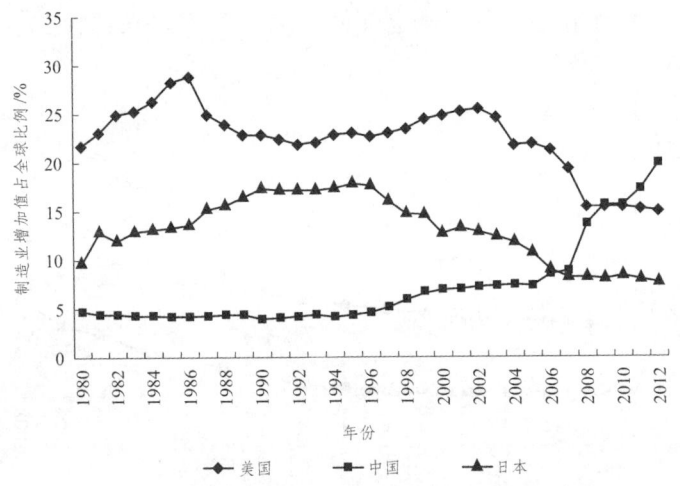

图 2.2 中、美、日制造业增加值占全球比例

数据来源：UN statistics。

如图 2.3 所示，就制造业就业占比而言，中国、G7 与其他金砖国家制造业就业人数占 G20 国家就业总数比重数据为：中国占比从 21

世纪初 47%~48%上下逐步上升到 2013 年 56.2%，同期，G7 同一指标值从 19.3%下降到 13.7%，其他金砖国家大体稳定在 19%左右。

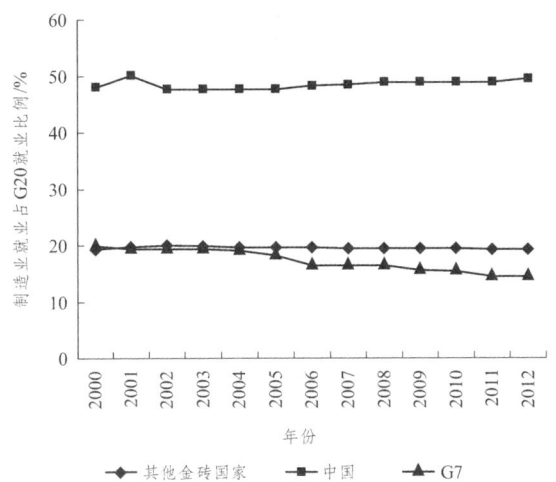

图 2.3 中国等国制造业就业占 G20 就业比例

数据来源：除中国与印度外其余数据来自国际劳工组织（ILO）。

印度数据根据中央统计组织（Central Statistics Organization）提供的就业总量和制造业占就业总量的比重计算。中国 2006—2012 年的制造业就业数据为乡镇企业制造业的职工人数、城镇私营制造业就业、城镇单位职工制造业就业之和业，2000-2005 年和 2013 年制造业就业基于第二产业就业人数进行估计。

进入 21 世纪后，在全球化背景下开放市场机制促进的阶段，中国继续提高工业生产和就业的绝对规模与世界的相对比例，在工业制造方面显示出很强的活力和国际竞争力。不用说，中国现在是一个中等收入国家，美国、日本和其他国家在全球经济中工业技术的最前沿，所以在这个阶段，中国的产业结构与美国和日本相比，仍然有很大的差距。展望未来，即使假定中国的经济前景更为有利，差距可能还需要继续追赶几十年有望逐步收窄。但需要认识到，当前中国工业制造的生产结构相对落后一些属性，这与"一带一路"沿线经济落后的国家大规模发展阶段的特定需求具有较高的契合度，有利于构建中国与这些国家建立"一带一路"的独特优势。

中国的经济数据显示,中国对外承包工程完成施工,从21世纪初不足100亿美元涨到2014年近1400亿美元。在合同结束时,员工人数从21世纪初5万多人到近年的30万人。因为"一带一路"设施联通需求和基础设施工程设计能力强,中国在这些方面的禀赋条件和能力,必然要实施支持和促进"一带一路"带来的重要作用。

(二)中国储蓄与中国储备

除了产能的便利,中国目前的国民储蓄和充足的外汇储备资源,开放的宏观经济领域这两个特点,对中国与沿线国家共同建立"一带一路"也是一个关键的支撑作用。由于人口结构和发展阶段的特点,中国的宏观经济结构呈现出高储蓄、高投资的特点,有助于大多数发展中国家减轻储蓄和投资能力不足。一般用汇率来衡量国民储蓄的规模。在21世纪初,中国的国民总储蓄大约只有美国的20%,2008年首次超过美国,在2013已超过美国65%。如果考虑到美国资本存量规模较大,因此资本贬值越多,中国公民净储蓄的比例要大于美国。

具体情况如图2.4所示。

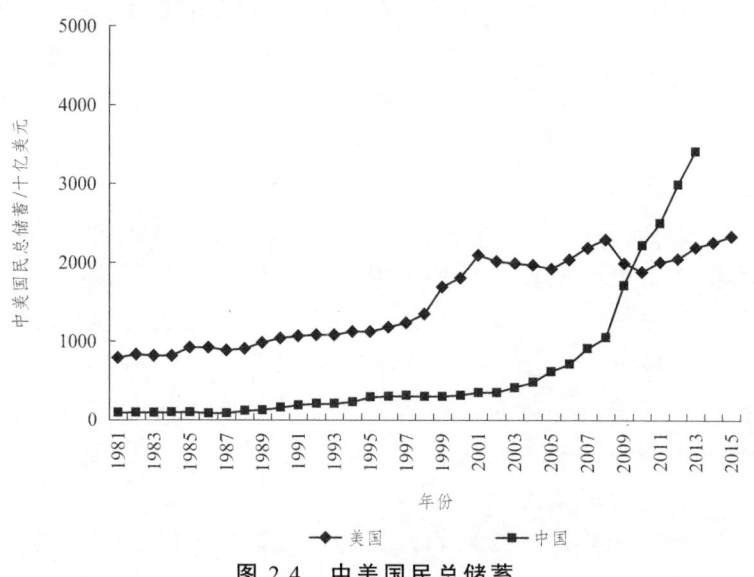

图2.4 中美国民总储蓄

数据来源:IMF, World Economic Outlook(October, 2015), Database.

正是由于中国具有较高的储蓄，从而有力地支持了中国具有较高的投资能力。在资本形成规模方面，21世纪初中国以汇率衡量的资本规模仅为美国的1/5。但到2010年，中国资本形成首次超过美国的规模，2013是美国的1.37倍。中国一直保持国内投资需求快速增长能力的同时，帮助沿线国家进行大规模的基础设施投资，共同推动建立"一带一路"等相关配套项目。与中国相比，美国和日本面临着整体储蓄率下降，国内投资推进不足等严重问题。2013年，美国和日本的储蓄率已经下降到约18%。基于对美国和日本的资本产出比率、资本存量、资本贬值等宏观经济指标的估计，两国甚至把全部储蓄投入国内投资，难以实现净资本投资和资本存量的快速增长。日本的资本产出相对较高，可能已经进入资本存量甚至整体规模下滑的状况，这些成为日本经济进入低增长稳定状态的重要推手。储蓄率偏低和固定投资不足，是美国、日本等发达国家目前所面临的宏观约束条件，是决定全球发达国家经济增长重心转移出发达国家的结构性因素。在这种背景下，美国和日本等发达国家自然不会有太多余力帮助发展中国家进行大规模的投资。

此外，中国拥有世界上最大的单一国家最大的外汇储备也是一个重要的优势。鉴于目前的国际货币体系背景，外汇储备资产规模比较大的一些优化标准，对推进"一带一路"有两方面的支持作用：一个争先恐后在发达国家金融风险的情况下积累的超级宽松的货币政策，大规模的外汇储备将有助于应对外部的金融动荡可能带来的影响，确保"一带一路"与内源性稳定相应的融资计划的实施；二是在货币区内还是在国际上的普遍使用，美元仍然承担国际结算和支付方式。与该项目相关的采购需要支持的地区，美国提供国际支付流动性是不可或缺的。

二、中国对平衡全球收入水平的贡献

2015年10月16日，2015届扶贫开发论坛在北京举行。联合国发布的《千年发展目标 2015 报告》显示，全球贫困人口已从 1990 年的 19 亿元降至至 8.36 亿元，中国的贡献率达 70% 以上。国外媒体评论说，消除极端贫困的主要原因是中国扶贫的成功，它为全球减少贫困提供了宝贵经验。

2008 年全球金融危机爆发后，中国不仅是参与全球经济治理的重要角色，而且在全球经济治理体系的改革和完善中发挥着重要作用，也正是在当代中国的国内外政策的一个重大理论和实践问题。习近平主席提出的"一带一路"高举和平、发展、合作共赢的旗帜，以"政策沟通""基础设施联通""贸易流""资本流通""百姓连接"等主要内容积极推进"一带一路"建设，与沿线国家共同建立政治互信，经济文化一体化，利益和责任包容的共同体和命运共同体，造福全国人民，推动人类文明进步事业。①

中国稳定发展的道路表明，世界的和平发展并非空中楼阁，中国经验将为全球经济提供一个和平发展的典型范式，在消除贫困、平衡全球经济、拉动就业、稳定增长上，中国都起到了一个大国的典范作用，全球经济的未来发展，中国将会起到更大的作用，为世界经济的稳定、健康、持续发展做出更大的、不可替代的贡献。

第一，近 30 年来中国扶助全球 93.3% 的贫困人口。1949 年，我国是当时世界上最贫穷的国家之一。根据联合国"亚洲及太平洋经济社会委员会"的统计，1949 年，中国人均国民收入 27 美元，不足整个亚洲平均 44 美元的 2/3，不足印度 57 美元的一半。直到 1978 年，中国仍有 2.5 亿农村人口处于未解决温饱的贫困状态，占农村总人口的 30.7%。②之后，中国实行改革开放，经济得到迅速发展，贫困人数急剧减少。到 1985 年，农民人均纯收入增长了 2.6 倍，绝对贫困人口从 1978 年的 2.5 亿减少到 1.25 亿。

1994 年，国务院制定并颁布实施《国家扶贫计划》87 项，明确提出，要用约七年时间，基本解决农村 8000 万贫困人口的温饱问题。

---

① 毛艳华."一带一路"对全球经济治理的价值与贡献.人民论坛，2015，9:31~33.
② 田文玲，范小建.贫困问题将是长期的社会现象——访国务院扶贫办主任范小建.中国老区建设，2009（2）:7~8.

通过全国的共同努力，到 2000 年年底，农村绝对贫困率下降到 3209 万，达到扶贫的基本目标。

2001 年，国务院颁布中国农村扶贫开发纲要（2001—2010 年）。到 2007 年年底，绝对贫困人口减少到 1479 万，低收入人口减少到 2841 万。2008 年 10 日，决定明确提出，在中共中央第三次全会上实施扶贫新标准对扶贫政策的全面实施。2011 年，中国制定了新的国家扶贫标准，这是要建立农民人均纯收入 2300 元作为新的国家扶贫标准。按照新的标准，中国的农村贫困人口将从 2688 万增加到 12 800 万。

在 1978—2010 年的 30 年间，按照中国的扶贫标准，中国已经积累减少 2.5 亿的贫困人口。按国际扶贫标准，中国已累计减少 6.6 亿贫困人口，同一时期，世界贫困人口减少了 7.26 亿，世界贫困人口减少的 93.3%来自中国。

第二，中国对全球减贫贡献率超过 70%。从数据分析不难发现，中国的扶贫开发，规模大、难度大，在世界上有辉煌的成就，足以载入人类史册。根据中国现行的扶贫标准，对中国农村穷人的比例，从 1990 年的 73.5%下降到 2014 年的 7.2%。中国的努力是全世界减少贫穷和饥饿的最大因素。中国在减少贫困方面比其他任何国家都取得了较多的成果，从 1981 年到 2012 年，共有 6 亿中国人摆脱贫困。从历史上看，这是前所未有的成就，中国的扶贫对全球贫困做出积极贡献。

2015 年 7 月 7 日，纽约时报网站发表文章说，极端贫困的急剧下降，主要是由于中国的经济发展。千年的目标之一是 2015 年将赤贫人口的比例减半。事实上，到 2014 年年底，世界的发展只有大约 14%的人口生活在极度贫困中，而在 1990 年达到 47%。其中，中国对极端贫困人口比例最大的贡献从 1990 年的 60%下降到 2015 的 4%。

第三，中国为到 2030 年全球消除极端贫困提供了宝贵的经验。中国的经验表明，在经济全球化的背景下，以经济增长为导向的领导着眼于发展的表现，而不是根深蒂固的政策和利益，贫困国家经济和社会得到快速发展。在此背景下，一代人之间实现经济转型的目标，可以激励和动员全国人民共同行动起来。

贫困人口的比例由 1990 的 60%下降到 2010 的 12%。中国之所以能取得如此骄人的成绩，得益于经济的发展，离不开中国政府改革的努力。同样，扶贫问题是大多数非洲国家非常关注的话题，中方对此毫无保留地介绍这一经验，让大家受益。非洲国家希望从中国的扶贫学习宝贵经验，进一步加强双方合作，最大受益的是非洲人民。2015年3月，盖茨基金会主席比尔·盖茨在出席博鳌论坛接受中国媒体采访时表示，中国在扶贫方面走在世界前列，非洲和亚洲其他国家应该借鉴中国的减贫经验。2015年9月，联合国发展议程发展峰会正式通过了17个可持续发展目标，目标之一是消除世界上的各种形式的贫困，第一个具体目标是：2030年消除全世界的极端贫困人口。而极端贫困的定义是：每人每天生活费低于1.25美元。2015年9月25日，世界银行行长金庸接受《人民日报》全媒体平台记者采访，他说，中国在扶贫方面取得重大成就，在减少贫困和其他地区的成功经验，将在帮助其他发展中国家消除贫困中发挥更大的作用。[1]

第四，"一带一路"倡议是中国对全球经济治理理论的重大贡献。从对全球经济治理的价值来看，"一带一路"主动适应广大发展中国家在全球经济治理改革的要求。近年来，在金融危机后，全球经济增长和经济结构失衡，虽然美国和欧洲同意加快全球经济治理改革，但不想放弃对全球经济治理的控制和领导。"一带一路"以亚洲国家为重点，通过互联为亚洲邻国提供更多的公共产品，致力于发展亚洲价值观、亚洲的投资、亚洲市场，培育新的经济增长点和竞争优势，能很好地反映发展中国家的利益。"一带一路"促进开放的多区域合作的进程，并有可能成为一个新的方式来促进全球贸易和投资自由化。

从全球经济治理的规定来看，"一带一路"倡议是对目前全球经济治理规则的完美补充。"一带一路"相关议题表明，中国是在不改变现有的国际规则，发挥自身优势，搞增量改革，充分利用现有的国际规则，推动亚洲基础设施投资银行和丝绸之路基金的设立，是相辅相成的，形成多边开发银行的融资平台。特别是在目前存在的国际经济和金融秩序，有利于共同促进亚洲区域经济的持续、稳定发展的世界。

---

[1] 彭刚，李霞. 决战极端贫困:中国的共享发展之路. 人民论坛，2016，(3):38~47.

这是一种很好的方式，避免了新兴大国国家霸权的出现以及世界体系对抗和冲突的教训。

从对全球经济治理的主体来看，"一带一路"不是一个实体和机构，而是合作的发展思路和建议。"一带一路"背景下，中国和相关国家依靠现有的双边和多边机制，与现有的和有效的平台，为区域合作的历史符号借用"古丝绸之路"，高举和平发展的旗帜，积极发展同沿线国家的经济合作伙伴关系，共同打造政治互信、经济融合、文化包容，包括社区和社区责任的命运和利益共同体。

从全球经济治理的效果来看，"一带一路"鼓励向西开放，推动西部大开发、蒙古等内陆国家和中亚地区的发展，促进国际社会全球化的包容性发展。"一带一路"是中国积极推动中国西部质量生产和优势产业的倡议，使沿线国家首先受益，也会改变东西方的贸易和文化交流和发展的通道。这超越了欧洲和美国的全球化所造成的富国与穷人之间的差距，以及地区发展的不平衡，从而有助于建立一个持久和平和共同繁荣的世界。

三、中国统筹协调内外市场的总体框架和国内各区域市场所采取的主要策略

仅仅两年多的时间，"丝绸之路经济带"和"21世纪海上丝绸之路"就已经从倡议变成实实在在的行动，理念和总体框架设计进入务实合作阶段。从筹建亚投行到成立丝路基金，再到国家开发银行的近千个项目，"一带一路"统筹协调内外两个市场都取得明显进展，获得多方积极响应，不仅深化国内市场的进一步改革，也使国内各行业产能得到合理输出；不仅为各方在投资、贸易、金融、文化和旅游等领域的深化合作奠定了坚实基础，也给沿线各国民众带来了实实在在的好处。未来，"一带一路"将进一步释放沿线国家和地区发展的内生动力，共同谱写人类合作共赢的新篇章。本节将以"一带一路"的新进展为主线，探讨中国统筹协调内外市场的总体框架和主要策略。

（一）"一带一路"总体框架的基本确定

2015年3月，国家发展改革委、外交部、商务部经国务院授权发布《推动共建丝绸之路经济带和21世纪海上丝绸之路的愿景与行动》（以下简称《愿景与行动》），阐述了"一带一路"建设的时代背景、共建原则、框架思路、合作重点、合作机制等，为"一带一路"建设指明了方向。共建"一带一路"旨在促进经济要素有序自由流动、资源高效配置和市场深度融合，推动沿线各国实现经济政策协调，开展更大范围、更高水平、更深层次的区域合作，共同打造开放、包容、均衡、普惠的区域经济合作架构。共建"一带一路"将秉持"和平合作、开放包容、互学互鉴、互利共赢"的理念，坚持"开放合作、和谐包容、市场运作、互利共赢"的原则，以"政策沟通、设施联通、贸易畅通、资金融通、民心相通"为主要内容，积极利用现有双边多边合作机制，全方位推进务实合作，打造政治互信、经济融合、文化包容的利益共同体、命运共同体和责任共同体。推进"一带一路"建设，中国将充分发挥国内各地区的比较优势，实行更加积极主动的开放战略，加强东、中、西的互动合作，全面提升开放型经济水平。同时，"一带一路"需要沿线各国和衷共济、相向而行，携手发掘区域内市场的潜力，促进投资和消费，创造需求和就业，增进沿线各国人民的人文交流与文明互鉴，让各国人民相逢相知、互信互敬，共享和谐、过上安宁、富裕的生活，共同谱写建设"一带一路"的新篇章。目前，中央与地方政府两个层面都在积极推进《愿景与行动》相关配套政策和实施方案的制定与落实。

（二）国内各区域市场扎实推进"一带一路"

党的十八以来，习近平等党和国家领导人的积极部署、推进"一带一路"倡议，建立了政府推动中国"一带一路"建设工作领导小组，负责指导和协调推进"一带一路"的实施。国家发展和改革委员会领导小组办公室具体承担领导小组的日常工作。

我国各部门、各地区采取积极行动，狠抓落实。2015年4月，国家税务总局发出《关于落实"一带一路"发展战略要求做好税收服务与管理工作的通知》，提出了建立"一带一路"服务税，在2016年年底前完成。2015年5月，国家海关总署对外通报服务"一带一路"建设规划，提出了16项支持措施。2016年6月，交通运输部通过了《交通运输部落实"一带一路"战略规划实施方案》；国土资源部中国地质调查局组织编制完成《"一带一路"能源和其他重要矿产资源图集》。同时，各地区基本完成"一带一路"衔接的实施方案和国家规划，积极推进相关工作。新疆作为丝绸之路经济带的核心区，以"三通道"建设（北境中部和南部三通道）为主线，以"三基地"（加工基地，全国最大的石油和天然气的大型煤炭煤电煤化工基地、大型风电基地生产）为支撑，以"五个中心"（交通枢纽中心、物流中心、金融中心、文化教育中心、医疗服务中心）作为十大进口和出口产业的关键为载体，充分利用两种资源、两个市场。福建省在21世纪把泉州作为海上丝绸之路的核心区、福州区和平潭综合试验区作为重点功能区，通过重大基础设施项目建设加快通路达海。2015年6月，广东省对外发布了《广东省参与建设"一带一路"的实施方案》，制定了《广东省参与"一带一路"建设重点工作方案（2015—2017年）》和《广东省参与"一带一路"建设实施方案优先推进项目清单》。各地积极规划对接"一带一路"倡议，积极推进"新丝绸之路"。

2015年前三季度，中国企业共向"一带一路"沿线一些国家进行直接投资，投资额为120.3亿美元，同比增长66.2%，占中国非金融类对外直接投资的15.3%，主要流向新加坡、哈萨克斯坦、老挝、印度尼西亚、俄罗斯等国家；中国企业与"一带一路"沿线一些国家签约外资项目3059个，新增合同金额591.1亿美元，占54.3%的中国承接对外承包工程新签合同额，同比增长24.9%，主要涉及电气工程、建筑、石化工业、交通等领域。

国内各省纷纷制定实施方案，陕西提出要为丝绸之路经济带建设新起点。陕西是古丝绸之路的起点，也是欧亚大陆现代化桥梁的重要枢纽。陕西以建设西安国际化大都市为核心，在建立一个欧亚大型立体通道的基础上，以商贸物流、文化旅游、教育、先进制造技术、现代农业等领域的合作为重点。抓住机遇，积极主动作为，在深化区域合作、促进互利共赢的情况下，努力把陕西建设成为交通物流和贸易中心、丝绸之路经济带文化交流核心区、承接产业转移示范区、高端要素聚集区。

新疆地处欧亚大陆的中心，周围有八个邻国，5700多千米的边境线长度，是中国最大、最长的陆地边界，边界最大的省份。新疆要充分发挥欧亚大陆心脏的地缘优势，四大文明交汇的文化优势、资源丰富的地理优势，经济和社会发展的黄金期，全面实行对外开放。作为一个区域的交通枢纽，新疆努力建设丝绸之路经济带物流中心、金融中心、科技教育文化中心和医疗服务中心，以及国家大型油气生产加工基地。

甘肃提出建设丝绸之路经济带的黄金段。甘肃是丝绸之路经济带的咽喉，是中华文明与外国文明交流的融合，是连接欧亚大陆桥、西南和西北交通枢纽的战略通道。甘肃紧紧围绕兰州新区建设、敦煌国际文化旅游名城和中国丝绸之路博览会三大战略平台，重点推进道路互联互通、贸易和技术交流、产业合作、新的经济增长极，文化交流与合作，战略平台等六大工程，努力把甘肃省打造成丝绸之路的黄金通道，向西开放的战略平台、商贸物流中心、区域产业合作示范基地、文化交流的桥梁。

广西提出建设21世纪海上丝绸之路的新门户和新枢纽。广西是中国唯一一个与东盟海路相连的地区，海岸线1595千米，与东盟"一湾连七个国家"，拥有防城港、钦州、北海北部湾港。广西深度融入中国—东盟自由贸易区建设，进一步开拓发展中国家市场，充分发挥与东盟合作中的前沿窗口和桥梁的作用，成为国际大通道的主要节点，加快西南中国和南非对东盟和世界的"海上丝绸之路"一个重要的平台。

除上述省（市、区）积极投入"一带一路"建设外，丝绸之路经济带沿线的青海、宁夏、重庆、四川、云南、河南以及21世纪海上丝绸之路沿线的福建、江苏、浙江、广东、山东、海南和其他省份都结合自身优势提出了建设"一带一路"规划。

（三）"一带一路"获得国外市场的积极响应

习近平主席、李克强总理等领导人访问了数十个国家，加强了互联互通伙伴关系。参加第二次阿拉伯合作论坛发展双边关系部长级会议，进一步解释了"一带一路"的内涵和积极意义，双方将建立"一带一路"达成广泛共识。自"一带一路"倡议以来，随着"一带一路"沿线国家明确的支持和积极参与建设，同时东盟、欧盟、阿拉伯联盟等国际组织表示支持，俄罗斯、意大利、斯里兰卡等30个国家元首或政府首脑或国家元首明确回应"一带一路"倡议。其中，白俄罗斯、马尔代夫等十多个国家给予积极评价或表示高度赞赏，埃及、乌克兰、斯里兰卡等国家表示愿意积极参与。同时，英国也积极参与建设"一带一路"。虽然英国既不是古丝绸之路国家，也不是"一带一路"沿线国家，但仍主动将英国北部振兴计划与"一带一路"对接，并邀请习近平主席访问曼彻斯特，对世界发出可以积极参与"一带一路"的积极信号。英国积极参与"一带一路"建设具有示范意义，证明开放合作、和谐包容、市场运作、互利共赢，不仅体现了丝绸之路的精神，也将开辟新的全球化格局。

（四）沿线各国市场"五通"建设策略进展顺利

第一，中国积极整合国内资源，加强与"一带一路"沿线国家市场的合作和对接，与一些国家签署了一系列合作框架。与哈萨克斯坦、塔吉克斯坦、卡塔尔等国家签署了"一带一路"合作备忘录，与俄罗斯、老挝等国家签署了区域合作与边界经贸合作和长期发展规划合作备忘录，与哈萨克斯坦等毗邻国家提出区域合作计划。

第二，联通项目的一些重大设施取得突破。例如，2014年12月6日，泰国国家立法机关批准了中泰铁路合作备忘录草案；2015年7月1日，该项目第一期计划从2015年开始确定中国泰国铁路合作第五次会议；中国和塔吉克斯坦启动中国—中亚天然气管道D线建设；俄罗斯东部天然气管道建设，俄罗斯天然气供应2018年通过线路输送；中俄之间的亚玛尔液化天然气合作项目于2016年开始实施；土库曼斯坦气田开发项目，于2016年完成；新欧亚大陆桥经济走廊项目正在加速推进；哈萨克斯坦物流规划二、三期建设与国家电网同俄罗斯顺利进行；正在研究蒙古、吉尔吉斯斯坦等 10 个相互连接的输电线路，促进与俄罗斯、蒙古、哈萨克斯坦和巴基斯坦等国家的互联，规划建设 6 个项目。同时，中国缅甸铁路和公路，铁路，公路，老巴基斯坦朱塞佩铁路和缅甸 Kyaukpyu 港，柬埔寨西哈努克港等多个重大项目实现突破。

第三，积极推动投资贸易便利化。中国与澳大利亚和韩国自由贸易区谈判结束后正式签署协议。与斯里兰卡，以色列和其他国家就自由贸易协定开展实质性谈判。东盟积极建设中国—东盟自由贸易区升级版。积极推动印度、孟加拉国和缅甸经济走廊的经济发展，建设工业园区。随着与马尔代夫在海洋、旅游和民生领域的加强合作，共同应对气候变化的挑战。2014 年 11 月亚太经合组织中国峰会期间，亚太经合组织批准"互联互通蓝图"，与会国就"亚太经合组织推动实现亚太自贸区北京路线图"达成共识，同意启动和全面推动亚太地区自由贸易区（FTAAP）进程。

第四，举办一系列促进民心相通的活动。各地成功举办了一系列以"一带一路"为主题的峰会、论坛、研讨会、展览、文化艺术节等活动，加强沿线国家相互了解和区域共识，在深化合作中发挥了重要作用。沿线各国开展教育、科技、文化、旅游等各个领域的交流与合作，为不同文明之间的相互学习创造条件。

案例 2.1：沿"一带一路"，江苏知名品牌输出提速[①]

共建"丝绸之路经济带"和"21 世纪海上丝绸之路"是国家重大战略决策。江苏地处"一带一路"交汇点上，江苏的消费品企业如何优化供给结构，积极对接、主动融入？江苏省不少知名品牌正沿着"一带一路"走出去，不仅从供给侧提升了产品的品种、品质，而且让世界认识了一批中国品牌。

---

① 耿文博.沿"一带一路"，江苏知名品牌输出.[2016-08-16]. http://js.xhby.net/system/2016/08/16/029416558.shtml.

红豆香飘海外

"江苏市场经济较为发达,国际化程度较高,江苏企业整体发展水平较高,产品科技含量较大,推进供给侧结构性改革,对江苏而言,是一个大的发展机遇,而且江苏已经走在了全国前列。"谈及供给侧改革,红豆集团总裁周海江充满信心。他认为企业需要抓住供给侧结构性改革机遇,要进一步推进"自主创新、自主品牌、自主资本"的步伐,打造一批"三自"企业。

"红豆生南国,春来发几枝。"早在红豆品牌成立之初,与古诗中美好意境的契合,让红豆品牌成为海外华人争相抢购的缘由之一。随着红豆产品质量的提升,品牌影响力的扩大,以及科技含量的提高,红豆正被更多国家的消费者认同。周海江认为,国内劳动力红利已逐渐消失,低端产品已经很难与东南亚国家进行竞争。怎么办?资本走出去。从当初发展海外代理商,到后来设立境外办事机构,再到合作建立自主外贸基地,红豆一路向前。

据悉,红豆设立的柬埔寨西哈努克港特区总面积11.13平方千米,经过8年建设,工业园区部分已形成规模,吸引了越来越多的国内外企业入驻。截至今年3月,西港特区有96家企业入驻,解决当地1.3万就业人。习近平总书记在会见洪森首相时特别提到,要在"一带一路"构架下,运营好西哈努克港经济特区。设立境外园区是一种大外贸的思维,这也是国内企业优化产能、破解资源制约、化解要素成本过高、避开贸易壁垒、扩张比较优势、形成外贸集群的较好途径。

隆力奇的国际化构想

许多人是看着保洁、联合利华的广告长大的,小时候以为香皂就是舒肤佳、洗发水就是飘柔。但在国际日化企业增长乏力的背景下,中国日化巨头隆力奇异军突起,以每年40%的速度扩展对外出口。

在国际市场上,隆力奇通过品牌的经营和对OEM/ODM的代工,产品远销全球60多个国家和地区。到2015年年底,隆力奇已在海外30个国家和地区设有分公司和经销商,下一步将在"一带一路"65个国家拓展业务,到2020年完成100个国家的业务覆盖,进一步扩大市场规模。

出口的增长源于隆力奇深厚的内功。20世纪90年代初,隆力奇只不过是一家蛇制品粗加工公司,自2005年开始,隆力奇加大科研投入力度,先后成立了清华大学·隆力奇生物科技研究所,在美国、日本、法国先后成立了隆力奇(美国)保健化妆品研究院等研发中心。如今的隆力奇已延揽了一大批世界级的业内人才,为品牌的创新注入了活力。

但隆力奇并未止步于此。去年隆力奇成为德国工业4.0中国首家试点项目,通过与德国机械设备制造业联合会、中国工业和信息化部的合作。未来20年内,隆力奇将在中国西南、华北、广东、东南亚以及非洲、美洲,探索工业4.0智能化制造,在全国完成10个智能化工厂的建设和投产。

像造火箭一样织布

像做棉布一样造火箭,火箭肯定上不了天。但若像造火箭一样做棉布,产品何愁卖不出去呢?

"只要把每个环节都做到极致,我们的成本会降到最低,产品质量就会有竞争力。"无锡一棉纺织集团总经理周晔珺认为,"走出去"是产业发展的必然,也是趋势。无锡一棉很早就进行过"走出去"的尝试,从20世纪90年代初就进军埃塞俄比亚。他认为,要合理看待"走出去",要利用国外技术、管理经验和国外资本走国际化的道路,但不能把市场流失,不能让中国棉纺业的竞争力流失。

"现在棉价的波动对我们影响不大,因为我们主要做高支纱,客户相对比较稳定。"提供人无我有、人有我优的产品,方能立于不败之地,无锡一棉用真实案例诠释了供给侧改革的深刻内涵。

但是不是纱线织得越细越好呢?周晔珺认为,在现有条件下,进行改进提高的空间还是很大,但研究要接地气,要适应市场的需求,不应为做细而做细。无锡一棉追求的是做精,而不是做大。企业应通过精细生产和管理来提升竞争力,从供给的角度来提升品质,满足不同层次的需求。只有品质提升了,品牌提升了,未来在国际市场上自然有很多机会。

第二节 "一带一路"倡议带来的新型中国式产能输出

中国东西部发展差距非常明显。虽然各省区域差异的发展，但产业结构的同质化仍然是必然的竞争。除了新疆、西藏、黑龙江、广东、海南等7个省，全省大部分产业结构融合现象较为严重。"一带一路"从东到西，从南到北遍布中国各地，将成为未来国民经济协调发展、产能输出、产业转移升级的重要支撑，这是因为"一带一路"将国际收支从简单地以商品产出向资本推动商品产出转型，开启继20世纪80年代基本平衡、20世纪90年代资本账户盈余、21世纪初经常/资本账户双盈余后的再平衡时代。本节将从能源和交通基础设施建设行业，建筑行业和旅游行业介绍"一带一路"带来的新型中国式产能输出。

一、加快清洁能源发展，推进丝路能源合作

能源是影响全球政治、经济和环境的最重要问题之一。技术和资源禀赋是限制能源发展的关键问题。"一带一路"合作有助于实现多种能源资源的循环和技术共享，打破国家能源发展的制约因素，从而促使国家共同应对国际环境问题，实现有效利用世界能源。

由于中国目前的能源结构不合理，清洁能源比重较低，煤炭比例过大，对外国石油的依赖程度高，人均能源份额较低，能源消耗利用率低。中国面临着有限的化石燃料资源和更高的环保要求的挑战，新能源的开发是解决问题的唯一途径。在"十二五"规划中，新能源相关产业被列为重点发展和战略性新兴产业，并得到支持。2015年12月29日，国家能源会议于2016年在北京举行。国家能源局局长努尔·白克力在会上发表了题为"勇于担当奋发有为努力建设清洁低碳安全高效的现代能源体系"报告指出，2015年全国加快清洁能源发展，能源结构进一步优化。然后在"十三五"规划下，一批能源产出省份提出

建设清洁能源基地。例如，甘肃省提出风力发电和核电资源丰富，加强总体规划，建设国家重大新能源，制造新能源装备，建设能源化工产业基地，加快通道电力和地方电网建设，推动能源优势成为经济优势和潜力。四川省加快能源技术创新，大力发展发展清洁能源产业，建设国家重要的清洁能源基地。

近年来，中国还大力推进科技创新，加强重大战略性能源技术研究建设，规划组织重大能源技术示范，依托重大项目推动能源设备，开展能源工业标准化工作，能源科技水平进一步提升。在"一带一路"指导下，国际能源合作带来新突破。自2014年以来，中国在"一带一路"沿线重点国家和地区推动务实合作，与俄罗斯、中亚、巴基斯坦、英国、美国和法国国际能源合作取得新突破，大力推动能源设备"走出去"，全面推进能源领域合作，积极参与全球能源治理。

发展新的长期稳定的能源进口渠道是"一带一路"的重要目标，"一带一路"为我国能源领域的和平发展提供了新机遇，为下游行业的市场带来好转。例如，中东石油和天然气储量接近世界的一半，连同"一带一路"其他国家油气储量，可采储量占全球的一半以上。中亚和北非的石油和天然气资源储量丰富，土库曼斯坦占9.4%，哈萨克斯坦石油占2.9%，利比亚石油占3.4%。但最近专家估计，苏丹石油储量可以达1800亿桶，居世界第二位，俄罗斯石油和天然气储量居世界第一，达到5.3%和21.4%。能量可采储量的详细情况如表2.1所示。

表2.1 "一带一路"沿线地区主要能源分布

地区	石油		天然气		煤炭	
	剩余探明可采储量/亿吨	占比/%	剩余探明可采储量/亿吨	占比/%	剩余探明可采储量/亿吨	占比/%
中东	1094	47.9	80	43.2	11	0.1
非洲	173	7.7	14	7.6	318	3.6
亚太	56	2.5	15	8.2	2884	32.4
欧洲及欧洲大陆	198	8.8	57	30.6	3105	34.8

资料来源：《BP2014世界能源统计年鉴》。

从表 2.1 中可以看出，虽然目前参与到"一带一路"中的只有 60 多个国家和地区，不到全球国家总数量的 30%，GDP 仅占全球 29%，但是石油、天然气、煤炭等的能源储量却占据了全球的一大半，从而为当前"一带一路"国家的经济发展提供了坚实的能源基础。

欧亚大陆是全球煤炭储量最高的地区，在世界十大煤炭回收储量绝大多数国家排名中，"一带一路"国家分别占有 6 个席位，分别是印度、哈萨克斯坦、俄罗斯、中国、乌克兰和印度尼西亚。这 6 个国家的可再生煤炭储量在 2013 年已占全球的 48%，而亚洲国家占有较高的优质煤炭，加上"一带一路"沿线国家，可采储量远远超过了世界的一半。具体情况如表 2.2 所示。

表 2.2 "一带一路"国家煤炭可采储量占比（截止到 2013 年年底的数据）

名称	国家名称	可采储量/亿吨	占世界总量的百分比/%
1	美国	2372.95	26.5
2	俄罗斯	1570.1	17.6
3	中国	1145	12.8
4	澳大利亚	764	8.6
5	印度	606	6.8
6	德国	405.48	4.5
7	哈萨克斯坦	336	3.8
8	乌克兰	338.73	3.8
9	南非	301.56	3.4
10	印度尼西亚	280.17	3.1
世界原煤总可采储量		8915.31	100

全球水、风、太阳能等清洁能源资源非常丰富。据世界能源理事会估计，全球清洁能源年度理论开发量约 45 万亿标准煤，相当于全球化石能源储量的可探明采储量的 38 倍。目前，全球一次能源消费总量

约为 200 亿吨标准煤，清洁能源足以支撑全球能源消费。"一带一路"的主要地区亚洲，以及有合作的潜力的非洲地区，主要清洁能源总共超过了世界的一半以上。具体情况如表 2.3 所示。

表 2.3 "一带一路"地区主要清洁能源分布

地区	水能		风能		太阳能	
	理论蕴藏量/万亿千瓦·时/年	占比/%	理论蕴藏量/万亿千瓦·时/年	占比/%	理论蕴藏量/万亿千瓦·时/年	占比/%
亚洲	18	46	500	25	37 500	25
非洲	4	10	650	32	60 000	40
欧洲	2	5	150	8	3000	2

资料来源：世界能源理事会，联合国政府间气候变化专门委员会。

从表 2.3 中的相关数据可知，亚洲和非洲国家清洁能源占比高，水能、风能、太阳能理论蕴藏量合计超过全球总量的一半。其中，亚洲水资源理论蕴藏量在各大洲中最高，风能和太阳能占比仅次于非洲，我国水能、风能、太阳能资源均丰富，位居亚洲前三位，水能资源尤为丰富。非洲风能和太阳能在各大洲中占比最高，尤其是北非的苏丹和埃及等国家，不仅清洁可再生能源丰富，而且油气资源也非常丰富。亚非丰富的清洁能源资源为"一带一路"国家未来经济发展打下了基础。[①]

综上所述，在"一带一路"国家中，亚洲地区油气和清洁能源都很丰富，非洲最具清洁能源开发优势，欧洲国家石油、天然气、煤炭等能源丰富，但清洁能源相对短缺，中东欧 16 国能源禀赋差别较大。由于化石能源剩余探明可采储量仅为 896 亿吨标准煤。其中，煤炭 91.2%，石油 3.9%，天然气 4.9%，储采分比分别为 31 年、12 年和 28 年，且开采成本越来越高，因此，实现能源替换已迫在眉睫。亚非地

---

① 王敏."一带一路"能源战略合作研究.经济研究参考，2016，22:34~44.

区清洁能源最为丰富，是最具能源发展潜力的地区。①

"一带一路"给了我国一次平衡能源依赖的机遇，在与沿岸国家进行能源合作时，可以采用如下措施：

一是国家投资背后的能源基础设施。对这些国家的基础设施投资一方面可以优化产能；另一方面可为实现能源跨国流动奠定基础。

二是建设能源互联网。"一带一路"沿线国家能源资源丰富，但部分国家资源配置不均衡，消费低，能源消耗高，部分国家资源较差，部分国家化石能源消耗消耗严重。在各国能源禀赋无法改变的情况下，促进能源资源跨境流动可以弥补短板。例如，使用特高压技术连接电网可以快速清理电力跨国运输，油气管网也可以计划。目前，针对石油和天然气海运的高风险，可以开通陆路运输，降低油气运输的风险。

三是帮助能源丰富但欠发达国家开发资源。"一带一路"沿线许多国家拥有丰富的能源资源，但技术落后。例如，北非丰富的清洁能源和石油资源，由于缺乏开发该地区资源的能力，反而造成能源短缺，通过与国家高技术水平合作，不仅能够满足能源需求，也通过出口提高经济效益，促进跨境流动的节能配置。②

二、"一带一路"带给中国交通基础设施建设的重大机遇

在过去三年甚至几十年中，海运是中国参与世界经济贸易的最重要的运输方式。不过，在美国统治海域的时代，马六甲海峡、苏伊士运河、巴拿马运河三条全球最重要的航运线，都是牢牢掌握的。近年来，中国意识到通过欧亚大陆铁路将连接形成"陆权"地缘经济，不仅可以大大解决面对"海权"地缘政治的巨大压力，还将直接"对冲"美国海上霸权，成为抗衡美国在亚太地区影响力的重要因素，重塑欧亚大陆新的地缘政治格局。

---

① 国家可再生能源中心.2014中国可再生能源产业发展报告.北京：环境科学出版社，2014.
② 林毅夫."一带一路"需要加上"一洲".党政论坛：干部文摘，2015(4)：32~32.

2015年5月7日，国家发展和改革委员会发布《关于当前更好发挥交通运输支撑引领经济社会发展作用的意见》，强调交通运输在经济发展中的配套作用，提出建设"一带一路"交通走廊，建设海上丝绸之路走廊。2015年6月1日，交通运输部正式批准实施《落实"一带一路"战略规划实施方案》。同日，商务部还出台了《全国流通节点城市布局规划（2015—2020年）》，提出实施"一带一路"规划，改善陆上和海域通行。"一带一路"为交通基础设施建设带来新的机遇。

根据世界经济论坛《2015—2016年全球竞争力报告》和世界银行官网数据，在交通运输领域，东盟国家综合指数略低于世界平均水平，铁路建设特别薄弱。老挝2008年才开通铁路运输，柬埔寨只有两条年久失修的铁路，基本上处于放弃状态，更不用说实现国家间的互通；在能源领域，东盟各国人均用电量、电力平均基本指标低于世界平均水平，电力短缺限制了国家经济发展，国家煤炭和石油发电比例高，水电比例偏低，太阳能等新能源的使用正处于起步阶段；在通信领域，东盟国家高于全球同等发展阶段的国家，但电信和互联网设施一直无法满足用户快速增长的需求，发展潜力仍然巨大。

《关于当前更好发挥交通运输支撑引领经济社会发展作用的意见》《落实"一带一路"战略规划实施方案》《全国流通节点城市布局规划（2015—2020年）》各国之间的差异，新加坡的基础设施是最完善的，高速公路和铁路网络密度是世界上最高的，新加坡港是世界第二大集装箱港口，马来西亚和泰国的都相对发达。与新加坡等亚洲新兴工业化国家相比，东南亚其他国家，如老挝、柬埔寨等国家由于长期的战争等原因，错失了发展机遇。在这些国家，由于长期忽视和投资不足，基础设施投资占GDP的比重相对于世界平均水平很低，基础设施状况相对落后，已成为经济进一步发展和繁荣的瓶颈。基础设施指标与人均国内生产总值确定的发展阶段完全相同。东南亚国家的发交通指标和国内生产总值情况如表2.4所示。

表 2.4　东南亚国家交通设施指数与 GDP 发展水平比较

国别	全球竞争力基础设施指数	人均 GDP/美元	收入水平
新加坡	6.49	56 280	高收入国家
文莱	—	40 980	高收入国家
马来西亚	5.51	11 310	中高等收入国家
泰国	4.62	5977	中高等收入国家
印度尼西亚	4.19	3492	中低等收入国家
菲律宾	3.44	2873	中低等收入国家
越南	3.84	2052	中低等收入国家
老挝	3.23	1793	中低等收入国家
缅甸	2.09	1204	中低等收入国家
柬埔寨	3.19	1095	低收入国家

在上述战略方向下，中国抓紧与"一带一路"沿线国家一道，积极规划建设中蒙俄、新亚欧大陆桥、中国—中亚—西亚、中国—中南半岛、中巴、孟中印缅六大经济走廊，搭建"丝绸之路经济带"的陆地骨架。国家交通部规划的中—老—泰、中—蒙、中—俄、中—巴、中—吉—乌、中—哈、中—塔—阿—伊、中—印、中—越等九大"一带一路"交通重点项目，基本构建起对内连接运输大通道、对外辐射全球的丝路走廊。

（1）中国与俄罗斯之间的经济走廊。分为两条路线：华北从天津到呼和浩特，然后到蒙古和俄罗斯；东北从大连、沈阳、哈尔滨、长春到俄罗斯。中国"丝绸之路经济带"建设和俄罗斯横跨欧亚铁路重建，蒙古草原道路举措紧密对接，有利于加强公路和铁路的互通，促进通关和交通便利化，促进过境运输合作。目前，中俄经济走廊已经开通目前，中蒙俄经济走廊已开通"津满欧""苏满欧""粤满欧""沈满欧"等"中俄欧"铁路国际货物班列，并基本实现常态化运营。

（2）新亚欧大陆桥经济走廊。从中国江苏连云港、山东日照到荷兰鹿特丹港，国内由陇海铁路和兰新铁路组成，途经江苏、安徽、河南、陕西、甘肃、青海、新疆7省（自治区），从中俄边界的阿拉山口出国境，出国境后可经3条线路抵达荷兰鹿特丹港。目前，"连新亚""连新欧"班列已正式开通，新亚欧大陆桥已成为中国直通欧洲的物流主通道。

（3）中国—中亚—西亚经济走廊。从新疆出发，抵达波斯湾、地中海沿岸和阿拉伯半岛，主要涉及中亚五国（哈萨克斯坦、吉尔吉斯斯坦、塔吉克斯坦、乌兹别克斯坦、土库曼斯坦）、伊朗、土耳其等国。中国"丝绸之路经济带"建设与哈"光明之路"、塔"能源交通粮食"三大兴国战略、土库曼斯坦"强盛幸福时代"等国家发展战略紧密衔接，有利于深化区域国际产能合作。

（4）中国—中南半岛经济走廊。中国与中南半岛五国（缅甸、老挝、越南、泰国、柬埔寨）在大湄公河次区域经济合作机制上，全方位规划建设东、中、西部的运输网络，以消除交通基础设施建设的滞后瓶颈，促进区域经济一体化进程。目前，湄公河流域的国家正在建设贯穿东西，连接南北的九条跨境公路，其中一些已经完成。来自中国昆明的南北连接新加坡的道路已经开通，贯穿缅甸、泰国、越南的道路正在建设中。

（5）中国—巴基斯坦经济走廊。从中国新疆喀什起点，终点在巴基斯坦瓜德尔港，总长3000千米，南北路是丝绸之路经济区的重点枢纽。北接"丝路经济带"，南连"21世纪海上丝绸之路"，是一条包括公路、铁路、油气和光缆通道在内的贸易走廊。北接"丝路经济带"，南连"21世纪海上丝绸之路"，是一条包括公路、铁路、油气和光缆通道在内的贸易走廊。

（6）孟中印缅经济走廊。覆盖中国西南、印度东部、缅甸、孟加拉国，与太平洋和印度洋陆地通道相连。由于东亚、东南亚和南亚三大经济联动发展，铁路、公路、通信等基础设施互联互通，将加快区域产业合作和贸易增长。

目前，中国高铁"走出去"应该跟上国家"一带一路"建设的步伐，加大经济走廊建设，加快通过亚欧亚铁路网建设，充分发挥铁路推动区域资源流动、贸易往来、文化交流，促进区域经济一体化进程中的基础作用。重点关注欧亚、中亚、泛亚三大战略方向，建设经俄罗斯进入欧洲的欧亚铁路，改变中国长期以来对外贸易对航运的依赖；通过中亚到达德国的中亚铁路，扩大与欧洲和非洲内陆国家的经贸合作，形成黄金物流路线；建设从昆明开始，连接东南亚国家，抵达新加坡的泛亚高速铁路，打通南海，形成向印度洋开放的新格局。

交通在现代社会经济发展中起着主导和辅助作用。运输业为"一带一路"的实施提供依据和支撑。"一带一路"，将运输模式的建设分为三个部分：一是完善"一带一路"沿线国家跨境交通基础设施建设，逐步形成互通运输网络；二是要积极建设海运通道，依托北京天津河北地区、长三角、珠江三角洲沿海港口作为节点，完成海上互通性；三是打造有利的国际环境，促进跨境交通运输合作共享，促进跨境物流信息平台建设与分享。目前，中国物流业的发展面临"大而不强"的局面。中国铁路货运量、道路货运量、集装箱吞吐量居世界第一，2014年中国快递业务量达到140亿元，同比增长52%，跃居世界第一。不过据中国物流采购联合会发布的"中国采购发展报告"（2014年）显示，中国单位GDP物流资源的消费量高于其他国家，物流效率较低。例如，2013年中国社会物流总费用10.2万亿元，占GDP的比例达到18%，以美国为代表的发达国家的指数只有8%左右，中国的指数值高于其他金砖国家，印度为13%，巴西为11.6%。因此，在"一带一路"的背景下，交通运输业的布局为物流业发展提供了新机遇。

一是"一带一路"的背景，为专业物流运输网络互联布局的发展提供了必要条件。专业物流发展，提高物流效率是未来物流的发展趋势，为专业物流的陆上和海上互联运输网络的开发建设奠定了基础，同时加快了专业物流发展的进程。

二是在"一带一路"的背景下,铁路动脉建设将加强物流业的整体效率。铁路是物流业发展的基石,"一带一路"背景下的铁路建设可以有效提升物流业的效率。

三是在"一带一路"的背景下,畅通无阻的贸易为物流业的发展提供了广阔的市场空间,有助于物流企业实现"走出去"的目标。贸易流入是以"五通"战略为契机,中国将与沿线国家推动新贸易合作模式,消除贸易壁垒和投资壁垒,加快实施贸易便利化的措施。物流领域作为贸易的配套产业,随着贸易的扩大,物流发展空间广阔。

"一带一路"有利于建筑行业孕育新市场。"一带一路"布局已经上升到下一阶段的国家层面,具有深远的意义,在这一过程中要紧密相关的基础设施建设需求,从铁路、公路到港口和码头等管道等领域。目前,全球经济复苏态势依然疲弱,中国 GDP 从 7.5% 下降至 7% 左右,经济下行压力,通过扩大基础设施建设投资,解决许多运输和通信基础设施面临的瓶颈,是一项紧急任务。新兴市场国家和欠发达国家的基础设施建设依然不足,根据亚洲开发银行的预测,2010 年至 2020 年,亚洲基础设施需要投资 8 万亿美元在建筑业随着国内需求的不断扩大和国外建筑市场的巨大差距,中国建筑业将迎来新的发展机遇。中国 7 万多家建筑企业,其中当地中小建筑企业 6 万多家,在建筑行业中,低端企业竞争激烈,企业议价能力薄弱,市场壁垒较低条目。目前,国内建筑业出现了"金字塔"的竞争,除了以上 6 万家中小企业外,还有区域承包商,如上海建筑、北京建筑工程、宁波建筑工程、浙江建设投资集团;领先专业领域,如化工、中国隧道股份、中国海油工程;中央企业如铁、中国华人建筑、中国铁路建设、中国电力建设。集中排名前 40 位的企业,只有 24.6% 的市场份额,与前 10 个市场份额相比只差 4.4%。①

---

① 陈少翠."一带一路"孕育下的建筑行业新发展——以浙江省建设投资集团有限公司发展为例.中外建筑,2015(5):147~148.

"一带一路"政策为私营外贸企业建设拓展海外市场提供了新机遇，公司需要在充分研究的前提下，规划发展、了解市场，结合自身优势，抓住面向政策的新机遇，发展海外市场。加入"一带一路"不能穿新鞋走老路。面对"一带一路"的基础设施，从中央到地方企业都在积极规划；从大型中央企业到中小型民营企业，几乎全部急于渴望参与其中建设。毫无疑问，"一带一路"实施后，建筑行业是行业最大的利益之一，未来将是沿线许多建筑企业向海外发展的时期。但是，由于历史和地缘政治原因复杂，导致中国企业遇到诸多问题，"一带一路"涉及许多国家，国情不同、自然禀赋不同、态度不同、皮带和道路建设，这些因素是影响"走出去"的客观因素。企业作为微观个体，对于宏观层面的客观情况和困难，基本无能为力，将更多地依赖于国家层面的干预和协调。同时更值得关注的是，影响"走出去"的自身因素，包括思维和商业模式，技术和管理能力。近年来，一批中央企业海外失利的教训证明，最大的敌人常常是企业自身。2010年，中国铁路承建的沙特麦加轻轨项目亏损40亿元。据媒体介绍，除了当地的政治文化因素以及作品数量的不断增加和新的功能要求外，在合同中也没有相关详细的工程量清单。但最根本的原因是，与沙特阿拉伯签订的合同过于仓促，没有全面的调查，没有合同细节，最终陷入被动局面。

2012年，中国中铁承建的波兰高速公路出现"烂尾"情况。其教训是，盲目低价中标，价格只是波兰政府估计费用的一半左右。公司忽视了所有者对"青蛙通道"等关键要求，而管理控制方面，波兰政府终于被解雇，并赔偿了1.88亿欧元。同年，涉及世界银行黑名单欺诈和贿赂的12家中国公司被禁止在一段时间内承担世界银行资助的项目。

这些典型案例揭示了中国建筑市场在国际舞台上的深层次问题。在国内市场上，业主之间的关系比合同重要，抓住项目比合理的价格更重要。

循环递进
"一带一路"倡议创造的内外市场及大中小企业协同发展的新契机

前事不忘后事之师,"一带一路"是建筑企业提高国际竞争力的重大契机,同时也面临着迄今未知的挑战。对于绝大多数有实力的企业,抓住不是问题,做好才是考验。做好的一个先决条件就是要放弃"国内玩法",好好学习运用"国际玩法",依靠创新思维、创新管理、创新模式,主动组合自身利益和国家利益,同时打造品牌价值,提升企业的国际竞争力,呈现出国家形象。

三、"一带一路"引领丝路"心"旅游模式

一带一路"倡议与中国旅游业存在相互促进的双向关系。一方面,"一带一路"倡议对中国旅游业带来新的机遇与挑战;另一方面,中国旅游业对"一带一路"的顺利实施有很多推广作用。因为旅游业可以促进各国加强政策沟通、道路联通、贸易畅通、货币流通、民心相通,引导丝绸之路"心与心交融"的"心"旅游模式;旅游有助于促进国家旅游交流,增进相互了解,是外国旅游业的重要载体;旅游有助于推动国家经济发展,是经济合作的重要渠道。"一带一路"沿线60多个国家,人口44亿,国际旅游占全球旅游总量的70%以上。"十三五"期间,"一带一路"沿线国家中国游客量将达到1.5亿人次,旅游消费额达2000亿美元,吸引8500万来华游客,旅游消费额达到1100亿美元。因此,"一带一路"沿线旅游合作具有很大的潜力。

具体来说,可以促进沿线国家旅游推广和宣传合作,促进相互之间提供重要的旅游客源,发挥中国在促进出境旅游发展方面对沿线国家旅游快速增长的带动作用。具体而言,可以开展旅游产品建设方面的合作,围绕陆上丝绸之路共同打造国际旅游线路,围绕海上丝绸之路积极推进邮轮旅游产品建设;开展旅游签证合作,进一步提高国际旅游的便利化程度;开展旅游安全合作,为游客提供更多的安全保障;开展旅游投资合作,特别是让更多的中国旅游企业"走出去",为沿线国家投资旅游业创造条件。在这些地区,中国有很多省份进行了一些有用的尝试。

案例2.2:"一带一路"为我国各省、市、直辖区旅游发展带来新契机

"一带一路"助力新疆旅游"抢跑"[①]

一年之计在于春。对于新疆来说,春天未到,"抢"跑已经启动。借着首届世界旅游发展大会契机,新疆旅游行业早就迫不及待地抓住"一带一路"做起旅游文章。新疆被誉为"丝绸之路经济带向西开放的前沿阵地","一带一路"已然成为位于丝绸之路经济带核心区的新疆发展旅游的重要抓手和推动力。其实,自"一带一路"提出以来,新疆旅游业就已主动布局旅游产业。从2013年开始,乌鲁木齐经济开发区就开始着手丝绸之路经济带旅游项目建设,注资14亿元在乌鲁木齐高铁车站建设旅游港,项目于2014年开工,是丝绸之路经济带旅游集散中心项目的"开篇巨作"。"丝路明珠"喀什市则借助"一带一路",打造新疆南疆丝路文化和民俗风情旅游目的地。喀什市旅游局局长、喀什噶尔老城景区管委会副主任李霞说,抢抓"一带一路"向西开放、南亚中亚西亚商圈中心城市机遇,当前需要尽快整合提升重要景点景区建设,进一步完善旅游体系建设,打造富有独特魅力的喀什旅游名片,使之成为经济带上重要的旅游集聚区。霍尔果斯市正加快向西开放步伐,投资数百亿的中哈霍尔果斯国际边境合作中心正在开发中亚风情旅游、边境购物旅游、医疗旅游等产品。霍尔果斯刚刚开通落地签证政策,对旅游、商贸都是利好消息。目前,霍尔果斯正从深入推进兴边富民行动、改革体制机制、调整贸易结构、促进特色优势产业发展、提升旅游开放水平、加强基础设施建设、加大财税支持力度、鼓励金融创新与开放等方面努力,力争把霍尔果斯打造成为丝绸之路经济带旅游集散中心的前沿阵地。

宁夏打造西部独具特色的国际旅游目的地

宁夏是我国唯一的省级回族自治区,是古代"丝绸之路"的重要通道和必经之地,也是中阿文明的交汇地之一,自古以来,就是中阿交流合作的重要纽带,是面向阿拉伯国家及穆斯林地区的重要窗口。

[①] 王思超."一带一路"助力新疆旅游"抢跑".中国旅游报,2016-03-03(4).

宁夏旅游以打造面向阿拉伯国家和穆斯林地区的国际旅游目的地为目标，全方位推进"一带一路"沿线合作交流。"2015 中国·阿拉伯国家旅行商大会"进一步围绕开放宁夏和"一带一路"建设，通过 B2B 洽谈与旅游合作等环节充分展示了宁夏旅游资源和旅游建设的成果，突显了丝路旅游"宁夏制造"的实效性与务实性。独特的自然资源和人文优势为推进宁夏与阿拉伯国家及穆斯林地区的旅游交流合作提供了新的契机和平台，未来几年宁夏将旅游持续推进产品体系建设，打造旅游资源优势品牌，积极推动旅游产品结构由观光为主向观光、休闲、度假复合发展转变。除此之外，还将不断简化来宁国际游客出入境手续，争取阿拉伯国家和穆斯林地区游客到宁夏的落地签、72 小时过境免签等，研究制定离区退税、免税政策；利用机场第五航权积极开辟旅游空中通道，以旅游包机和合作等方式现已开通银川—首尔、大阪、迪拜、曼谷等多条境外航班，即将开通吉隆坡、新加坡等更多的国际航班；积极冠名丝路驿站宁夏号旅游列车，促成现有列车运行提速和线路加密；加快完善道理指引、旅游符号等标志设置和高速公路服务区的餐饮、旅游线路导览、汽车维修等旅游服务功能。努力将宁夏打造成面向阿拉伯国家和穆斯林地区特色鲜明的国际旅游目的地。同时，旅游业的复兴也为宁夏扶贫工作开通了一条新路子。固原市旅游局副局长说，作为贫困地区的固原市，已经把发展旅游业作为脱贫致富的重要产业，要争取借"一带一路"的机遇大力实施旅游扶贫，创出一条脱贫致富的绿色新路。①

海南"中国旅游特区"的提出

在国家"一带一路"的大背景下，2015 年 3 月，海南省委省政府为抢抓"一带一路"的契机，从国际旅游岛战略的实施现状出发，为海南旅游产业的未来发展提出明确定位：打造中国的旅游特区，作为参与"一带一路"建设的载体和突破口，打造世人青睐的休闲天堂、人居天堂、购物天堂、美食天堂、医疗天堂、养生天堂、娱乐天堂、特色文化天堂，建成世界一流的精品旅游目的地。有学者将"一带一

---

① 王西平. 丝路旅游"宁夏制造"大有作为. 新商务周刊，2015，17:39~41.

路"背景下海南"中国旅游特区"的发展目标看作是自1988年建省和建经济特区、2010年国际旅游岛战略实施以来,海南旅游业发展的第三次重大机遇。①如果说,经济特区和国际旅游岛是海南旅游产业的1.0版、2.0版,中国旅游特区就是海南旅游产业发展的3.0版。②

"一带一路"对海南旅游产业的促进体现在四个方面:③第一,利用战略的优惠政策,提高旅游管理水平和服务品质,大力引进人才,优化旅游产业的政策体系和发展环境;第二,利用战略的基础设施建设机遇,打通入岛的陆、海、空通道,与大陆连为一体,提高海南旅游的可进入性;第三,利用战略涉及的历史文化资源,打造海上丝绸之路主题旅游产品,完善邮轮、游艇、购物、生态、养生等旅游产品,建设世界知名旅游地;第四,利用战略的对外开放机遇,积极开展与国际旅游合作,进一步拓宽国内外市场,支持海南旅游企业走出国门,参与国际竞争,实现海南旅游的国际化发展目标。

"一带一路"提振陕西旅游

2016西安"一带一路"国际旅游城市大会在西安圆满举办。来自10个国家和地区以及15个国内主要旅游城市的政府机构、旅游企业和专家、学者等齐聚西安,借千年丝路之缘,谋旅游城市发展大计。④此次大会以"城市旅游为'一带一路'建设添彩"为主题,吸引了来自美国、英国、柬埔寨、斯里兰卡、斯洛伐克、日本、韩国、老挝、马尔代夫、泰国等10个国家,以及广州、兰州、乌鲁木齐、银川、泉州等15个城市的相关政府领导和旅游业界同仁参加。陕西作为古丝绸之路起点的地位和优势进一步突显。陕西将不断丰富和提升旅游内涵,着力打造"丝绸之路起点旅游"品质、"红色旅游"品牌、"帝陵文化旅游"品牌、"秦岭国家中央公园"品牌,加快把陕西建成国内一流、

---

① 王兴斌.设立海南国际旅游特区的新思考.中国旅游报,2015-06-01(11).
② 彭青林.以旅游特区落实建设"一带一路"的海南担当.海南日报,2015-03-30(A03)
③ 付业勤,李勇."一带一路"战略与海南"中国旅游特区"发展.热带地理,2015,5:646~654.
④ 张杨.借丝路之缘谋旅游发展大计.西安日报,2016-05-15(1).

国际知名的旅游目的地，奋力开拓陕西旅游发展新境界。①

借力丝绸之路经济带建设的新机遇，古城西安 2014 年共接待海内外游客 1.2 亿人次，比 2013 年增长 20%。西安市海内外游客接待量 2013 年首次突破 1 亿人次，2014 年上升到 1.2 亿人次，这主要得益于西安市丝绸之路旅游联合宣传推广系列活动、区域改造升级项目，以及持续性的旅游市场秩序整治。西安市联合丝绸之路沿线城市主办了"游丝绸之路·赏西部风情"联合推广活动，推出"精彩西安游"等 8 条特色旅游线路。2014 丝绸之路国际美食旅游季、"丝绸之路万里行"媒体采访团、首届丝绸之路电影节等活动紧随其后，让世界更了解以西安为起点的丝绸之路。随着丝绸之路旅游专列"长安号"从西安首发，在吉尔吉斯斯坦新增了"西安之窗"旅游推广中心，促进民心相通。除了新推出的丝绸之路旅游品牌，城墙南门历史文化街区经过综合提升改造换新颜，也吸引了不少游客。此外，随着旅游秩序的不断整治，去年西安市游客满意度由原来的 27 位上升到目前的第 14 位。

"一带一路"推进云南旅游

在"一带一路"大环境下，云南地域位置优势得天独厚，为发展赢得了机遇。云南自古以来便是"南方丝绸之路"的要冲，是中国连接东南亚、南亚最便捷的陆上交通枢纽。云南经济辐射西南内陆，其上接丝绸之路经济带，下连海上丝绸之路，更是连接印缅孟三国的印度洋港口城市，"具有'东连黔桂通沿海，北经川渝进中原，南下越老达泰柬，西接缅甸连印孟'的独特区位优势"②。"更在我国改善和加强东南亚各国的关系，建设睦邻外交通道，开拓区域资源和区域市场、建设我国能源运输战略保障通道方面具有重大意义。"

云南依托其优越的自然条件仍然木秀于林。西双版纳生态园区，腾冲温泉，丽江大理古城游览等都是争奇斗艳百花齐放。云南更应从此长板入手，融入"一带一路"构想，以业态创新为首要任务，努力

---

① 吴俊，沈仲亮."一带一路"的旅游愿景如何实现．中国旅游报，2015-04-01（1）．

② 任佳."一带一路"建设云南地缘优势无可取代．[2015-05-10]．http://yn.yunnan.cn/html/2014-03/06/content_3109912_2.htm．

提升云南旅游产业发展的规模和水平,发展特色旅游,依托天然环境优势,努力开发体育旅游、医疗旅游、芳香旅游和历史文化旅游,"充分利用和挖掘云南自然和历史文化资源,以文化丰富旅游内涵,促进文化与旅游的融合,将云南建成国内一流、国际知名的旅游胜地"[①]。在经济新常态下,云南将把传统产品升级和丰富新产品新业态放在更加突出的位置,推动旅游产品结构由观光为主,向观光、休闲、度假复合发展转变,不断开发新的旅游业态,进一步促进旅游产业和其他产业的融合发展。[②]

"一带一路"助福建创建旅游品牌

福建是古代海上丝路的发源地、起始点、人文积淀深厚。福建是旅游交流合作的前沿,同时又与东亚、东南亚各国和地区之间旅游双向往来十分紧密。而《愿景与行动》所阐述的"一带一路"对福建发展"海丝旅游"具有重大的推动和促进作用。自2014年开始,福建就主动融入"一带一路"建设,同时福建旅游在"一带一路"建设中拥有着良好的发展基础和突出的资源优势。[③]

福建的海丝之路是"活态"的,从过去到现在,福建一直没有中断过以东南沿海为起点的海上丝绸之路,呈现出一种"鲜活"的状态。"走出去,引进来"是"活态"海丝文化的典型方式。通过海上丝绸之路一些国家和地区的人民来到福建,据统计包括5万多人的东南亚和阿拉伯一些后裔在闽生活和繁衍。为了丰富"海丝"旅游产品体系,去年以来,福建省旅游局与福建省海洋与渔业厅向全社会公开推出20个无居民海岛旅游开发项目,鼓励有条件和有开发实力的海内外资本参与福建省的海岛旅游开发;推进厦门东渡邮轮母港综合体、五缘湾游艇综合体等一批邮轮母港项目招商与建设,支持和培育海丝邮轮旅

---

① 窦安旎,杨倩.对接"一带一路"战略构想推动云南"桥头堡"战略全面发展.金融经济,2015,14:30~32.
② 马捷思.旅游新丝路风景"一带一路".云南经济日报,2015-04-09(A01).
③ 陈钦."一带一路"背景下"海丝旅游"品牌的创建——以福建为例.广西民族师范学院报,2015(6):65~67.

游线路,大力发展邮轮旅游。尤其是泉州、福州等海丝旅游重要节点,将重点打造包括永定土楼客家文化园区、泉州"海丝"文化园区、湄洲岛国家旅游度假区全面提升、马尾船政文化园区等项目,强化精品打造,形成"一带一路"建设与发展旅游产业发展基地。①下一步,福建将集中力量打造福建"海丝"文化旅游精品,重点指导泉州、福州、漳州、莆田等地市,整合海丝文化旅游资源,创意策划一批海丝主题旅游项目并加快推进开发。布局培育一批高品位、有特色的文化创意景区、历史文化街区、美食文化街区等,打造一批海丝旅游"拳头"产品,丰富和充实福建省海丝文化旅游的内涵。

案例 2.3:万达:一带一路,中国企业要有创新思路、在基础设施与服务业上寻找机会②

2016 年 7 月 26 日,由人民日报社主办的 2016"一带一路"区域合作高峰论坛在北京召开。万达集团董事长王健林在论坛上表示,在"一带一路"下,中国企业要有创新思路、在基础设施与服务业上寻找机会。

王健林认为,"一带一路"是习近平主席提出来的一个重要国策,它是我国对外交往的政治、外交、经济的一个总的指导思想。同时,这也是中国企业实现跨国发展的一个指导思想。在"一带一路"背景下,中国企业有更多的发展机会。

第一,机会在于创新思路。首先要根据要去的国家的具体国情,结合它的民族特色,采取"一国一策""一城一策"或者"一市一策",不能够完全照搬中国既有的商业模式或者现成的一些做法。比如,万达在印度的投资,此前五年,都是按照万达在中国国内成熟的商业模式,为此专门成立了一个印度部门,在海外发展中心当中有印度部门,但五年都没有落实一个项目。由于印度市区是极难找到现成的空地。

---

① 李金枝,汪平.福建旅游主动融入"一带一路"建设.中国旅游报,2015-01-07(18).
② 杜燕飞,人民网—财经频道.[2016-07-26]. http://finance.people.com.cn/n1/2016/0726/c1004-28586327.html.

郊区有地，可是郊区也有一个问题，基础设施很差，没有什么配套设施。后来，结合印度土地现实和基础设施严重不足的现状，万达就在城市的郊区搞大型新开发区，把中国新区模式套过去。经过接近两年的谈判，万达和印度哈里亚纳邦达成了一个共识。在德里市的旁边，万达签了一个30平方千米的一个新区，取名叫万达新城。目前，印度总体基础设施严重短缺，首先是电不能保证。在这个项目中，万达安排了三路回电，从电、给水、自来水、污水处理、通信等方面重新规划。虽然这个基础设施投资可能要二三十亿美元，整个产业新城规划，一期规划投资超过100亿美金，应该是印度这么多年来最大的一个已经签约、具有约束力的一个项目。一个多月前，印度政府公布了接受这个项目采取某种方式，供应土地的方式，采用所谓的瑞士挑战法等，把万达多年来没有解决的问题解决了。

在印度发展方面，万达比较成功的一个模式就是万达文化旅游城，该项目已经落地。同时，由于大片土地，长达数百亿的基础设施投资也被摊薄到这个土地上了，从购买的成本到配套，平均下来比在中国国内便宜得多。根据印度政府的"发展印度制造"的要求，万达在该区域里规划了接近60%的工业区、制造园区，其次是旅游园区，然后才是住宅园区。由于土地价格极具竞争力，万达这个项目也创造了几十项第一。目前，万达还没有最后获得土地，该项目还在进行当中。因此，到"一带一路"去发展，套用原有在中国既有的成功模式和思想，是难以成功的。一定要结合当地国情，结合它的城市特点，一事一议，创新思路，企业才会有机会。

第二，机会在于基础设施。总体上看，"一带一路"所针对的国家和地区，多数经济发展状况不如中国，特别是在基础设施方面落后于中国。以现在经济状况相对而言，中国基础设施是超前的，如高铁、通信设施等。但是，在"一带一路"上，这些国家的基础设施非常落后，如印度、印尼，没有一公里封闭的高速公路，所谓的高速公路也就是中国那种一级公路，没有封闭的、平行的，也不是立体交叉的。印度的城市化率只有百分之十几。这些城市化的差距和人口的红利，在"一带一路"上体现得更明显。这些主要的国家，还不含所有国家，就是所认为的一亿人口以上的这几个国家。机会在哪里？就在"一带一路"上，从事基础设施的建设。这个基础设施不完全是在地下的隐蔽工程，还包括各个方面，交通、通信、城市新区等，机会很多。

基于以上这种认识，万达要把万达新城这个模式在印度至少要推十个以上。万达已经改变了在中国的既有成功商业模式，不是做一个零售终端的供应商，也不是做五星级酒店，现已经变成基础设施的投资商。

第三，机会在于服务业。在"一带一路"的大背景下，传统的中国企业一般会认为，"一带一路"走出去的都是大宗商品，或者说就是制造业。当然，大宗商品、制造业是有机会的，不过王健林个人认为，可能更多的机会还来自于服务业。万达到"一带一路"沿线国家去发展的时候，应该转变自己的角色，改变商业模式，并在服务业上找机会。

万达收购了欧洲一个最大的体育公司，这个体育公司成功的模式就在于冰雪和足球，收购这个公司，就能够把一些体育项目引进中国。而且，这种体育赛事在中国也是非常稀缺的资源，不但能够获得很好的盈利，而且这种产业越老越值钱，越久越值钱，受科技影响的冲击也非常小。

万达甚至和法国欧尚集团达成了一个合作，共同投资35亿欧元在巴黎市郊投资一个占地接近80公顷（1公顷＝10 000平方米）、35亿欧元、能够创造1.3万个就业机会的超大型的文化旅游综合项目，这个项目得到法国政府和大区政府的大力支持。这个项目已经正式公布，签署了协议。政府的公示也在进行当中。这个也是欧洲近30年来可能最大的一个旅游方面的投资项目。法国、英国虽然发达，但是它的大型设施、文化设施、旅游设施，差不多都是百八十年前建设的，或者五十年前建设的，新的设施不多。这就给了万达一个改造和提升它的机会。

万达并购了全欧洲最大的电影院线公司，随着英国脱欧，英镑下跌，收购便成功了。但是，如果没有三年前的准备，机会来的时候不一定能把握得住。

在金融危机期间，万达在伦敦拿到了一个酒店项目、地产项目，该项目现已销售，很快就要开业，将来会是全欧洲最好的高端酒店。这个项目很小，投资也不多，但是获得了较好的收益。

王健林表示，在"一带一路"上，作为企业家要看到机会，一定要看到与众不同的机会。只有创新思路，只有去从事新的发现，才会找到中国企业在"一带一路"下的指导思想，找到在跨国发展中的新机会，给企业成长增添新的活力。

第三章 "一带一路"倡议有利于协调大中小企业内外市场

"一带一路"沿途的各个经济体间发展水平不均衡,文化差异较大,其合作在利益需求方面上也有着较大的差异。发展水平较低的国家,其首要关心的问题就是发展国家基础设施建设,新兴国家关切的是对外贸易及合作前景的机会,而发达国家地区关注的问题则是跨国家地区的资源流通和合作机制融合。因此,"一带一路"经济圈顺利开展合作伙伴关系的关键点,在于如何建立符合各个发展水平国家地区利益需求的合作机制、规则标准以及金融秩序等。由此,本章将分析"一带一路"倡议对大中小企业内外市场的协调作用。

产业创新关系到产业转移和产业转型升级等方面带来的红利。"一带一路"规划的实施,会使中国的部分优质产业资源转移到其他国家与地区。一方面,市场供求的变化,国内一些产业资源,可能会在其他国家和地区得到合理的估值;另一方面,由于要素成本的增加,某些产业和产品在国内失去了价格方面的竞争优势,而这些产业资源也许能够在其他国家和地区,比如要求成本较低的国家和地区得以发展壮大。同时,一些受发达国家限制的产品出口问题,也许能够在其他国家和地区避开这些贸易壁垒。除此之外,产业转移带来的技术改造、研发投入、品牌塑造等方面的机遇更多,这些产业转型升级的机遇都会给投资者带来无限利好。

第一节 大中小企业在中国和其他新兴市场的崛起

"一带一路"倡议的提出,日益受到各个国家与地区的关注。截止到目前,新兴经济体中,除了中国、印度等国家之外,其他国家的经济增长形势普遍呈现下滑的趋势。目前,正值"一带一路"建设实施阶段,将有力推动"一带一路"沿线国家以及新兴经济体的发展,同时,新兴经济体的发展也迫切需要借助"一带一路"建设的东风。

一、"一带一路"沿线国家将自身发展战略与"一带一路"建设有效对接

基础设施建设和沿线国家的互通互联建设,既是经济增长的结果,又是经济增长的条件,两者具有相互促进的作用。长期以来,作为当前全球第二大经济体的中国,积极参与、推动与邻近国家区域的互联互通建设,同时寻求创建在全球经济伙伴之间低成本、高效率、稳定可预期的互联互通环境,主动参与国际基础设施建设和互联互通建设合作。如2010年10月,在越南首都河内举行的第十七届东盟领导人会议上,中国与其他地区国家通过了东盟地区互联互通总体规划,这被看作是2015年全面形成东盟经济、政治、安全和社会文化共同体合作的行动纲领。即刻,中国设立了"中国—东盟投资合作基金",总规模为100亿美元,并宣布在公路、铁路、通信、水运、电力、人力资源培训等众多方面,为东盟地区互联互通项目建设,提供250亿美元的信贷。[①]总体来看,在"一带一路"建设中,中国不仅有参与邻近国家互联互通建设的政治意愿,也有在资金、人力资源、技术等方面的条件与优势。中国是人口大国,同时是发展中国家,劳动力资

---

① 罗清和,曾婧."一带一路"与中国自由贸易区建设.自贸区论坛,2016: 43.

源丰富,是生产力中最为活跃的部分。相比于发达国家,中国的劳动力优势来源于更低的人力成本、资本投入成本、本地采购成本以及国家政府的激励政策。此外,中国在人力资源方面的优势还包括拥有一定生产技能和专业知识的优势、短期内创造人力资本的优势以及人力资源外包优势。

二、区域内新兴和发展中的经济体具有各自独特的资源比较优势,通过"一带一路"使大中小企业的产能合作得以实现

"一带一路"沿线大多数国家都是发展中国家,市场潜力大,产业互补性强,未来产业合作发展前景十分广阔。今后一段时间内,中国的大中小企业应进一步加强在能源、资源方面与沿线国家的开发合作,实现开采、冶炼、加工一体化发展;大中小企业还可以与沿线国家在深化海水养殖、海洋生物制药、远洋渔业加工、海上旅游、海洋工程等方面进行产业合作,共同开发海上资源。除此之外,大中小企业还应尽可能地扩大并利用"中国—东盟海上合作基金",深化互联互通、农业渔业、海洋环保、航道安全、防灾减灾、海上搜救等领域的合作,以海水养殖、海水淡化、远洋渔业加工、海上旅游、海洋工程技术环保产业和新能源和可再生能源等方面为重点,积极推进合作,建立一批海洋科技合作园、海洋经济示范区、海洋人才培训基地、境外经贸合作区等。

总而言之,"一带一路"的核心目标是投资贸易合作。"一带一路"沿线国家经济结构有很强的互补性,互利合作具有巨大的潜力,正在形成贸易与投资齐头并进的局面。由此可以预见,扩大投资贸易合作将给"一带一路"沿线国家带来更大的市场空间和更广的合作领域,当然也势必为中国企业"走出去"带来巨大的机遇。

三、通过推进"一带一路"建设，中国大中小企业将逐步构建起沿线各国大通关的合作机制，带动产业和经济发展

根据《愿景与行动》，以"丝绸之路经济带"和"21世纪海上丝绸之路"的现状条件，发挥中国多边合作组织及合作机制作用，中国的大中小企业应提前进行相关产业布局，深化与中亚、西亚、南亚、东欧国家及俄罗斯和蒙古的合作，推动内陆与沿海沿边的通关协作，以沿线重点城市为节点，以现代旅游航线、道路为主线，以点带线，建设国内商贸合作区和国际商务合作走廊，打造一批跨境合作区和丝路国际贸易港，构成整个"一带一路"区域商务合作空间的网络格局，使"一带一路"沿线国家区域经贸合作实现多领域、深层次的可持续发展。"一带一路"沿线国家区域贸易、旅游的深度合作发展，加之中国积极推动银行卡清算机构、支付机构开展跨境清算业务以及支付业务，必将推动发掘区域性消费市场潜力，进而带动相关产业和经济持续健康稳定地发展，促进区域消费市场回暖。

第二节 "一带一路"倡议带给大中小企业在交通市场上的商业机会

2013年9月，国家主席习近平在哈萨克斯坦纳扎尔巴耶夫大学的演讲指出，共同建设丝绸之路经济带，"要从加强'政策沟通、道路联通、贸易畅通、货币流通、民心相通'做起，逐步形成区域大合作。其中，道路联通在"一带一路"建设过程中处于优先发展的领域。在尊重相关国家主权与安全关切的基础上，实现"一带一路"道路联通，加强与沿线国家在基础设施技术标准体系与建设规划等方面的对接，推进建设国际骨干通道，逐步建成连接亚洲各次区域以及亚欧非之间的基础设施网络。"一带一路"倡议实施的先决条件和重要基础是构建"一带一路"的交通运输体系，同时它也是沿线各国地区设施联通、贸

易畅通、民心相通的桥梁和纽带，是"一带一路"建设必须重点优先突破的战略任务。

中国 2014 年进出口增速高于美国、日本、欧盟等主要经济体增速，比全球贸易增速高出了 2.7%，进一步巩固了全球第一贸易大国地位。2014 年，中国出口占全球份额的 12.7%，相比于 2013 年提高了 0.6%。正是由于交通运输是塑造经济空间格局以及主导经济空间格局演化的重要力量，[①]加之我国国际贸易总量、实力不断提升，"一带一路"建设背景下，我国大中小企业在运输交通市场上开展国际交通运输业的合作迎来了重大战略机遇。"一带一路"涉及的交通主要包含公路、铁路、航路、航线、码头、港口、机场、车站、货站、口岸等交通基础设施和物流通道。接下来将着重从公路、铁路、航空、水运、管道等方面，分析"一带一路"交通基础设施和物流通道建设现状。

一、公路方面

欧亚大陆公路交通便利，欧洲高速公路和各个国家与地区高速公路组成的泛亚公路网可以使丝绸之路经济带上各个区域与国家的快速公路运输得以实现，中国境内的众多公路干线已和中亚国家接通，已经成为亚洲公路网的组成部分。公路基础设施上，仍与欧洲发达国家存在一定差距，中亚与西亚部分国家的乡村路较多，高速公路比率较低，路况较差。

二、铁路方面

经由中国、哈萨克斯坦、俄罗斯、白俄罗斯、波兰、德国的铁路

---

① 李永全. 和而不同：丝绸之路经济带与欧亚经济联盟. 俄罗斯东欧中亚研究, 2015, 4: 1~6.

相互连通，形成连接欧洲、亚洲的铁路干线；中国、哈萨克斯坦、乌兹别克斯坦、土库曼斯坦、伊朗、土耳其的铁路可以连通，并可以通过土耳其对接欧洲铁路网；但中东和北非的铁路基础设施较为薄弱，还不能形成铁路网。自 2011 年以来，重庆、郑州、苏州、连云港、成都、西安、武汉等城市相继开通了国内到欧洲的铁路货运班列。[①] 铁路方面，欧洲国家的铁路基础设施水平较为先进，电气化自动化水平较高，已形成完善的欧洲铁路网；中亚国家的铁路基础设施仅哈萨克斯坦发展水平较高，其余国家相对落后；而西亚与北非等国铁路基础设施发展建设水平较为低下。

三、航空方面

丝绸之路经济带的沿线各国主要城市之间皆有航班，机场数量、开辟的航线数以及航空港运载能力方面都有着较为良好的发展前景，航空产业发达，具体情况如表 3.1、3.2 所示。

表 3.1 中国面向"一带一路"的国际航空客运枢纽机场

地区	枢纽机场	次级枢纽机场
"一带一路"	上海、北京、广州	昆明、成都、乌鲁木齐、杭州、武汉
东南亚	上海、广州、北京	昆明、成都、深圳、杭州、厦门
蒙古、俄罗斯	北京、哈尔滨	上海、广州、满洲里
南亚	北京、上海、广州	昆明、成都
西亚/中东	北京、上海、广州	乌鲁木齐
中亚	乌鲁木齐	—
中东亚	—	—

---

① 卢国学. 中国企业"走出去"的风险与控制——从综合安全视角审视中国的"一带一路"建设. 东南亚研究，2015（6）：56~63.

表 3.2 中国面向"一带一路"的国际航空货运枢纽机场

地区	机场
枢纽机场	上海
次级枢纽机场	广州、郑州
其他机场	成都、重庆、武汉、南宁、厦门、北京

总体而言，在航空方面的基础设施水平上，中亚等亚洲地区的现代化程度与欧洲发达国家仍旧存在一定的差距。

四、水运方面

在"一带一路"沿线国家，欧洲国家的海上与内河运输网络连通，水运发达，处于领先水平；东南亚与西亚国家的海上运输发展形势良好，个别国家内河运输水平较低；而中亚国家因为地处内陆地域，水运发展最为落后。在水运基础设施水平上，欧洲国家拥有数量较多的大型船舶、先进的港口以及完善的水运网络；东南亚与西亚国家在船舶数量与港口数等方面次于欧洲国家；而中亚地区国家基本上无水运基础。

五、管道方面

丝绸之路经济带上，俄罗斯、中亚以及中东地区石油天然气等能源资源丰富，管道运输发展先进。俄罗斯、中东地区以及欧洲等地区都建成了密集的石油天然气管网，丝绸之路经济带沿线上也建成了多条跨地区及国家的石油天然气管道。

通过上述分析，我国大中小企业可从以下几个方面来抢抓机遇，从而先人一步，抢占"一带一路"倡议下交通市场方面的商业机会。

（1）主动参与到中国同中亚国家间的道路连接建设中来，为形成东北亚、东南亚、南亚相互连通的交通运输网而贡献自己应尽的力量。

虽然,新亚欧大陆桥将欧洲和亚洲连接起来,但沿线各国家地区的经济发展水平却呈现出"U"形特征,即新亚欧大陆桥的两端是经济发展繁荣先进地区,但在其中间地段存在一个由中亚地区和中国西部构成的经济凹陷带。我国大中小企业应率先发展中国同中亚地区的交通运输联系,加快推进重要边境口岸和国家高速公路与建设,同时重点打通关键的缺失路段,这对中国西部地区经济发展和产能释放具有重大而长远的意义。同时,还应不断强化中国与东北亚、南亚、东南亚等国家区域在交通运输和基础设施建设方面的合作关系,打通陆上运输通道。

(2)强化"海上丝绸之路"点轴建设,打造联通东亚—东南亚—南亚—西亚—中东—南欧的跨洲海上运输网络。

随着"21世纪海上丝绸之路"倡议的提出,东西方及"一带一路"沿线各国之间的政治、经济、文化交流将得到进一步加强。我国大中小企业应以"合作共赢、友好协商"为发展原则,积极发挥在管理经验、技术储备、资金实力等方面的优势,不断加强同东南亚、南亚、西亚等国在远洋贸易运输、海洋资源开发、沿海设施建设、港口管理运营、海洋邮轮旅游以及大型船舶制造等方面的合作力度,继续深化与印度企业的双边合作关系,寻找国家间的共同利益需求,如能源产业合作、扩大基础设施建设等巨大市场,促进共同发展。同时,通过建立双边或多边海洋合作战略对话与磋商机制,化解海洋矛盾并实现海洋合作①,以东亚、东南亚、南亚、西亚、中南欧等为主线,以点连线、以线带面,最终实现"21世纪海上丝绸之路"建设的宏伟目标。

(3)大中小企业应不断加强与其他国家的企业开展国际运输合作,不断完善国际运输机制。

---

① 张国伍.路带经济中的综合交通运输发展——"交通7+1论坛"第三十六次会议纪实.交通运输系统工程与信息,2014,14(5):1~9.

大中小企业应进一步加强与其他国家开展国际运输合作,加强国际间交通技术设施的对接,积极推进国际口岸合作,建立双向沟通机制,共同协调解决国际道路运输问题,同时,健全完善的政策法律法规体系,使得国际运输大通道得以建立,努力创造互惠互利、共同发展的双赢局面,提高我国大中小企业的国际运输便利化水平。①

此外,还可以在"一带一路"沿线国家贸易互通的基础上,积极助力我国大中小企业与周边国家的双边或多边运输协定的签署,并落实与相关国家签订的运输协定,通过中国东盟、上海合作组织、大湄公河次区域、中国东欧等合作机制,提高与周边国家的运输合作水平,加强与周边国家在铁路公路海运航空口岸等方面的合作,推进"一带一路"交通运输信息化体系的建设,使各部门信息系统的互联互通得以实现。

第三节 "一带一路"倡议带给大中小企业在电力市场上的商业机会

"一带一路"将给中国电力行业发展带来深刻的影响,为推进跨境电力与输电通道建设、电网改造、水电、核电、风电、太阳能等清洁及燃煤清洁技术、能源资源深加工技术、装备与工程服务合作迎来新的机遇。在开启中国电力装备参与海外竞争、为中国电网建设投资争取新机会的同时,大中小企业应积极开展区域电网升级改造合作,推进跨境电力与输电通道建设,积极推动太阳能、风电、核电、水电等清洁、可再生能源的合作,积极推进能源资源就地就近加工转化,加强能源深加工技术、装备与工程服务合作,形成能源资源合作上下游一体化产业链。

---

① 许娇,陈坤铭,杨书菲,等."一带一路"交通基础设施建设的国际经贸效应.亚太经济,2016(3):3~11.

一、"一带一路"为大中小企业与周边相关国家电网建设带来投资新机会

推进"一带一路"倡议其中一个切入口是电网的互联互通。电网是国民经济的基础设施,其运行是否可靠稳定对经济发展具有深远影响。周边国家之间因为能源差异,电力供求关系也呈现出不均衡的特性。由此可见,以跨境电网及输电通道建设实现电力资源的大范围配置尤为重要。相关统计资料显示,泰国、巴基斯坦、印度等印度次大陆地区及中南半岛地区的国家基本都需要电力资源进口;而乌兹别克斯坦、吉尔吉斯斯坦以及俄罗斯等国家地区则有着大量电力需要出口。"一带一路"建设以资金融通为重要支撑,通过中东欧专项贷款、丝路基金、金砖国家开发银行、亚洲基础设施银行开展多边金融合作,支持沿线国家进行重点项目的建设投资。与此同时,中国在与邻近的周边相关国家扩大电网互联互通的规模方面有着巨大的潜力。[1]中国与周边国家能源资源有着较强的互补性,如中亚5个国家日照时间较长,太阳能资源开发有着得天独厚的优势、俄罗斯和蒙古风力发电开发的潜力巨大。具体情况如表3.3所示。

表3.3 我国在沿线国家主要电力投资项目

国家	火电项目		输变电		水电项目	
	名称	签订日期	名称	签订日期	名称	签到日期
巴基斯坦	卡西姆港	2014年11月	默蒂亚里—拉合尔	2015年4月	卡洛特	2016年1月
老挝			色贡	2015年12月	南塔河1号	2014年11月
埃塞俄比亚			CDHA500千伏	2014年3月	戈巴	2014年9月
赞比亚			MC70	2015年3月	下凯富峡	2015年11月

资料来源:根据商务部《对外投资合作国别(地区)指南》和中国电力网等整理得出。

---

[1] 石泽."一带一路"中的大国合作.中国经济报告,2015,2:20.

二、"一带一路"为大中小企业参与沿线国家电网升级改造提供了新机遇

根据国际能源署相关数据统计估算,"一带一路"沿线亚洲国家,除了泰国等国家之外,绝大部分国家在电力传输过程中损耗都比较多。例如,塔吉克斯坦、蒙古、印度、巴基斯坦等国的电力传输过程中的损耗普遍高于10%,而尼泊尔、吉尔吉斯斯坦等国损耗更是高达20%以上。因此,沿线国家经济增长对电力供应质量的提升及电力需求的增长,将有巨大的电网升级改造市场。①优化上下游产业链与关联产业协同发展,实现产业链分工的合理,以龙头企业带动规划、咨询、设计、制造、建设、运营,实现产品、技术、标准、服务集群发展。利用中国与东盟"10+1"、上海合作组织、亚洲合作对话、亚太经合组织、亚欧会议、亚信实业家委员会、中国与海合会战略对话、中阿论坛、等合作机制,通过强化中国与"一带一路"沿线国家双边及多边合作机制,为企业开拓市场服务、搭建"走出去"平台。

第四节 "一带一路"倡议带给大中小企业在汽车制造市场上的商业机会

近年来,中国汽车产业进入缓慢增速发展阶段,并且也存在需求不足的问题,正需要"一带一路"这一平台,引进其他国家地区对中国汽车产业产品的需求,进而成为中国汽车产品的目标出口国家,缓解不断突显的需求不足的危机。

首先,"一带一路"倡议为乘用车企业创造海外发展机遇。"一带一路"为中国汽车产业带来新的发展机遇。乘用车市场按照产业发展的规律,可分为三个阶段:① 供不应求特征明显,汽车行业处于发展

---

① 梁经伟,文淑惠,杜洪燕."一带一路"战略下中国与周边国家经济联动关系研究.地域研究与开发,2016,35(3):5~10.

周期的产能驱动阶段,是"前汽车周期";② 随着产业的不断发展,出现了"中期车周期"——车型集中上市,处于新车型驱动的发展周期;③ 销量、盈利逐渐下滑,进入"后汽车周期"——以存量为驱动的发展周期。

中国汽车产业现在正处于"中汽车周期",2014 年我国汽车销量连续第六年居全球第一,突破 2300 万辆,但产量增速逐步放缓,2016 年上半年,我国汽车产销分别突破 1200 万辆和 1100 万辆,增幅比 2015 年同期明显回落。而 2016 年以来,各大厂家纷纷扩充产能,大量的新车型相继投产上市,"走出去"是我国国有品牌汽车企业为实现可持续转型发展的必然选择,长城汽车董事长魏建军表示:"只有参与国际竞争,才能真正锻造出更强的竞争实力。"吉利总裁张林在谈到开拓海外市场的必要性时提出,国内市场增速的放缓使我国汽车企业的增速受限,是中国汽车企业"走出去"的一个主要原因,而另一个重要的原因是"成功的企业都是全球性的企业"①。事实上,中国乘用车产业处于"中汽车周期"与中国经济进入新常态一样,进入缓慢增速发展阶段,并且也存在需求不足的问题。"一带一路"这一平台,能够引进其他国家和地区对中国汽车产业产品的需求,缓解不断突显的需求不足的危机。目前,我国国有品牌主要集中出口的几大市场,都属于"一带一路"沿线范围内。对于自主车企的国际市场战略而言,"一带一路"的落实自然是一个重大利好。

其次,"一带一路"倡议带动周边建设,利好国内商用车行业。沿线国家基础设施建设带动重型载货车需求。随着"一带一路"的推进,丝绸之路经济带和海上丝绸之路的布局,周边沿线国家基础设施建设将得以发展。目前,国内商用车行业正处于销量大幅下滑的阶段,这无疑会是其难得的利好。商用车市场与固定资产投资力度、宏观经济形势息息相关。2014 年以来,固定资产投资放缓、国内经济形势低迷,国内商用车销量连续下滑。2015 年上半年,客车产销同比呈微增长,而载货车产销比上年同期分别下降 17.7%和 16.8%。面对市场持

---

① 陈恒,魏修建,杜勤."一带一路"物流业发展驱动因素的动态轨迹演变. 上海财经大学学报,2015(2).

续的萎靡不振，行业以及企业都急切盼望经济形势的好转及利好信息的出现，借此来挽救市场。此时，"一带一路"的提出和逐渐实施，无疑为国内汽车行业打开了新的市场。

最后，国内商用车产品在"一带一路"沿线国家拥有较强的竞争力。"一带一路"沿线国家地区的汽车工业普遍发展较为缓慢，其国内大量的商用车主要依靠进口来满足需求。相关专家分析指出，欧美商用车多数定位于高端市场，相较于这些汽车产品，我国的商用车产品在"一带一路"沿线国家拥有较强的竞争优势。数据显示，我国出口重型载货车产品的均价在4万美元左右，而欧美重卡的出口均价却超过12万美元。① "一带一路"沿线多为发展中国家，对产品价格较为敏感。因此，在这些国家的市场上，性价比更高的中国商用车会比其他产品拥有更大的竞争优势。大中小汽车企业还必须做好市场调查，了解当地的真实需求，有计划地稳步推进，把握"一带一路"为其带来的新契机。

第五节 "一带一路"倡议带给大中小企业在旅游市场上的商业机会

丝绸之路起始于古城西安，沿途经过陇山山脉，穿过河西走廊、玉门关和阳关后抵达新疆，接着穿过帕米尔高原到达中亚五国，21世纪海上丝绸之路串起连通东盟、南亚、西亚、北非、欧洲等各大板块。"一带一路"沿线国家区域众多、路线漫长、资源丰富、文化多样，各区域、各国形象不尽相同。在旅游业发展全球化的背景下，不同地区、国家、省市要根据自己最具代表性的特征，提炼旅游独特的地理区位特点，并加以宣传推广，让更多的人了解，并让有兴趣的前来旅游。

---

① 王志轩. "一带一路"电力企业的机遇与挑战. 中国能源，2015，37(10)：9~12.

"一带一路"沿线区域具有丰富的自然、人文等旅游资源，汇集了世界上绝大部分最精华的文化遗产，但旅游资源总体分布不均衡。研究发现，空间上来说，世界自然遗产资源多集中于陆路，而世界文化遗产资源富集于海洋；数量上呈现西部欧洲区、东部亚太区、中部中东—非洲区梯度递减特征，丝绸之路经济带的自然旅游资源主要分布在其两端，包括东亚、北亚、沿海内陆以及欧洲地中海；而人文旅游资源主要集中在其东段（古代东方文化区）、中段（古巴比伦文化区和古埃及文化区），以及西段（古罗马文化区和古希腊文化区）。① "一带一路"沿线区域旅游资源分布的不均衡特征，为区域旅游资源互补、旅游合作和旅游客流往来提供了良好的基础，具体情况如表3.4所示。

表3.4 "一带一路"区域跨境旅游合作区与丝路国际旅游港空间格局

合作区域	空间布局	节点城市
跨境旅游合作	我国与东亚、南亚、中亚、西亚、东南亚、欧洲边境国家合作开发的跨境旅游合作区	东兴、满洲里、二连浩特、黑河、友谊关、绥芬河、霍尔果斯、河口、东宁、打洛、瑞丽、甘其毛都、珲春、圈河、策克、腾冲、阿勒泰、阿拉山口、樟木等
丝路国际旅游港	沿线旅游枢纽城市和港口城市，建设一批丝路国际旅游港	深圳、广州、湛江、汕头、海口、三亚、厦门、泉州、福州、上海、舟山、宁波、青岛、烟台等沿海重点港口，昆明、乌鲁木齐、西安、南宁、郑州、银川等

总体而言，旅游企业发展的基础是旅游资源，它是吸引游客前来旅游的重要先决条件。"一带一路"具有较高的国际认可度，是中国旅游最具有代表性的品牌之一，其沿线区域自然风景资源和人文景观资源丰富，文化丰富多彩，历史灿烂悠久。单就中国而言，沿海、内陆、

---

① 刘勇."一带一路"战略下旅游产业整体竞争力的提升路径.鄂州大学学报，2015，22（8）：49~51.

东北、西北等不同地域的旅游资源就有着不同的特色,正是这些独特的旅游资源吸引着其他国家和地区游客的到来。

国家旅游局预测,在"十三五"期间,中国将为"一带一路"沿线国家地区输送1.5亿人次中国游客、2000亿美元中国游客消费,与此同时中国还将吸引沿线国家8500万人次来华旅游,拉动约1100亿美元旅游消费[①],这无疑是为大中小企业带来了新的重大机遇。近年来,"一带一路"沿线国家区域已成为国际旅游业发展最为迅速的地区,丝绸之路连接世界两大主要客源市场和旅游目的地,其市场开发潜力巨大。其中,"生态文明旅游"模式更是被创新性地提出,其以发展人与自然和谐、生态平衡的生态旅游业为目标,集"六位一体"之力,进而促进"一带一路"生态文明建设。具体情况如表3.5所示。

表3.5 "一带一路"下生态文明旅游模式

生态文明组成部分	目的/作用	实施内容
生态经济	发展动力	低碳工业、生态农业、绿色服务业
生态人居	直接体现	宜居家园、生态城市、绿色消费
生态文化	思想指引	生态文明教育、生态文明宣传、生存文明创建
生态空间	基本前提	生态安全屏障、自然生态保育、生存空间储备
生态环境	支撑能力	生态监测预警、环境风险防范、灾害应急机制
生态制度	重要保障	绿色政府建设、企业环保制度、公众参与机制

我国大中小企业应当发展低碳旅游、绿色旅游、智慧旅游,建设符合生态文明倡议的低碳旅游、生态旅游产业。

---

① 林炜铃,邹永广."一带一路"沿线旅游合作空间格局与合作机制.南亚研究季刊,2016(2):76~83.

第六节 "一带一路"倡议对我国大中小企业区域合作方式带来新的挑战

2016年8月6日,"深入解析一带一路,助力中小企业腾飞海外"暨"中投互贸一带一路国际贸易平台"启动大会在北京世纪莲花酒店隆重举行。来自政界、商界、十余位前驻外大使以及媒体共计300余人参加了本次启动大会。新华网、央视网、人民网、腾讯网、凤凰网、中国企业网等三十余家权威媒体也来到现场,对平台的启动给予了高度重视和深入采访。

一、"一带一路"对大中小企业的重要意义

"一带一路"的重要意义在于从根本上改变了国际贸易大通道,当这条大陆的交通线全线贯通以后,海洋贸易的份额将逐步转移到大路上,因为海运的周期实在太长,这也是它的致命缺陷。当"一带一路"沿线的铁路、高铁这些基础设施贯通之后,货运时间将大幅缩减,这势必会带来沿线国家贸易的频繁往来,借助于"中投互贸一带一路国际贸易平台",国内中小企业将有机会获得国际订单,找到新的商机、新的增长点。

另外,"一带一路"沿线有很多国家属于重工业发达,但轻工业、制造业欠缺的国家,比如哈萨克斯坦,它的石油储量170亿吨、天然气4.5万亿立方米、钨矿占全球总量的50%,其他金属矿产的储量都排在全世界前十名,但是它的轻工业制造却相对薄弱,如鞋衣箱包、奶产品、农产品、电视机等主要依赖进口,而这些正是国内中小企业所擅长的,在国内市场趋于饱和的情况下,借助于"中投互贸一带一路国际贸易平台"走出去,寻找国际市场,无疑是必然趋势。

"一带一路"倡议创造的内外市场及大中小企业协同发展的新契机

二、"一带一路"倡议带给我国中小企业的机遇和挑战

"一带一路"为企业获得生机和持续发展的空间。我们推进"一带一路"实施具有很多优势条件。从大形势看,我们具备天时地利人和的前提,尽管世界上战乱很多,但和平与发展是时代主题,各国把经济发展和国计民生作为优先考虑的选题和选项。我国处于亚洲大陆的中心,与"一带一路"沿线各国有悠久的历史渊源,我国一直与"一带一路"沿线国家保持着良好关系。经过30多年的发展,我国已经成为第二大经济体,在产能、装备、技术、资本各个方面都有明显的优势。我国企业能够利用不同国家发展阶段的差异,开拓海外市场,既可以摆脱需求不足的危机,又能为企业的进一步发展提供机遇。从另一个层面来讲,我们为这些国家的发展提供条件,这些国家的发展反过来又为我国的发展提供助力。

"一带一路"存在着客观困难与挑战。在西方世界反全球化去全球化浪潮高涨的今天,域外有些大国把"一带一路"做了另外的解读。如美国,它正在大力推行所谓的 TPP 和美国主导的新丝绸之路来对冲我们的"一带一路"[①]。另外,沿线国家和地区安全环境复杂,特别是中东的一些国家和地区政局不稳、安全威胁较大。同时,各国在政治制度、文化传统、社会信念、司法体制和经济体系、规则、标准等各方面都存在较大差异,所有这些都意味着不确定的困难和风险。如何趋利避险,扩大发展是各大企业的问题,此时就需要一个平台帮助企业在市场洪流中安全着陆,而"中投互贸一带一路国际贸易平台"是非常及时的。所以我们衷心地希望,"中投互贸一带一路国际贸易平台"能够带领大家共同解决走出去的难题,为中国企业积极参与"一带一路"并从中获得利益打下良好的基础。

---

① 夏先良. 中国"一带一路"与美国 TPP 在全球贸易规则上的博弈. 安徽师范大学学报(人文社会科学版),2015(5):549~557.

案例 3.1：中小企业"走出去"难在哪儿①

一、面临的四大难题

第一，中小企业走出去面临"采购商难找"难题。据以往数据显示，在走出去的企业中，有 57% 的中国企业通过中国国内进行采购，只有 38% 的企业从东道国采购，9% 的企业从第三国采购。究其原因，受访的中国企业表示，在文化及语言方面存在较大差异，以及对东道国环境缺乏了解增大了本地采购的风险。某些东道国供应商网络不完善，或者即使有相关供应商，其产品的价格或者质量也无法达到中国企业的要求，这也是阻碍企业本地化采购的一大因素。

第二，中小企业走出去面临"利润太低"难题。企业走出去，必然面临很多困难和挑战，尤其是在风险控制、国际化管理、环境治理、企业文化与当地风俗文化的融合等方面，经验不足，容易影响海外业务的盈利能力。利润低的一个核心原因就是中间商太多，经过层层盘剥，利润被分掉了。

第三，中小企业走出去面临"没有信誉保障"难题。由于买卖双方的信息不对称，常常在对方的履约能力、品控能力等方面无法得到有效保障。这是国际贸易的一个死穴，一直没有一个很好的办法来解决。由于跟不同国家的人做生意，语言不通，法律法规不同，互相很难信任，作为采购商不敢轻易相信厂家，厂家也不敢轻易相信供应商。另外，投诉无门也是一大难题。

第四，中小企业走出去面临"资金短缺"难题。国内很多企业往往在接到国外大订单时因资金短缺而没有能力垫资生产错失商机。

二、解决办法

第一，针对"采购商难找"的难题，应该搭建了一个"双边"的平台。传统电商平台只是一个"单边"平台，即它仅仅是一个供应商平台。通俗地讲，就是一个卖家平台，只能被动等待，如同大海捞针，供需匹配的精准度很低，非常难找到合适的合作伙伴。而"中投互贸一带一路国际贸易平台"则是"双边"平台，平台上既有供应商，又

---

① 中国网. 深入解析一带一路 中投互助力中小企业腾飞海外. [2016-08-09]. http://finance.china.com/jykx/news/11179727/20160809/23249947_2.html.

有采购商，这就解决了供需精准快速匹配的问题。作为买卖双方，再也不用去找单个贸易公司，依赖对接某一家公司，只要找到这样一个平台就够了。对采购商而言，需要什么样的价位？需要什么样的品质？需要什么样的产品？平台会依据标准帮助采购商筛选符合要求的厂家，通过平台审核的厂家会统一授予"中投互贸一带一路国际贸易平台指定供应商"标识，然后采购商认标采购，实现量身打造的定制式采购服务。同时，对供应商而言，有了采购商的订单需求，平台就可以帮助供应商精准对接订单。这是一个双边互联互通的国际贸易平台，更是全球首创。

第二，针对"利润太低"的难题，"中投互贸一带一路国际贸易平台"作为一个供需双方的桥梁，直接对接采购商和供应商，屏蔽掉中间商，并且不收取交易佣金，不赚中间利益差价，完全让利给平台会员，这将大大提高企业利润，这个模式是全球首创。

第三，针对"没有信誉保障"的难题，首先平台上所有采购商和供应商都是经过甄选之后才能加入。比如各个国家的采购商必须是由平台在东道国设立的国家委员会推荐，且由商会、协会、权威机构共同推荐，才能进入采购商名单。而作为供应商，平台制定了超过20项的筛选标准，并且为了保证品质和信誉，每个行业只甄选五到十家，逐一评审、验厂。在进入平台之后，平台的信誉系统会对入选企业进行持续的跟踪和监控，如有不良行为，将会被标记。另外，在支付方面，"中投互贸一带一路国际贸易平台"也搭建了一个类似于第三方支付的线上交易平台，买方贷款不需要直接支付给厂家，而是通过平台支付给供应商，这无疑保障了买方的资金安全。

第四，针对"资金短缺"的难题：① 平台提供订单融资，这个订单融资的最高额度达到70%。比如一百万的订单签下来之后，用这个订单合同可直接贷款，最高贷款额度可达 70 万元。② 平台提供无抵押、无担保的订单贷款。③ 利息非常低，基本与银行利息持平。这种线上可以直接操作的无抵押、无担保、低利息、最高可达 70%的订单融资是其他任何平台所没有的，是全球首创。

目前，世界正处于前所未有的全方位深刻变化之中。世界的发展前进并不缺乏动力,而是缺乏创新的增长、合作理念。自国家主席习近平提出"一带一路"合作倡议以来,"一带一路"由构想阶段步入全面落实阶段。未来,需要用创新的理念模式、规则以及治理框架,统领开放的大战略。

第四章 "一带一路"倡议引领中国产业调整发展的新契机

"一带一路"为平衡国内区域产业发展提供了新思路。一方面,它强调了要提高面向中亚、西亚乃至欧洲的对外开放水平,为中西部地区开拓新的市场;另一方面,也有利于带动资金、技术、人才等资源流向中西部地区,应对当前东部地区成本上升、转型压力增大、制造业加快对外转移等问题,促进制造业向中西部转移,加强东、中、西部之间的经济联动性。在"一带一路"实施过程中,中西部地区经济可持续发展的关键是促进经济产业化。建议中西部地区充分利用"一带一路",把握有利契机,加强区域间的合作,优化国内产业链合理化布局,推动国内区域产业协调发展。

第一节 引导产业链中下端的加工制造业、劳动密集型产业向中西部转移

金融危机后,制造业全球布局发生重大调整,国际制造转型呈现出新的发展趋势。其一,由于信息自动化智能技术的发展,制造业综合成本产生变化,跨国公司生产呈现向发达国家加速回流的趋势。2013年,发达国家FDI(外商直接投资)流入同比增长12%。其二,全球制造业向非洲、南亚、东南亚等生产成本更为低廉的区域转移,2013年吸收FDI向最不发达国家流入同比增长14%。中国经济正处在从要素驱动向效率驱动,并进一步迈上创新驱动的关键

时期，国际产业向中国转移的整体速度下降，2013年吸收FDI的增速仅为2%，且制造业领域FDI总额下降，但呈现出产业结构和转移方式双优化的特点。在这种新形势下，我国制造业既要加大开放力度，也要积极引导产业链中下端的劳动密集型产业、加工制造业向中西部地区转移。

表4.1 主要发达国家2013年相对2006年FDI流出的增速变化（%）

	中国	印度	印度尼西亚	马来西亚	菲律宾	泰国	越南	柬埔寨
德国	79.25	130.14	24.35	-70.69	719.12	76.36	—	36.51
美国	97.75	58.62	-163.29	248.27	23.03	67.05	181.08	350.00
日本	47.76	319.99	426.90	-57.40	283.63	412.05	598.84	2174.33
韩国	75.83	617.92	696.06	1079.76	1517.44	337.04	31.71	-54.70

资料来源：《国际制造业布局和转移新趋势及我国应对策略》，中国产业转移网 http://cyzy.miit.gov.cn/node/6278。

对比发达国家，我国劳动密集型产业转移的特点为：其一，农业总产值、农业人口、农业劳动力等指标下降；其二，劳动密集型产业机构形成相互依存的整体性转移；其三，劳动密集型产业进程中主导产业转移和更替不同步；其四，劳动密集型产业以国际性波动和连锁型变动模式转移。由于历史与现实条件等各方面的巨大差异，发达国家和地区与后发达国家和地区劳动密集型产业演进轨迹和结构转换的时间与形态呈现明显差异，具体表现为在各国或各地区劳动密集型产业演进中出现的主导产业或重点发展工业的更替状况非同步现象。具体情况如图4.1所示。

基于丰富的劳动力资源、完善的产业链和巨大的市场空间等综合优势，我国依然是国际制造业转移的优先选择地，且转移结构呈现高端调整。主要体现在四个方面：由利用劳动力优势向开拓市场过度，由沿海布局向中西部梯度转移过度，由个体转移向产业链整体性转移转变，由代工、接包向产业合资合作全方面发展。

106 循环递进

"一带一路"倡议创造的内外市场及大中小企业协同发展的新契机

图 4.1 后发达国家及地区 20 世纪不同时期劳动密集型产业演进的过程和重点发展的工业

中西部地区靠近"一带一路"沿线国家和地区有着明显的区位优势，如新疆与西亚、中亚、南亚等国家接近，内蒙古与俄罗斯、蒙古等国家相邻。"一带一路"沿线的大部分国家拥有丰富的能源、矿产、农业原材料等资源，但其技术相对落后，工业化程度较低，产业结构单一，处于产业链的底端。在以往与中国的贸易往来中，这些国家多向中国出口矿石、原油等初级原料产品，从中国进口交通运输设备机械等工业制成品，还有纺织等轻工业产品。另外，我国中西部地区资源丰富，低成本优势仍旧突出。同时，随着"一带一路"的推进，中西部地区基础设施、产业升级配套能力逐步增强。此外，中西部地区人口总量为 7.7 亿人，约占中国总人口的 57%，自身有着较为广阔的市场，可以生态环保为基础，将我国东南地区产业链中下端的劳动密集型产业转移到中西部区域。

第二节 立足本地优势，发展特色产业

"一带一路"倡议下出口竞争力较强的消费类产业、信息产业、文化旅游、能源建设、装备制造业、基建相关产业、交通运输类等产业将面临较大发展机遇。各区域可以立足于本地自身优势，加强区域间合作，合理优化本地产业链布局。

我国地大物博，西北、西南地区的煤炭、石油、农业等资源丰富，可立足于其天然优势，使上游采选业、中游冶炼工业、食品制造业得以进一步发展；同时，该区域可以依托成都、西安、兰州、重庆等中心城市，进一步发挥陕甘川地区在航空航天、信息产业和生物、新能源、新材料等高新技术产业、环保产业的优势，推动高新技术产业发展，带动周边区域工业技术水平提升。此外，还可以借助地理区位优势，加强与周边区域国家在旅游文化方面的合作与发展。

中部地区省份靠近我国东部沿海发达地区，是承接东部产业转移的先锋队。目前，服装、纺织等劳动密集型制造业已经开始从上海、浙江、广东等沿海城市向河南、安徽、江西、湖南、湖北等中部地区转移。中部地区可做好与东部地区的产业对接准备，引导产业进行转移升级。

我国东部地区经济发达，具有人才和科研优势，要着力建立自立创新的先进制造业体系，重点发展战略性新兴产业、资金和技术密集型高技术产业；同时，以上海、北京、深圳等地区为核心，加快服务业特别是金融业的发展，探索金融、管理、开放等方面制度的创新。

按上述特色产业发展思路，为实现特色产业链和区域互动发展，还需要政府提供相应的保障措施。

第一，中央政府加强统筹作用，带动地方政府间协调合作。完善地方政府有效合作机制，突破行政壁垒，制定跨区域投资合作的考核制度、土地等资源共享的税收分享制度；建立和完善具有实质性权力的超行政区划的协调与监督机构；组建区域性行业协会，将区域内的企业按行业组织起来，建立市场与政府间的沟通和对话渠道，推动政府合作向纵深发展。地方政府要转变思路，从简单的区域竞争转向区

域合作共赢，清理各种变相优惠政策，避免盲目投资和恶性竞争，实现产业跨区域的协调发展。

第二，加强对中西部地区的政策扶持，引导资源向中西部流入。加大中央政府的转移支付，支持中西部地区在改善民生和基本公共服务上的投入，通过贴息、减免税收或设立专项资金等方式引导投资或产业流向中西部地区。鼓励和引导金融机构对符合条件的产业转移或兼并项目提供信贷、融资、财务顾问等服务支持。根据中西部地区产业发展实际，研究制定差别化产业政策，适当降低中西部地区鼓励类产业门槛。

第三，提高公共服务水平，改善运营环境。地方政府尤其是中西部地区政府要加强公共服务体系建设，建立健全公共信息、技术创新、技术评估、产权交易等公共服务平台或中介机构。能够随着市场化需求发展，整顿和规范市场秩序，促进投资贸易便利化；推进依法行政，加强知识产权保护，完善法制环境，保障投资者权益；进一步简政放权，着力消除行政性体制约束，推动政府职能向提供优质服务和良好发展环境改变。

第四，外交支持助力西向外部市场的开拓。秉承合作共赢的理念，与沿边国家建立高层交往和磋商机制，加强与这些国家的交流、沟通和协调，促进中西部地区与这些国家的经贸合作，可考虑优先推动安全状况高、地理位置较近、与我国外交关系较好的国家和地区合作的开展，建立示范性项目，以支点国家带动区、片联动，先近后远，先点后面，有序推进。

第三节　用"一带一路"倡议帮助优化我国产业布局

"一带一路"为国内区域平衡发展提供新思路。一方面，它强调需要提高对西北的中亚、西亚乃至欧洲的对外开放水平，为中西部地区开拓新的市场空间；另一方面，也有利于带动产业、资金等资源流向中西部地区，以应对当前日益上升的东部地区成本以及日益增长的转型压力、制造业加快对外转移等问题，促进制造业向中西部转移，加强东、中、西部之间的经济联动性。在"一带一路"实施过程中，如何促进经济产业化是中西部地区经济可持续发展的关键。建议充分利用"一带一路"大力推进的有利契机，加强区域间合作，优化国内产业链布局，推动国内不同区域协调发展。

从产业布局的现状与特征看，大部分工业产业仍集中在东部沿海地区。2014年东部沿海地区工业增加值占全国的比重为61.7%，其中广东、江苏、山东工业增加值占比排名前三位，工业增加值之和占全国的35.7%。各细分行业中，除采矿业、农副食品加工业、食品饮料制造业、烟草制品业、非金属矿物制品业、有色金属加工业外，其他行业在东部沿海地区的工业总产值占比均超过50%。

而西南、西北地区资源密集型行业较为集中。食物原材料、煤、油、气、水等为该地区的优势资源，煤炭、石油、有色金属、黑色金属等能源原材料采选业，有色金属、黑色金属、石油等加工及冶炼，食品、饮料加工业是这些地区的优势产业。

中部地区工业体系已经较为完善，已经出现能够承接沿海地区的产业趋势。资源类行业中，山西、河南的煤炭开采，河南、江西、湖南的有色金属开采，河南、湖南、湖北的非金属矿开采，以及相关的资源加工和冶炼行业的占比在全国均位居前列。由于中部地区承东启西、联南通北，基础设施也日益完善，食品制造、纺织、服装等轻工业和一些设备制造业，甚至是医药制造这类高技术类行业不断向中部地区转移，中部内陆地区的这些行业所占的比重不断上升。除山西外，中部地区基本形成了门类较为齐全的工业体系。

东北是发展最早的工业基地，石油和黑色金属开采及加工冶炼等重化工业、设备制造业是其优势产业。黑龙江的石油、天然气开采位居全国前列，辽宁的石油化工、黑色金属冶炼、通用设备、专用设备和吉林的交通运输设备制造业等都是东北地区重要的支柱产业。

综上所述，我国当下产业布局存在三个方面的问题：其一，规划和产业政策在不同区域之间缺乏有效协调。其二，地区间产业结构趋同。其三，工业布局过度集中于东部地区。"一带一路"倡议从地域上贯通中亚、南亚、东南亚、西亚等区域，道路联通是"一带一路"建设的主要内容之一。"一带一路"建设包括八个重点领域，即基础设施互联互通、经贸合作、产业投资合作、能源资源合作、金融合作、人文交流合作、生态环境合作和海上合作。针对这些突出的问题，本节将基于"一带一路"的视角，从我国基础设施建设、交通、能源、通信、贸易投资、共建自由贸易区等方面逐一深入讨论如何优化我国产业布局。

一、基础设施

2013年9月习近平主席在出访中亚和东南亚期间提出建设"丝绸之路经济带"和"21世纪海上丝绸之路"的重大战略构想。"一带一路"和互联互通相容、相通、相辅相成，互联互通是"一带一路"的血脉，需要在一定条件下实现大范围、高层次的互联互通，"一带一路"构想，其内涵之一就是打造现代版互联互通，通过实现全方位的互联互通，将欧亚大陆两端欧洲经济圈和东亚经济圈联系得更加紧密，并且带动欧亚大陆广大腹地区域的发展，进而辐射到亚欧非洲，促进形成统一的欧亚大市场，共同打造开放、包容、均衡、普惠的区域经济总体架构，从根本上提升世界贸易体系的自由活力。因此，促进互联互通的重心在于加强基础设施为基础的硬件建设。基础设施是互联互通的基础，也是目前制约沿线国家深化合作的薄弱环节，我国推进"一带一路"建设应该把基础设施互联互通作为优先发展的领域。在强调基础设施的同时，需要进一步理清基础设施建设转型升级中的关键核心点，从而构建形成"一带一路"倡议下的基础设施建设的重要保障。

（一）企业能力建设

当前，接近75%的全球新兴经济体都处于"一带一路"沿线地区，基础设施建设合作是中国同这些国家合作的重点之一。"一带一路"框架下，基础设施建设合作项目涵盖行业广泛，蕴藏着巨大的投资机遇与项目合作机会。目前,"一带一路"沿线国家和地区提出的大部分项目需要以 PPP、BOT 等形式实施,对承包商也提出了设计、规划、融资、建设和运营的综合服务要求。中国"走出去"的企业会遇到更高的门槛和新的挑战。

在"一带一路"的背景下,对于增强企业能力建设就变成了我国企业"走出去"应对高门槛和新挑战的重要方式。增强企业能力建设,包括提供高质量的工程,提高融资能力,分享实践经验,建立信息共享平台、本土化经营等多个方面。

(二)探索模式升级

近年来,针对传统项目附加值低的弊端,中国对外承包工程企业尝试向带资承包(EPC+F)、特许经营(PPP/BOT)等模式转变,开始运作集区域规划、勘探设计、管理咨询、运营维护于一体的大型综合性项目;探索"建营一体化",通过 BOT、BOO 获得新增长点;由"工程承包商"向"建设服务商"转型,为业主提供从规划、融资到设计建造的一站式服务。

例如,中国港湾工程有限责任公司突破现有的传统业务模式,发挥投融资整合能力,与项目地方国家政府探讨以 BOT、PPP 等特许经营模式开展合作,积极参与投资和运营。越南沿海海港项目是中国港湾实施的、以中国交建品牌在东南亚地区接手的首个 EPC+融资项目。2013 年 4 月开工后,工程按照预期计划顺利开展,目前已完成机电工程重载试车。他们主导的印度尼西亚西雅加达房地产开发项目已经落实,现已完成了土地交割。

当前越来越多的中国企业加大了对基础设施领域投资项目的开发力度,采用公私合营(PPP)、投资入股、并购等模式参与项目,业务模式不断升级。当前,对外承包工程领域的国际竞争主要体现在投融资能力方面的竞争,传统的以施工总承包以及 EPC 总承包为主的业务模式,已经不能满足企业快速发展的需要。很多企业已经意识到,在现阶段的国际竞争中,参与项目投资是必不可少的经营手段,也是业务转型升级的必由之路。企业需要进一步加大对公私合营（PPP）、建造转让（BT）、建造运营转让（BOT）等投资模式的研究和推动力度。

（三）外因影响转型发展

"一带一路"的举措对于促进区域经济融合发展、助推企业转型升级有着极其重要的作用，不仅能够带动跨境基础设施项目建设，对于需要投入大量的资本，而合理的投融资机制和模式是确保项目成功的关键。我国政府应当完善法律框架，为投融资模式创新提供制度保障。我国政府和相关机构需要提供良好的投资环境，做好基础设施建设发展规划，确定其战略定位和当前重点发展方向，并根据现有财力和资金，优先发展重点领域。

近些年，基础设施项目因其规模大、投资多，许多国家放松外资投资管控，投资主体呈现多样化。各金融机构和投资商应加强合作，发挥各自优势，共同探索开发高效的融资产品和金融工具，解决投融资瓶颈。金融机构要针对不同国家的特点，设计不同的金融产品；政策性、开发性和商业性金融机构之间需要加强合作，发挥各自优势。金融机构还需要积极发展创新思维，考虑不同基础设施的特点而采取多样化的融资方式。

目前，"一带一路"沿线国家法律不完善，进行基础设施建设的投资，将面临较高的融资和信贷风险。PPP模式将在"一带一路"沿线国家基础设施项目的设计、建造、融资、维护、运营方面扮演着重要角色。通过PPP模式的合作框架，能够引入发达国家资本作为项目参与方，使中国企业获得宝贵的学习机会；同时，通过PPP的保险协议，可以分散与转移项目的投资风险。

随着"一带一路"沿线各国基础设施投资建设模式越来越多样化，金融机构能够扮演的角色也越来越多。对此，在落实"一带一路"举措中，金融机构需要贴近市场，了解宏观和微观的金融环境变化，了解市场需求的变化。其中，需要特别关注人民币的国际化对整个投融资市场的影响，以最大限度地发挥金融机构的多元化优势，为跨境人民币结算配套各种信贷、资金交易、债券发行等产品，并为企业量身打造综合性服务解决方案。中国企业应当着力寻求有经验、熟悉当地运营、熟知地方法律和议事规则、文化互通的当地合作伙伴。这样当遇到投资国发生环境变动时，能够得到当地合作伙伴强有力的支持，进而有效规避和控制投资风险。

1. 交 通

国家发改委于 2015 年 5 月 27 日，发布《关于当前更好发挥交通运输支撑引领经济社会发展作用的意见》（以下简称《意见》），提出将在适当时机开展中国现代交通发展战略研究，这就是"中国交通2050"。《意见》还指出，积极推进"一带一路"交通走廊、京津冀协同发展交通一体化、长江经济带综合立体交通走廊三大战略重大项目。

(1) "三战略"打造"三交通体系"。

2015 年至今，随着陆续公布或通过"一带一路"和京津冀协同发展整体规划，各个部门也陆续发布了配套的规划。《意见》提出，加快交通重大项目实施，积极推进三大战略重大项目，加大中央预算内投资，强化对交通基础设施特别是三大战略交通重大项目建设的支持力度。三大战略交通重大项目建设分别是京津冀交通一体化和"一带一路"交通走廊、长江经济带综合立体交通走廊两大走廊。

"一带一路"规划提出，"一带一路"建设的优先领域是基础设施互联互通，这在前述研究内容中已经进行了重点分析。要依托京津冀、长江三角洲、珠江三角洲，以沿海港口，打造"一带一路"交通走廊，积极推进互联互通交通基础设施建设，构建海上丝绸之路走廊。同样，京津冀协同发展的先行目标也是交通一体化。目前，京津冀交通一体化将首先加速北京新机场建设，加快北京至霸州铁路、北京新机场轨道交通快线等配套工程建设；研究规划建设北京至唐山，天津至石家庄、天津至承德铁路，打造"轨道上的京津冀"；建设首都地区环线高速公路，开工国家高速公路"断头路"，改造普通国道"瓶颈路段"。

(2) 扩展年限注重中长期效应。

"中国交通 2050"规划将年限扩展到 2050 年，注重中长期效应，以确保政策的连续性。现阶段，经济下行压力增大，在这样一个情况下，国家发改委先后推出六大领域消费工程和七大重大投资工程，其中，交通是重中之重。国民经济重要的基础产业是交通运输，对经济社会发展具有战略性、全局性影响。目前，我国经济发展跨入新常态，稳增长任务繁重，必须要发挥交通运输在发展中的引导支撑作用，使交通成为发展的"先行官"。截至目前，国家发改委共批复 81 个重大工程，全部为公路、铁路、机场、码头等交通项目，总投资额近 20 000 亿元。除"中国交通 2050"之外，还应进一步加快开展中长期铁路网规划（2030 年）以及全国民用运输机场布局规划（2030 年）的修编工作。

（3）"一带一路"下交通发展相关对策。

第一，建立权威、高效、统一的指导协调机制。推进"丝绸之路经济带"的建设发展，需统筹国内外两个大局，统一思想认识，做好顶层设计，分步有序推进规划建设。

第二，继续保持交通运输建设作为"一带一路"的优先领域，加大政策和资金支持力度。考虑参照与东盟合作的模式，为经济带交通基础设施建设，设立资金的发展基金。另外，还要统筹使用各项发展基金，提高资金的使用效率。

第三，推进项目建设，继续发挥规划引领作用。制定规划要注重与相关国家规划、标准相衔接。需在规划中确定一批标志性的重大项目，可以考虑在中欧、中蒙俄、中巴、孟中印缅、大湄公河次区域运输通道上选一些关键性重大项目，加快项目建设，带动"一带一路"的建设发展。此外，各地在物流方面的积极性较高，但仍存在各自为政的现象，要推进"一带一路"物流整合，推进多式联运，形成物流运输的优质品牌。

第四，要加大对云南、新疆等"一带一路"关键节点交通基础设施建设的支持力度。国务院现已将云南确定为向西南开放的主要区域，同时，新疆也是国家重点支持的地区，两省区已成为南北"丝绸之路经济带"的关键节点和枢纽。近年来，两省区加大交通基础设施建设力度，取得了显著的成效。但由于两省区经济发展相对滞后，很难通过自身力量对交通基础设施进行大规模投入，所以还需国家加大该方面的投入力度，对于两省区相关交通基础设施建设，应考虑纳入"一带一路"建设的总体规划，加大其支持力度。将两省区对外互联互通的重点工程列为优先项目，加快推进。

第五，加强与国际组织合作。在推进"丝绸之路经济带"建设和发展中，注意国际组织间的合作，发挥国际组织作用，如上海合作组织、亚洲开发银行、亚太经合组织等。

2. 能　源

随着"一带一路"建设的推进，将会在改善交通和物流、基础设施、融资环境与软环境等四个方面对"一带一路"的能源合作产生巨大的推动效应，展现美好的前景。同时，以上这四个因素的叠加效应，对变化中的国际能源格局也将产生重大影响。

构建互联互通的伙伴关系是共建"一带一路"的优先方向。未来，随着"一带一路"能源开发和油气管线网络基本依托的多条经济走廊在欧亚空间的形成，涵盖能源上中下游领域的不同产业中心将出现在"一带一路"沿线。

（1）构建能源开发中心。

随着"一带一路"建设的推进，位于中亚的开发中心将更加引人注目。交通状况和能源技术的改变，不仅该地区的陆地资源潜力逐渐被开发，而且还将能源潜力巨大的里海油气资源的开发提上日程。

此外，西亚地区、外高加索地区，正在采用新的开采设备和技术，其能源规模效应将逐步显现。同时，中国的能源开发的速度明显提升。中国能源开发将在质与量两个方面得到明显改观。

目前，俄罗斯只开发了1600个油气储藏，而其本身拥有3200个油气储藏，大量能源资源没有得到有效开发。随着工业设备及技术的更新，俄罗斯境内外投资环境将得到有效改观，借力于欧亚地区整体经济发展的拉动，其油气资源的开发前景更为可观。

（2）构建加工炼化中心。

未来，"一带一路"沿线油气加工炼化中心的建设，可以展现出合作共赢的理念。加工炼化中心的构建，会扩大能源产业链，提升"一带一路"沿线各国的经济发展水平，这也将是依赖于能源出口的国家改变经济单一结构、进行结构转型升级的重要途径。设备的更新和科学技术的发展，将使欧亚大陆各国能源的加工炼化能力得以提升。这不仅将提高工业化水平，还将能源本身的价值链扩大。目前，除俄罗斯之外，中国已成为"一带一路"沿线最大的加工中心。日后，东欧、西亚、中亚都会成为能源加工中心的重要成员。

（3）构建能源市场中心。

目前，"一带一路"所覆盖的区域已成为世界上最大的能源消费市场。中国、东南亚国家能源消费仍在保持增长。随着供求关系的变化，市场的地位将日益凸显，各国竞争的重心已由资源、矿产，逐渐转向市场。日后，作为拥有全球最大市场的国家，中国在国际能源格局中的话语权将会日益提高。未来，随着庞大的能源市场体系在欧亚空间的形成，能源贸易的流向将得到进一步改变，最终直接改变国际能源的布局。

（4）构建能源服务中心。

除了能源开发和加工、运输之外，"一带一路"沿线地区必将出现众多与之相配套的服务区，承载设备修理、更新以及技术培训等功能。

目前，西方国家一直把控着能源领域游戏规则的制定以及先进技术设备的研发，甚至把控着诸多主要油田。然而，"一带一路"建设进程的推进，势必会改变现有能源体系与格局。长期以来，欧亚大陆上的能源格局呈现出西重东轻的局面。目前，这一情况已有明显的变动，近年来欧亚大陆东部、南部地区发展加快，地位不断提高。同时，石油以及油气的贸易及流向呈现东移的趋势，欧亚大陆东部的亚太地区成为全球最大的消费中心，这也使推动欧亚大陆能源的格局平衡发展。

目前，欧亚大陆的东部地区已涌现出很多能源供需的板块，而中国位于在这些板块的中心区域，其周边的东南亚、中亚、东亚已形成若干个次地区能源合作网络。所以，现在应重点考虑如何构建亚洲能

第四章 "一带一路"倡议引领中国产业调整发展的新契机

源合作机制。构建地区能源合作的平台，提高欧亚大陆东部和南部地区的权重，平衡优化能源格局。

与此同时，欧亚大陆的能源运输格局也正在发生变化。"一带一路"建设将推动欧亚大陆铁路、公路等交通基础设施的改善。未来，将在欧亚大陆建设多条新的能源转运中心，形成海陆并进的合理的能源运输布局。不可忽视的是，目前"一带一路"沿线各国都已将能源战略的重点放在开发新能源以及替代能源上，可替代能源、新能源和非传统能源产量大幅度增加。新能源革命将推动欧亚大陆甚至全球能源生产消费格局的演变。

从能源供应链的角度（见图 4.2）出发，企业（参与方）在供应链的作用（影响力、控制力）和其所处的位置（上、中、下游）没有直接相关性，重要的是如何通过游戏规则的设计达到供应链上、中、下游参与方利益博弈下的纳什均衡，实现促进各方"被迫"合作下的中国影响力、控制力的提升。

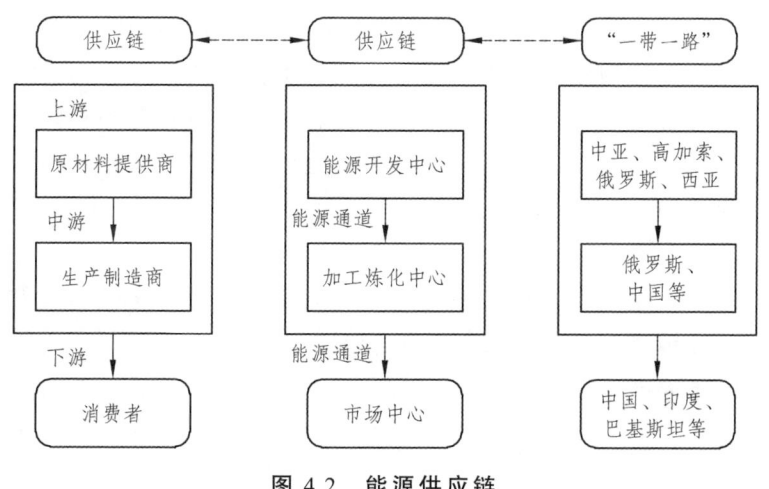

图 4.2 能源供应链

3. 通 信

"一带一路"线路图的面世，将对通信行业乃信息基础设施产生重大影响。3 月 28 日，国家发展改革委、外交部、商务部联合发布了《推动共建丝绸之路经济带和 21 世纪海上丝绸之路的愿景与行动》，期

"一带一路"倡议创造的内外市场及大中小企业协同发展的新契机

待已久的"一带一路"具体路线图终于面世。中国将以开放合作、和谐包容、市场运作、互利共赢为原则,加快走出去的步伐,而作为信息互联互通的基石,通信也将极大地得益于"一带一路"政策的实施。《愿景》中明确提到:其一,共同推进跨境光缆等通信干线网络建设,加快推进双边跨境光缆等建设,规划建设洲际海底光缆项目;其二,完善空中(卫星)信息通道,扩大信息交流与合作。

目前,通信行业已成为中国"走出去"的名片。此前市场都对"一带一路"所涉及的交通运输、能源等领域较为关注,而对通信行业的意义则相对低估。国内通信行业经过数十年的创新和实践,在技术专利、产业链成熟度方面均处于全球领先地位。根据 WIPO(世界知识产权组织)最新发布数据,中兴通讯基本专利占比已达 13%;同时,作为全球最大的通信市场,中国 4G 普及率正快速提升。从构建"一带一路"沿线各地区未来信息交互平台的愿景出发,通信的重要性绝不亚于其他基础设施建设。

国内通信业有"走出去"的需求。4G 时代,国内通信业产能得以快速提升,部分的通信设备及光纤光缆大都处于供大于求的状况,海外出口成为解决产能的重要途径。但是,西亚、中亚等国移动通信普及率普遍低,网络升级拓展需求旺盛,这些都将成为我国通信企业开拓市场的空间。

此外,光纤光缆、卫星通信都是需求点。光缆、海缆是信息高速传输的基础,也是后续信息服务的载体。目前,我国普通光缆产业较为成熟,而海缆则处于刚刚起步的状态,产品的成熟度(柔韧性、耐腐蚀、抗渗透等要求)、需求量(深海区域较少)都成已经为障碍。卫星通信方面,由于微电子技术、姿态控制、发射成本等各个方面的原因,发展也相对滞后。日后,随着小卫星技术的成熟,这些问题都将得到逐步解决,卫星通信将会成为"十三五"期间在导航应用之外的又一重点领域。

案例 4.1:通信行业内重点覆盖公司

以具体企业为例,海格通信是国内军民融合、卫星应用领域的龙头,在北斗领域具备全产业链优势。信威集团基于其 McWill 的自主知识产权制式,已在柬埔寨、乌克兰、俄罗斯等国实现通信技术的输出,未来在尼日利亚、尼加拉瓜、坦桑尼亚还将继续推进。此外,公司 2014 年已发射了首颗小卫星,后续大规模组网值得期待。中兴通讯则是国内通信设备龙头,海外收入占比已过半。中天科技、亨通光电乃国内海缆装备的龙头。

表 4.2 行业内重点覆盖公司

公司名称	代码	收盘价（2015.3.27）	盈利预测（EPS）			PE			评级
			2014E	2015E	2016E	2014E	2015E	2016E	
海格通信	002465	26.91	0.44	0.6	0.79	45	34	34	增持
信威集团	600485	46.83	0.77	1.07	1.43	61	44	33	增持
中兴通讯	000063	21.86	0.77	1.02	1.25	21	17	17	增持
中天科技	600522	18.19	0.75	0.93	1.09	24	20	17	增持
亨通光电	600487	23.38	0.92	1.16	1.4	25	20	17	增持

数据来源：国泰君安证券研究。

二、共建自由贸易区

扎实推进"一带一路"建设,统筹国内区域开发开放与国际经济合作,扩大国际产能合作,促进外贸创新发展,共建自由贸易区。积极商签区域全面经济伙伴关系协定,加快中日韩自贸区等谈判,推进中美、中欧投资协定谈判,加强亚太自贸区联合战略研究。我们愿与各方一道推进贸易投资自由化,坚持共商共建共享,共同构建均衡、共赢、包容的国际经贸体系,使"一带一路"成为和平友谊纽带、共同繁荣之路。

循环递进
"一带一路"倡议创造的内外市场及大中小企业协同发展的新契机

（一）发展跨境电子商务

"一带一路"作为世界上最具发展潜力、跨度最大的经济合作地带，贯通西亚、东南亚、南亚、中亚等区域，连接亚太、欧洲两大经济圈。目前，"一带一路"沿线国家普遍处于经济发展上升期，与我国企业在经济贸易方面合作的前景十分广阔。

1. 消除各国间的贸易壁垒

建立"一带一路"相关国家之间自由贸易的谈判机制，推进跨境电子商务相关规定的研究规划，为企业开展跨境电子商务业务提供必要的条件。

2. 优化通关服务

建立跨境电商企业认定机制，确定交易主体的真实性，建立交易主体与报关服务的关联体系。逐步完善直购进口、网购保税等新型通关监管模式。加快电子口岸结汇、退税系统与跨境电商平台、物流、支付等企业系统的联网，实现口岸监管的前推后移、分类通关管理。

3. 推进跨境物流业发展

建立跨境物流配送企业的服务质量标准要求，推动跨境物流配送企业提高质量及效率。鼓励国内物流配送企业与大型国际快递企业实施多元化合作配送模式，打造高效快捷的"一带一路"物流体系。而我国跨境电商交易额也呈现逐年递增趋势（见图4.3），对经济的增长起着重要的推动作用。

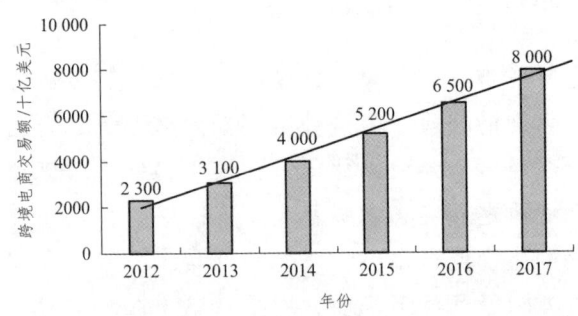

图 4.3　2012—2017 年中国跨境电商交易额及预测

资料来源：前瞻产业研究院整理。

4. 促进我国电商企业发展

积极利用 WTO 等相关国际组织的标准和协商体系，协助国内企业处理跨境电子商务贸易纠纷。加大与主要贸易伙伴及相关国际组织在电子商务方面的交流与合作力度，推动跨境电子商务应用项目示范的实施落实。

（二）拓展相互投资领域

保持与沿线各国在农林牧渔业以及生产加工等领域的深度合作，积极推进在环保产业、海洋工程技术、海水淡化、海水养殖以及远洋渔业等领域合作。加大对传统能源资源的勘探开发合作力度，积极推动太阳能、风电、核电、水电等清洁可再生能源合作，加大对能源资源就地就近加工转化的合作力度，形成能源资源合作上下游一体化产业链。另外，还可以促进新一代信息技术、生物、新能源、新材料等新兴产业领域深入合作，建立创业投资合作机制。

（三）推动新兴产业合作

在传统产业增长动力弱化的背景下，国家以创新驱动发展战略为引领，以"大众创业万众创新"、"中国制造 2025"、"互联网+"、大数据为抓手，以加快培育壮大战略性新兴产业作为调整经济结构、构建经济发展新动力的突破口，推动重大体制改革、重大技术攻关、重大工程建设，为我国加快发展战略性新兴产业创造了良好的政策环境。

我国在"十三五"战略性新兴产业发展规划中提出，要做强优势产业。在战略性新兴产业领域优势行业打造掌握关键核心技术、市场需求前景广、带动系数大、综合效益好的优质产业链。到 2020 年，新能源、新材料、先进装备和智能制造成为我国支柱产业，生物医药和信息技术产业成为全省先导产业，节能环保、新型煤化工和现代服务业成为不同省市经济新的增长点。

围绕优势产业链培育行动[①]，打造创新支撑平台，构建协同创新体系，提升产业创新能力，加速科技成果转化，催生一批新兴产业，培育壮大骨干企业，促进产业聚集发展，不断扩大产业规模，增强战略性新兴产业核心的竞争力。

（四）共建跨境经济合作区

跨境经济合作区是在两国边境地区划定特定区域，赋予投资开放、技术贸易、货物贸易等特殊政策，并对该区域实行跨境海关特殊监管，以吸引资金流、物流、人流等各种生产要素聚集。整合沿线周边资源，实现各国边境的优势互补，促进该区域快速经济发展，进而辐射带动周边地区。

目前，中国已经在全球50多个国家设立118个境外经贸合作区，共有2799家中资企业入驻。在65个国家中，现有23个国家设立了77个境外合作区，共有900家中资企业入驻，拿下3975个各类项目，年产值超过200亿美元，为当地解决20万人就业，上缴税收共计10亿美元。此外，还有25个国家希望同中国建立36个境外经贸合作区。

随着中国产业结构转型升级以及日本经济持续的衰退，过去以日本为头雁的亚洲产业分工和产业转移模式逐渐被打破。"一带一路"沿线区域内处于不同工业化阶段的国家之间具有产业转移的天然动力和优势。根据劳动力成本和各国的自然资源禀赋相对比较优势，未来5年，中国资本密集型行业和劳动力密集型行业有望逐渐转移到"一带一路"周边及沿线国家，带动沿线国家工业化水平提升和产业升级，构建以中国为头雁的新雁阵模式。

(1) 在"一带一路"主要节点和港口共建经贸合作园区。

中国与"一带一路"沿线周边国家之间有较长的陆地和海上边境线，在沿线地区建设边境经济合作区、跨境经济合作区，具有巨大的可能性和现实可操作性。吸引各国企业入园投资，形成产业示范区和特色产业园。通过产业园区建设来促进现代制造业、服务业、现代农

[①] 刘薛梅. 甘肃鼓励开发区内企业融入全球产业链. 凤凰网财经，http://finance.ifeng.com/a/20160818/14767459_0.shtml.

业等相关产业融合发展。

（2）把建设境外经济合作区和边境合作区结合起来，建设跨国产业链，形成沿边境线的跨国产业带，进一步建立健全区域合作的供应链、产业链和价值链。

优先采取以能源、贸易基建为主，以"资源换项目"、港口特许经营权等多种形式，推动大型能源和基建企业海外投资与运营，推动跨境园区建设，进行多种形式的投资合作。

（3）积极推动"一带一路"全球价值链伙伴关系建设。

搭建一个"全球价值链伙伴关系"，以促使更多的国家融入全球价值链网络体系之中。特别是随着新一代信息技术、互联网模块的发展，各国应加快深化在数字贸易、服务贸易，智能制造、绿色制造、新一代信息技术等新兴产业与技术上的合作。因此，"一带一路"合作框架要加快推动"数字贸易协定"的实施，尤其是那些寄希望于中小企业（SMEs），通过执行一系列关于最低海关门槛、中介责任、隐私权、知识产权、消费者保护、电子签名及纠纷解决等问题的新的政策实践，促进信息、贸易、产业的标准与规则统一。

第四节　"一带一路"倡议有利于促进中国金融业迈上新台阶

"一带一路"勾勒出中国未来对外开放的战略版图，引领中国金融业新发展。经济全球化、经济金融化以及财富金融化，意味着全球财富的生产与分配越来越依赖于金融活动。从历史上的"荷兰金融""英国金融"到今天的"美国金融"可以发现，一个国家的影响力与金融紧密地联系在一起。金融是全球化条件下配置全球资源的重要工具，一个国家的发展崛起取决于金融这种工具的运用；金融也是一种高端资源，决定一个国家在全球财富分配中的地位。金融竞争力是综合性的，其中既包括硬实力，也包括金融话语权、金融示范性、金融外溢性等软实力，特别是在金融话语权中所包括的金融理论。金融思想、金融文化等领域的创新更具意义,这些方面的创新都将引领国际金融行业未来的发展方向。"一带一路"的实施首先要保证有充足的资金流,这只能通过金融创新来解决。中国虽然已经发起设立"丝路基金"和"亚投行",但这也只能解决部分资金问题,"一带一路"沿线的国家和地区也会继续跟进各种的金融创新机制,包括发行证券、基金和创新金融机制等,这其间的红利和机遇是不可估量的。举例来说,相较于传统金融的陷入困境,近些年国内互联网金融的迅猛发展是有目共睹的。而"一带一路"的实施不仅会在很大程度上进一步促进国内互联网金融的发展,而且对于域内其他国家和地区发展互联网金融也有着较大的借鉴意义。首先,"一带一路"加强了我国与沿线60多个国家和地区的联系,基础设施的互联互通也必然伴随着大量的贸易往来,这对于我国跨境电商是一次历史性的发展机遇。[①]其次,目前我国的金融呈现出传统金融体系与发达国家有较大差距但在互联网金融领域的发展却在国际上处于较为领先的态势,这样的一种发展现状值得其他"一带一路"沿线发展中国家思考。因为发展中国家的传统金融也如同我国一样存在金融抑制、管理能力较差等问题,而若把互联网金融作为一个突破口,则可从融资来源、融资池及融资运用三方面促进金融发展,具体情况如图 4.4 所示。

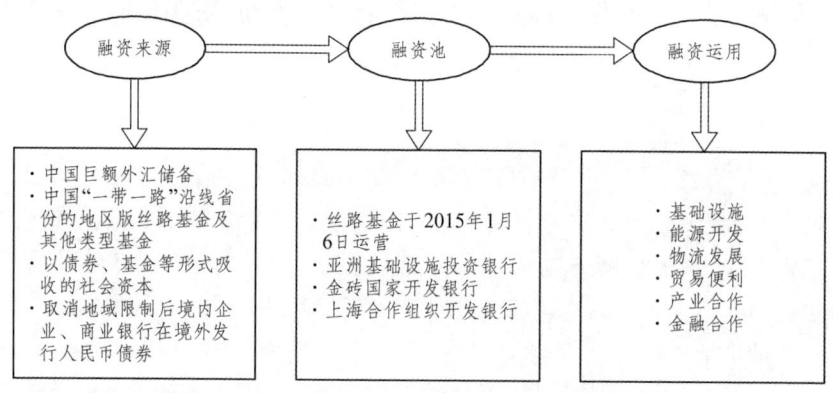

图 4.4 "一带一路"金融支持的主要架构

---

① 程漫江."一带一路"引领中国开放新格局和金融业新发展. 新金融评论,2015(3).

金融发展是国家战略在现代经济体系中的重要组成部分，发达国家的金融发展史无不证明了这一点。中国倡议的"一带一路"，从表面上看，以贸易和投资为主要内容，如加强区域间经贸往来，基础设施互联互通等，而实质上则是金融问题。没有高效的金融服务和资金融通，一切都是空谈。可以说，没有金融的"一带一路"，难以有投资和贸易的"一带一路"。在"一带一路"的推进过程中，应强化金融意识，积极发挥金融的影响力，以金融的"一带一路"来实现投资和贸易的"一带一路"。"一带一路"沿线涉及60多个国家，约44亿总人口占全球的63%，经济总量超过20万亿美元，占全球的29%，是世界上最具发展潜力的经济带。"一带一路"在中国衔接多个最具潜力和活力的城市群、经济圈，涉及50%以上的经济总量、60%以上的人口和80%以上的国土面积。① "一带一路"的实施，将推动亚太地区开放融合、加快中国新一轮改革开放进程，为国内金融业提供了更加广阔的合作机会和发展机遇。

一、"一带一路"倡议带来新的投融资机会

从本质上来讲，"一带一路"是一个国际性区域经济的范畴，它的落实，必将引发不同国家地区创新，包括区域经济的技术路径、区域间的合作方式、区域产业战略选择、区域发展模式等，这其间的每个创新都包含着无限的机遇。"一带一路"的逐步落实，将有利于装备制造、基础设施等行业进行重组优化，刺激新商业模式、新技术、新业态、新产业的发展，势必为"一带一路"沿线区域国家带来巨大的金融需求，从而给相关金融机构带来宽广的发展前景。

---

① 王敏，柴青山，王勇，等."一带一路"战略实施与国际金融支持战略构想．国际贸易，2015（4）:35~44.

"一带一路"倡议创造的内外市场及大中小企业协同发展的新契机

(一)"一带一路"互联互通基础设施建设的投融资需求

"一带一路"实施的基石是,以全方位基础设施建设为突破,实现互联互通。受经济发展差异化和经济发展水平等各方面因素的制约,目前区域内多数国家和地区的基础设施建设还存在"联而不通、通而不畅"的问题,必须进行建设改造,涉及交通基础设施、资源基础设施以及线网基础设施等各方面的建设,必然引发大量的资金需求。2014年,我国非金融类对外直接投资金额突破1000亿元,接近吸收的外资总额。在"一带一路"的带动下,中国在对外直接投资方面将出现爆发式增长,其缺口仍需要依靠国内资金解决。由此可见,银行、信托、金融租赁等开发性金融行业将迎来巨大的发展机会。①

(二)"一带一路"有利于提高跨境人民币使用需求量

因为历史原因,多数大宗商品从开采、加工、运输到销售都使用美元进行支付和清算,同时,美国经常利用美元的特殊地位,依据自己单方面的利益制定货币政策。在"一带一路"背景下,人民币已被很多国家视为排除外界干扰的一种新希望,尤其是一些与美国关系并不密切的国家,以及虽为美国盟友但希望在货币上有新选择的海湾国家。另外,鉴于"一带一路"各国贸易中货币结算不统一的问题仍待解决,人民币上升为主要国际货币也是这一问题得以解决的一种途径,同时也有助于保障沿线国家贸易互通的公平性、收益性和便捷性。

(三)"一带一路"沿线各国的贸易融资需求也得到了不断加强

"一带一路"沿线各国经济资源、产业结构互补性强,随着区域一体化、贸易自由化进程的推进,各国和地区在科技、能源、工业、

---

① 杨飞虎,晏朝飞."一带一路"战略下我国对外直接投资实施机制研究.理论探讨,2015(5):80~83.

农业等众多领域开展经济贸易的空间广阔。中国 2013 年与"一带一路"沿线各国的贸易总额超过 1 万亿美元，占中国外贸总额的四分之一。①未来十年，中国与"一带一路"的沿途国家的年均贸易增长率将在 20% 至 30%，这其中包含着海量的对于经济贸易融资的需求。②此外，相较于"一带一路"沿线的各个区域，在经济贸易融资方面，中国的商业银行具备领先优势，可以通过提供跨境供应链金融等服务、出口信贷、成套设备信保融资、服务贸易项下的融资迅速抢占国际市场，优化信贷资产结构，对冲国内利率市场化和经济增速换挡带来的不利影响。

（四）对提高金融机构风险管理水平的需求

"一带一路"的实施过程中存在着极大的风险，尤其是地缘政治风险，必须要引起高度的重视。"一带一路"在国际上遭遇了强大的阻力，需要通过多国的博弈，无论是实施的进度，还是空间、时间上都存在较大的不确定性。金融支持需要付出高昂的成本，"一带一路"实施的不确定性，可能会延迟金融投资的回收期，更甚至有可能会使企业血本无归。所以，这就要求金融机构要有针对性地加强对金融风险控制的管理水平。

（五）加速中国金融国际化的需求

中国金融国际化包括人民币国际化、金融机构国际化、金融市场国际化以及金融监管的国际化。对接"一带一路"等国家倡议实施，深入货币合作，不断拓展跨境人民币业务发展前景，是积极有序推进人民币国际化的步骤之一。同时，支持"一带一路"倡议的实施，对中国的金融机构以及金融市场国际化水平的要求也大幅提高。并且，

---

① 赵明亮，杨蕙馨."一带一路"战略下中国钢铁业过剩产能化解：贸易基础，投资机会与实现机制. 华东师范大学学报（哲学社会科学版），2015，4: 12.
② 郑蕾，刘志高. 中国对"一带一路"沿线直接投资空间格局. 地理科学进展，2015，34（5）：563~570.

鉴于金融行业在"一带一路"实施过程中金融风险防控的需要,"一带一路"沿线各个国家在金融监管上的合作需进一步提上议事日程。

总之,区域金融市场迎来新的发展机遇。随着人民币加入特别提款权(SDR)货币篮子,人民币国际化进程向前推进,"一带一路"沿线国家将更多地使用人民币。①这有利于规避美元波动所带来的区域金融市场动荡,同时有助于推进相关国际金融合作,逐步构建起跨区域的金融体系。同时,"一带一路"的实施有利于促进行业重组和产能优化,刺激新产业、新业态、新技术和新商业模式加快发展,从中也会产生新的金融服务需求,从而给国内金融机构带来更广阔的发展空间。

二、"一带一路"倡议带来新的投融资机制

"一带一路"所涉及的宏观战略性投资机会成为现实,既要提升沿线各国的基础设施水平,刺激真实有效的需求,又要保证不会产生通货膨胀与财政赤字的额外压力,其关键在于打造出既能承担宏观战略使命又能有效运行的新型投资、融资体系。

(一)"一带一路"促进大中小企业对外直接投资相关法律体系的建立和完善

目前来讲,我国仍旧没有一部与国际惯例接轨的《境外企业投资法》,对于境外投资主体、投资形式、审批程序、资金融通、技术转让、利益分配、企业管理、争议解决等问题,缺乏明晰的系统性规则。投资制度完善的推进是我国对外直接投资中至关重要的一个环节,所以"一带一路"倡议下,立法部门要加快建立适应新的形势,以及新的国家战略的法律法规体系,建立并完善一整套完整的、系统的法律法规政策,保障和促进我国进行对外直接投资的实施。其中,国家和地区也要根据自身经济发展的需要,制定出适用于自身的"一带一路"海

---

① 付业勤,李勇."一带一路"战略与海南"中国旅游特区"发展. 热带地理,2015,35(5):646~654.

外投资基本策略,使国家层面、地区层面的海外投资有章可循,有法可依。此外,还需为我国跨国企业制定具体的"一带一路"海外投资政策规定,切实维护我国企业投资者的利益。因此,建立并完善对外直接投资的法律体系是我国对外直接投资扩大新空间的基础保障。

(二)"一带一路"有利于大中小企业构建对外投资的信息服务系统

为了降低"一带一路"在海外直接投资过程中由于信息不对称导致的投资阻碍,国家和地区应积极建立完善对外投资的信息服务系统,也应尝试建立海外投资信息中心来收集、整理和发布信息。其次,充分发挥各种海外直接投资中介机构的窗口作用,如外国企业协会、驻外大使馆以及各种国内外行业协会、进出口商会等中介代表机构,利用中介机构信息灵通、联系面广、专业性强等优势,建立对外投资信息平台。最后,还应调动大型企业的积极性,使海外投资信息做到有针对性。构建以政府服务为基础,中介机构和大型企业充分参与的信息网络,能使地区和企业在第一时间抓住"一带一路"对外投资的商机,并为企业进行海外投资提供可行性研究服务,最终建成可以提供海外详细资料的强大信息库。因此,加强建立和完善对外直接投资的信息服务系统是扩大我国对外直接投资新空间的重要工作。

(三)"一带一路"有利于建立对外直接投资风险防范措施

技术的进步使对外直接投资的环境变得复杂,尤其是跨国企业在海外并购中常常涉及资本运作、资产置换等复杂的金融操作,从而使财务风险不断加大。另外,由于海外投资受东道国的政治、经济、社会文化环境等诸多方面的影响,海外投资资金也存在着运营风险。因此,国家和地区对外直接投资应避免风险过度集中,同时还应加强对监管制度的建立和完善,建立对外直接投资的风险基金,健全境外资金安全防范措施,设置国家风险研究分析机构并发布相关"对外投资风险报告",完善对外投资风险预警机制和突发事件应急处理机制,为我国对外直接投资提供风险防范保障。

（四）"一带一路"有利于建立多元化的国际投资争端解决途径

在古代，丝绸之路便是各个民族的相争之地，如今现代国际社会中也不乏诸多的竞争者，我国的"一带一路"与日本的"丝绸之路外交"战略、美国提出的"新丝绸之路"计划以及俄罗斯主导的"欧亚联盟"战略等形成了强烈的冲突，再加之丝绸之路沿途东道方本土投资的竞争，难免导致"丝绸之路经济带"的海外投资引起各国以及各地区的投资竞争。因此，为保障我国对外直接投资的利益及安全，需要针对国际投资争端建立多元化的解决途径以及预警机制。除了依靠WTO的调解和仲裁、多边投资协定（MAI）以及国际投资争端解决中心（简称 ICSID）之外，还要综合运用各种调停、斡旋、协商、谈判等政治手段和国际法等司法手段。除此之外，还要积极完善对外直接投资的中介组织，发挥律师、会计师事务所在海外投资中的作用，加强与国外中介组织的合作。

（五）"一带一路"有利于开展集群式对外直接投资

产业集群主要指同一产业内的企业存在地理上的集中，且集群中的企业之间存在交叉联系等关系。产业集群能获得良好的经济效应，如学习和创新效应、共享品牌、降低交易成本等，因此，产业集群在国际贸易和对外投资中应用广泛。欧美、韩国、日本等发达国家和地区已经在不同程度上实现了集群式的对外直接投资，并获得了较多的成功经验。然而我国的集群式对外直接投资还处于探索阶段，已有的理论研究和实践经验都相对匮乏。因此，我国可以参考国外集群式对外直接投资的成功经验，开发适用于我国"走出去"的集群模式。"一带一路"的实施，为我国开展集群式对外投资提供了一个良好契机，依托"丝绸之路经济带"和"海上丝绸之路"和重点发展物流、能源、交通运输、基础设施、纺织等产业集群，建立"一带一路"的产业共享模式，并逐步推动其他产业进入该战略。集群式的对外直接投资模式，有利于区域合作的深度及广度的加大，是我国"一带一路"成功的保障，也将成为未来对外直接投资模式的重要选择。

第五章 "一带一路"倡议下中小企业协同发展的新契机与挑战

"一带一路"是"丝绸之路经济带"和"21世纪海上丝绸之路"的简称。它依赖的是中国与周边各国家共同合作的机缘，目的是借助古代丝绸之路特有的历史印记，促进我国与沿线国家共同合作，谋求共同利益，无论是在政治、经济和文化上都能融会贯通、互利互惠，势必为中国企业的发展带来机遇。然而，"一带一路"却存在着客观困难与挑战，在西方世界反全球化去全球化浪潮高涨的今天，域外有些大国把"一带一路"进行另外的解读。如美国，它正在大力推行所谓的TPP和美国主导的新丝绸之路来对冲我们的"一带一路"。另外，沿线国家和地区安全环境复杂，特别是中东的一些国家和地区政局不稳、安全威胁较大。同时，各国在政治制度、文化传统、社会信念、司法体制和经济体系、规则、标准等各方面都存在较大差异，所有这些都意味着不确定的困难和风险。因此，如何在"一带一路"的背景下趋利避险，抓住"一带一路"的机遇，扩大发展是各大中小企业现如今急待解决的问题。

第一节 "一带一路"背景下中小企业发展的机遇与挑战

一、当今中小企业所发挥的重要作用及其所面临的主要问题

（一）我国中小企业的划分标准和重要作用

与大型企业相比，所谓中小企业，无论是在经营规模，还是人员数量都相对较小。虽然各个国家在不同的经济发展时期，对其概念有

不同的界定，总体来说，对中小企业的含义无非是从质和量两方面进行界定。质的衡量标准是组织形式、融资方式以及行业地位；量的衡量标准是企业规模、人员规模等。有关中小企业含义的界定，依据以上标准，参照《关于印发中小企业划型标准规定的通知》，标准如表 5.1 所示。

表 5.1 我国中小企业的划分标准

行业	指标	大型企业	中型企业	小型企业
工业企业	从业人数/人	2000 以上	300～2000 以下	300 以下
	销售额/万元	30 000 以上	3000～30 000 以下	3000 以下
	资产总额/万元	40 000 以上	4000～40 000 以下	4000 以下
建筑业企业	从业人数/人	3000 以上	600～2000 以下	600 以下
	销售额/万元	30 000 以上	3000～30 000 以下	3000 以下
	资产总额/万元	40 000 以上	4000～40 000 以下	4000 以下
零售业企业	从业人数/人	500 以上	100～500 以下	100 以下
	销售额/万元	150 000 以上	1000～15 000 以下	1000 以下
批发企业	从业人数/人	200 以上	100～200 以下	100 以下
	销售额/万元	30 000 以上	3000～30 000 以下	3000 以下
交通运输业企业	从业人数/人	3000 以上	500～3000 以下	500 以下
	销售额/万元	30 000 以上	3000～30 000 以下	3000 以下
住宿、餐饮业企业	从业人数/人	800 以上	400～800 以下	400 以下
	销售额/万元	15 000 以上	3000～15 000 以下	3000 以下
邮政业企业	从业人数/人	1000 以上	400～1000 以下	400 以下
	销售额/万元	30 000 以上	3000～30 000 以下	3000 以下

数据来源：2011 年 6 月 18 日，《关于印发中小企业划型标准规定的通知》。

改革开放以来，随着中小企业的迅猛发展，从某种程度上来说，中小企业已经成为国家经济的柱石之一。当前，中小企业在我国社会和经济发展中起着越来越重要的作用。根据有关数据统计显示：截止到 2015 年年末，全国工商注册登记的中小企业超过了 2000 万家，在我国注册企业总数中占比超过 99%，对我国 GDP 的贡献超过 60%，新产品开发占比 82%，对税收的贡献超过 50%，提供了 80%的城镇就业岗位，个体工商户数量超过了 5400 万户，并且提供了 80%以上的城镇就业岗位，成为我国排名第一的就业主渠道。具体见图 5.1。

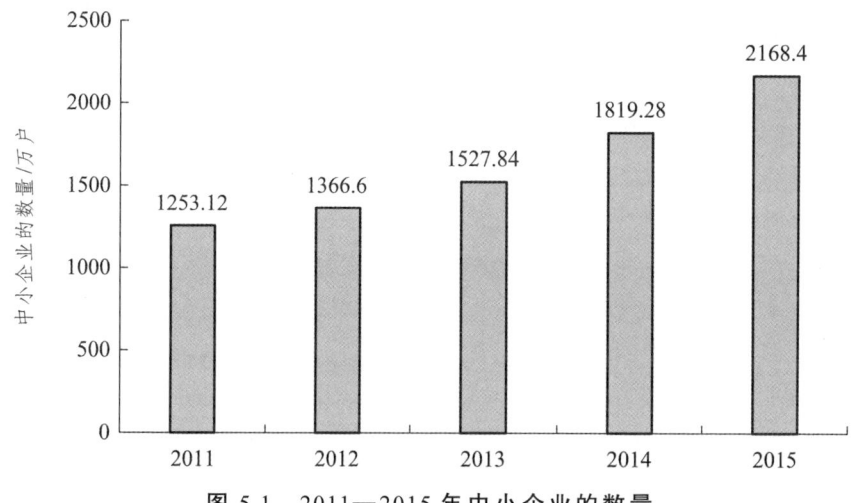

图 5.1　2011—2015 年中小企业的数量

数据来源：中商情报网。

除了就业之外，中小企业还在诸如税收、利润等方面也做出了重要贡献。例如，在工业领域，规模以上中小工业企业为 36.5 万家，数量是规模以上企业总数的 97.4%，税收贡献 2.5 万元，完成利润 4.1 万亿元，占规模以上工业企业利润总额的 64.5%。

当前，我国经济正处于新常态的关键时期，为更好地发展经济，就更应当充分发挥好中小企业的作用。中小企业也越来越成为创新创业的生力军。2015 年，国务院出台了《国务院关于大力推进大众创业万众创新若干政策措施的意见》，在全社会范围内推进大众创业、万众创新。在互联网等领域，中小企业是创新创业的主要力量，起着难以替代的作用。因此，如何更好地发挥中小企业的创新创业作用，将在很大程度上决定创新创业的成效。

(二)当前我国中小企业面临的主要问题

当前,我国中小企业面临着很大的经营压力,不少中小企业已经难以为继,主要原因如下:一是资本、土地、人力等要素成本持续维持高位,导致中小企业的总体成本提升;二是招工难、用工贵以及融资难、融资贵等问题严重困扰着中小企业,影响着中小企业的可持续发展;三是传统产业领域中的大多数中小企业都面临着生死存亡的转型难题;四是社会服务体系不健全、信息缺乏、企业管理水平低、市场竞争能力弱、整体素质有待提高。如果不进一步完善中小企业发展的外部环境以及切实帮助中小企业进行有效转型,中小企业则会越出现诸如科技创新难、规模化经营难、吸引人才难、建立稳定的销售渠道难、消化多余产能难、知识产权保护难等问题。由此可见,正确认识我国中小企业发展的现状和所面临的问题,对于整个社会经济的良性发展都有一定的指导和借鉴意义。

目前,我国中小企业的发展主要面临以下几个问题:

1. 融资渠道较为单一,融资困境难以摆脱,企业发展举步维艰

"一带一路"涉及的领域较广,主要存在于基础设施建设、加工制造业、农业商业、旅游业以及物流业,等等。但是,由于我国中小企业大多数存在于传统行业,由于受制于资金的大小,往往只能将有限的资金用来生产单一品种。因此,在面对"一带一路"这样大的机遇期时,大多数中小企业并没有多少空余资金去开创自己的新产品或新品种,有可能因为资金约束从而不能分享到国家给予的政策红利。

融资问题的出现主要是由以下几方面的原因造成的:

第一,我国大多数中小企业资金的筹集主要是通过非金融机构获得的,或是自筹或是民间筹集等,单一的融资渠道束缚了中小企业的发展。然而,要想从证券市场上进行融资,对企业的要求很高,这就造成了中小企业的融资困境,为此只能依靠亲朋好友的帮助,或是自己从民间筹集资金。在有关浙江多数中小企业的融资方式调查中,2011年北京大学与阿里巴巴的合作调研表明,从银行获得贷款的企业仅占

15%，其余或是来源与亲朋好友，或是民间借贷、依靠高利贷等等；2014年全国两会给出的数据也表明，中小企业面临着严峻的融资困境。

第二，中小企业本身拥有的资金有限。通过公司的发展可以发现，企业要想获得长足发展，企业自身拥有的资本才是发展的不竭动力。然而，中小企业由于自身规模小，在市场上竞争力较弱，导致自身拥有的资金有限，严重制约了中小企业的不断发展。

第三，中小企业自身抵抗风险的能力较差，因此，中小企业多数信用等价较低，这也成为阻碍中小企业获得贷款的重要因素之一。由于中小企业管理不完善，尤其是在采取管理上不健全，导致中小企业想要从商业银行获得贷款时，面临着重要的阻碍。

第四，中小企业在融资过程中面临的融资成本也相对较高。国务院发展研究中心报告指出，中小企业在融资时，成本为10%~15%，高额的融资成本，较大的资金链断裂风险，使许多中小企业在向商业银行借款时望而却步。

第五，中小企业在融资时面临着担保不足的问题。随着商业银行体担保体系的不断完善，对企业贷款的担保要求越来越高。中小企业由于自由资金的不足，自身取法提供较高的资产进行担保；而多数担保机构，对中小企业的发展并不看好，都不愿意对其进行融资担保，使中小企业的融资步履维艰。

尽管相关的警容监管机构不断出台政策，完善中小企业的融资问题，仍旧无法使中小企业面临的融资困境得到真正改善。

2. 我国中小企业总体创新能力仍显不足

近些年来，我国中小企业的创新能力取得了有目共睹的成就，但是总体而言，大多中小企业的创新能力仍显不足，主要体现在以下两个方面：

一方面，中小企业技术创新投入少，产出低。目前，中小企业大多没有清楚自身作为成为创新主体的地位，创新意识较差，并且创新动力不足，基本上很少注重对创新的投入。有些中小企业为暂时节约成本往往通过消减人力资源数量，用低层次、低素质的技术工作人员，减少人力资源培训成本,不注重人力资源的持续开发,对人才激励措施不明显。中小企业之所以在创新方面投入少,主要是由于创新所需要的技术和设备价值都很高,即使有所投入,但投入和产出却不能成正比。目前,中小企业投入产出比和大企业以及发达国家有巨大的差距,大企业投入产出比普遍超过中小企业的2倍,发达国家投入产出比普遍超过5倍,部分行业甚至超过10倍或者50倍。

另一方面,中小企业创新开发能力较差。主要表现在以下几个方面:

第一,缺乏创新需要的资金和人才。在我国当前从事研发的人员仅有38%在企业中,分布在中小企业中的研发人员更是寥寥无几。资金缺乏又是中小企业普遍面临的一个难题,因此,投入创新的资金严重不足。

第二,企业技术创新的主体主要存在于高校和政府机关内,存在于企业中的创新主体少之又少,主要是由改革初期的计划经济导致的。

第三,中介和合作的能力低下。中小企业在技术创新过程中遇到问题时,需要中介机构发挥优势予以调整,然而,我国的中介机构不仅数量上,而且在质量管理上也较为单一,不成熟。此外,中小企业之间彼此联系较弱,缺乏团结合作,致使单一行动面临瓶颈。

第四,中小企业的创新意识不足。企业的发展离不开决策者的创新意识,决策者只有树立强烈的创新意识,才能是企业再发不断的采用新技术、开拓创新,进而不断地前进发展;纵观那些能够获得良好发展的中小企业,无疑都是在发展过程中,不断的增强创新意识,采用新技术,促进企业的不断创新发展。

3. 我国中小企业"走出去"人才的不足

要想适应国际化的竞争,走出国门,必须拥有一批熟悉国际法规和国际准则的专业人才,这样才能保证企业在走出去的过程中,更好地顺应多变的国际环境;而我国在这方面的人才却是十分匮乏,以致"走出去"时步履维艰。

4. 法律保护的匮乏对于中小企业而言也是急需解决的问题

完善的立法才是中小企业不断发展的重要保障。然而,我国对中企业保护的律法却并不是很健全。尽管,近几年来相应的法律法规也在相继涌现,如《公司法》《合伙企业法》《个人独资企业法》《乡镇企业法》等相关法律法规,但实质上都是用来对中小企业进行规范的,并不是针对中小企业的发展进行保障的。缺乏足够的法律保护,中小企业在发展过程中,无论是从经营管理上,还是从信贷融资上,或是在股票发行等方面,都难以与大企业相抗衡。

二、"一带一路"为中小企业带来的机遇

"一带一路"为中小企业带来首要机遇,即有利于中小企业走出去谋求发展。中小企业作为社会经济中的重要一员,应及早做出关乎企业长远发展的抉择,以获得更为广阔的成长空间。在"一带一路"的大背景下,中国企业与外国的合作会更加频繁,同时也会面临更加复杂的外部环境。因此,"一带一路"对中小企业来说是机遇与挑战并存。

1."一带一路"背景下中小企业特定的发展优势

中小企业由于数量众多,机制先进,通过国际贸易和海外直接投资等方式形成了对特定地区行业的深入了解。如果支持引导正确,有可能形成"一带一路"发展中众多的"蚂蚁雄兵"。具体而言,在"一带一路"背景下,中小企业有其特定的发展优势。

第一,"创新实效"优势。所谓创新实效是指,中小企业在发展过程中通常会致力于开发周期短、见效快的项目,能够快速取得效益,因此,中小企业无论是在创新时间还是在创新效率上,相较于大型企业,都具有一定的实效优势,能够使用经济国际竞争中,创新技术的快速更迭。

第二,"技术积累"优势。我国中小企业在长期对外贸易发展的过程中,积累的技术经验和多功能的技术设备等,均符合"一带一路"沿线发展中国家的需要。此外,中小企业的劳动密集型技术以及采纳吐新的技术手段也都满足发展国家的需要,因此,中小企业的技术符合发展中国家的偏好。

第三,"管理效率"优势。中小企业的管理优势体现在:一方面,对外投资决策可以更市场化。中小企业对外投资的资金往往是经过多年的艰苦经营积累起来的,投资时考虑的就会非常细致,投资决策更具科学性,中小企业对外的投资成功的可能性更高。另一方面,中小企业的决策者通常有更多的话语权,提高了对外投资的效率,同时能灵活地转变策略适应投资环境。

2. "一带一路"下中小企业的策略

虽然中小企业有着强烈地走进"一带一路"的愿望,但是对中小企业来说,走进"一带一路"的首要目的是获得市场,同时,也需要适当的策略。

第一,"借船出海"策略。中国的外向型中小企业以"三来一补"起家,发挥原材料、人力成本优势为国外企业做加工和贸易。以商业零售为例,以沃尔玛等为代表的连锁企业是走出去的基本平台,随着电子商务的发展,阿里巴巴等可以成为中国中小企业走出去的新平台。阿里的国际化经历了以 B2B 为基础的跨国界经营阶段、B2B 到 B2C 的开设淘宝海淘的多元化经营阶段、以资源和数据共享为主的阶段,以及全球化和一体管理的大阿里战略阶段。由于阿里具有品牌、管理、金融支付、物流等优势,因此也日益成为中小企业走出去的重要平台。同时,也期待在"一带一路"的带领下出现越来越多的类似阿里之类的平台,从而为更多的中小企业保驾护航。

第二,"抱团发展"策略。该策略又主要包含了两个方面的内涵:一方面是信息共享。根据研究,中国的民营企业走出去所体现的特点是在走出去之前,非常谨慎,或者不走出去,但一旦走出去,在国际市场的投资或扩张速度就非常迅速。而且,民营企业海外投资的羊群效应和扎堆效应非常明显,一旦有企业成功,它的示范效应就非常显著。这说明海外投资中的信息不对称和信息成本高昂仍然是制约民营企业走出去的一个重要因素。信息平台包括宏观上的"一带一路"相关国家经济发展趋势、有关法律法规、政局稳定情况、金融市场状况,也包括微观的供求状况、价格规律和合作诚信等。政府应该健全对中小企业的服务体系，为其发展所需的人才、市场、信息技术等提供必要的保障条件。另一方面是一致行动。通过各种类型的丝路商会，共同解决信息、人才、融资、法律诉讼等问题，也可以和相应国家进行协商沟通。值得一提的是，由于丝路国家规模较小，因此中小企业要在尊重当地风俗、规则和互利共赢的前提下，使我国的中小企业在丝路国家比欧美企业拥有更多的谈判能力。

第三，产融结合策略。中小企业走出去需要金融支持，包括风险管理、资金融通等。和国有企业相比，中小企业不具备国家政策直接支持的条件，政府应积极支持开发抵御各国国别风险的保险品种，降低中小企业走出去的风险。

第四，公私合营策略。国有企业走出去的同时，有很多外包的机会，同时也有很多公私合营的机会，也是试点 PPP 方式的重要平台。民营企业的身份，可以避免东道国政治上的隐忧感，同时可以充分利用民营企业的体制优势，增强竞争力。

第五，全球产业链策略。国际化不是为了国际化而国际化，不要忘记中国是中小企业最熟悉的市场，也是全球最大的市场。国际化的本质是从差异中寻找超越的力量。"一带一路"是中小企业基于全球化整体产业价值链重构的重要机遇。

总而言之，在"一带一路"的带领下，我国中小企业（含民营企业在内）需要从全球的观念和视角去思考自己所在企业的战略定位，站在全球高度配置自身的产业链，或者从原有做整体价值链，转向为某些"一带一路"企业做好配套价值链的一个环节。

需要指出的是，那些将生产基地转到更低成本国家的中小企业，可能对单纯只在国内生产和销售的企业形成冲击，无论民营企业是否走出去，都要意识到这一点。同时，也要考虑跨省区的要素流动。

三、"一带一路"倡议下中小企业面临的挑战

"一带一路"虽然为中小企业的发展带来了机遇，但同样面临着风险。具体而言，这些风险主要有下面几方面：

"一带一路"倡议创造的内外市场及大中小企业协同发展的新契机

1. 全球宏观经济动荡风险

层管目前的经济发展态势，虽然有回暖和复苏趋势，但仍旧面临着一些重要风险。

一是从各国政府的政策手段来看，存在着手段匮乏的问题，特别是在 2007 年全球金融危机时，各国家政府都使出了浑身解数，用尽了各种手段，致使有些国家政策都陷入瘫痪，因此，现有的政府政策手段急需改进，以顺应经济发展现状。

二是原材料价格下降带来的风险，美元升值、加息导致许多初级原材料，如铁矿石、煤炭等价格出现大幅跌幅，而我国大宗商品对外的依存度一直很高，如果大宗原材料的价格持续下降，导致我国的生产成本逐渐下降，最终会导致通货紧缩的风险。

三是美联储的加息政策，使全球"通缩压力"增大。

四是欧元区存在的主权债务危机，仍旧是全球经济动荡的原因。

2. 全球政局仍不稳定使政治风险加剧

这类风险主要包括：

一是政治动荡风险。这类风险主要来源于"一带一路"沿线国家的政局不稳定，如印度、巴基斯坦、越南、老挝等地，并且面对的五大洲，如亚、非、南北美和欧洲，由于各地形势不一，政局动荡的风险一直存在。

二是员工人身面临的安全问题。在"一带一路"沿线国家，经常出现一些政局动荡风险，而这些风险威胁着当地员工的生命安全。

三是国家遭遇的安全问题。尤其是美国宣称的"国家安全"问题，定义模糊，致使中国企业在美国投资时总是面临着各种各样的问题。

3. 由于各个国家或地区的标准存在差异，基础设施的构建也存在着问题

主要是各国规矩标准存在着差异，不利于中国铁路与其对接；各国航路薄弱，对海运存在着影响；通信网络覆盖也存在差异，工业设施上某些方面的相对薄弱，也是阻碍经济发展的重要障碍。

4. 汇率、法律、国际仲裁和税务风险

汇率的波动风险，尤其是外汇风险以及税收风险是影响企业发展的两个重要影响；① 法律风险。各国的法律标准存在差异，并且某些地区的法律并不健全，都会对企业的发展产生阻碍。此外，中小企业可能存在着对国际仲裁规则不明确的风险，导致企业在发展时面临纠纷时，应对时存在问题。② 税务风险。中小企业可能面临着对各国税收政策不了解等问题，或者是不知道如何应对国际税负带来的成本增加问题，以上问题都会对中小企业在当地的经营产生不利影响。

5. 中小企业能力不足的风险

由于自身资金缺乏和技术水平低下等问题，中小企业在自身融资方面面临着障碍，如资信水平低，担保体系不健全等。此外，由于自身较低的研发水平，多数只能从事劳动密集型企业，导致自身竞争力明显低于大企业。

6. 政府服务平台缺失的风险

政府管理存在多头管理的问题，信息共享机制存在问题，并且有些部门的管理方式与企业国际化脱节。与此同时，境外投资立法存在着严重欠缺，导致境外投资时会遇到问题。因此境外保障政策有待完善，以上问题都是中小企业在走出去过程中面临的主要问题。

第二节 "一带一路"背景下中小型企业的市场创新战略

一、"一带一路"背景下中小企业的市场营销创新

创新是企业发展的不竭动力，离开创新，企业就失去了发展的动力，中小企业只有不断创新，才能有机会在激烈的社会竞争中脱颖而出。

"一带一路"使原有的贸易壁垒被冲破，为沿线国家的发展提供

了机遇，为中小企业的发展开拓了新的机会，同时推动企业的进一步发展。

（一）中小企业需要对传统的营销组织进行创新

中小企业如果只依赖于自身进行发展，势必势单力薄，因此，改革自身的营销机制，联合其他中小企业共同发展，立足市场需求，促进企业的共赢。同时，中小企业要积极谋求与大企业的合作，依托大企业的优势，形成产业链，逐步实现共赢。

（二）中小企业可以对传统的营销渠道进行创新

随着网络营销的迅猛发展，网络营销可以突破地域的限制，进行跨境营销，并且营销成本相对较低。网络营销可以使中小企业直接与消费者进行沟通交流，避免了中间渠道浪费的成本。此外，通过网络营销，还可以实现个性化定制的服务，满足消费者的个性化需求，最终降低营销成本。

（三）中小企业应逐步树立"全球营销"观念，积极开拓国际市场

在"一带一路"背景下，中小企业应该放眼全球的潜在市场，积极探求全球市场的新需求，利用自身经营灵活的优势，积极开发"利基市场"，专注于开发大企业无暇顾及的市场，积极探求顾客的需求，赢得顾客的忠诚度。

二、"一带一路"背景下中小企业"走出去"的创新策略

我国处于亚洲大陆的中心，与"一带一路"沿线各国有悠久的历史渊源，我国一直与"一带一路"沿线国家保持着良好关系。"一带一路"为中小企业获得持续发展的空间提供了有力保障。具体而言，中小企业可以从以下几个方面来有效地开展"走出去"。

（一）充分利用本国和他国不同资源和要素的优势，推进中小企业资本走出去，享受本地化生产带来的好处

众所周知，近年来世界经济增长下滑，我国经济增长速度同样也在降低，特别是纺织、化工、钢铁等行业，急需寻找新的市场。

"一带一路"的重要意义在于从根本上改变了国际贸易大通道，当"一带一路"沿线的铁路、高铁这些基础设施贯通后，海洋贸易份额将逐步转移到大陆上，货运时间的大幅缩减势必带来沿线国家贸易的频繁往来。"一带一路"沿线有很多国家属于重工业发达，但轻工业、制造业欠缺的国家。例如，哈萨克斯坦，它的石油储量170亿吨、天然气4.5万亿立方米、钨矿占全球总量的50%，其他金属矿产的储量都排在全世界前十名，但是它的轻工业制造却相对薄弱，如鞋衣箱包、奶产品、农产品、电视机等主要依赖进口，而这些正是国内中小企业所擅长的。中小企业作为我国企业的主要力量，在我国有着重要的地位，在国内市场趋于饱和的情况下，在生存困难的背景下，好好抓住"一带一路"这一机遇走出去，积极参与对外投资，通过在海外投资办厂、建立销售网络和售后服务网点等带动国产设备、原材料以及半成品出口，寻找国际市场，这是实现我国经济可持续发展的重要途径之一。

在"一带一路"背景下，中小企业资本走出去，还可以充分利用本国和他国不同资源和要素的优势，享受本地化生产带来的好处，把中国的一些优质产业转移到其他一些国家和地区，在其他国家能恰好被合理估值，享受产业创新涉及产业转型升级和产业转移等带来的红利，这必将更有利于我国中小跨国企业的培育。此外，由于产业转移引致的产业转型升级更是机遇无限，如技术改造、研发投入、品牌塑造等都会给投资者带来无限机遇。

（二）中小企业应该依托重大项目带动，加强与大企业产业内的协作与配套，形成示范效应

"一带一路"受益公司主要从区域和行业属性两个维度来寻找。从区域维度来说，处于"一带一路"沿线的上市公司会从中获益，如

新疆、云南、广西、福建、西藏和上海等；从行业属性上看，"一带一路"沿线国家多为不发达国家，相对落后的基础设施，会使大基建行业（建筑施工、工程机械、电力设备、钢铁建材）获益。

来自国务院国资委的数据报告表明，到2015年年底，110余家央企中已有107家在境外共设立8515家分支机构,分布在全球150多个国家和地区，其中80多家已在"一带一路"沿线国家设分支机构。"中央企业在基础设施建设能力、高铁、核电、特高压输电设备等一些产业上已具有较强的国际竞争力。"对于中小企业来说，要依靠大企业和央企共同走出去，促进企业之间信息胡同，团结合作，为中小企业开拓国际市场。

（三）建立完善跨区域合作的商会组织，发挥行业协会作用，搭建中小企业的联合实体平台和信息化平台

商务部国际贸易经济合作研究院副院长邢厚媛认为，尽管大型基础设施项目需要大企业，但"一带一路"建设绝不仅仅是大企业的独奏，还需要小企业参与合奏。而且中小企业走出去后不能单打独斗，他们需要平台，而且需要两个平台：一个是实体平台，通常以工业园区、境外经贸合作区形式来体现；另一个是信息化平台，凭借互联网，打破由西方跨国公司所控制所垄断的国际营销体系和产业体系。

（1）组建综合性一站式服务平台，以提供覆盖境内外全流程境外投资服务。例如，中国中小企业"一带一路"工作委员会的挂牌成立就有助于中小企业实现"走出去、引进来"。"一带一路"工作委员会坚持政府指导、文化引领，在"一带一路"沿线建设产业园区和建立丝路基金金融服务体系这"四位一体"的平台战略，为广大中小企业提供高效务实的平台服务，从政策指导、经贸交流、展览展示、项目推介、金融支持、技术交流到企业文化和传统文化推广宣传等层面提供全方位的平台支持，构建全方位对外开放、双创四众新格局。

（2）建立完善跨区域合作的商会组织，发挥行业协会作用，积极

推动企业诚信体系和中国企业海外投资公共案例数据库等信息化平台建设。一方面,要对"一带一路"沿线国家进行风险评估,尤其是针对沿线国家的企业进行资信评估;另一方面,建立上海中小企业自身的诚信体系,完善中小企业的诚信体系,从而为国际接轨奠定坚实的基础。如果这些基础设施和信息平台建设不好的话,往往会在无形中成为制约我国中小企业"走出去"的一道巨大屏障。

案例 5.1:铸铁产品反倾销事件

我国是当今世界第一铸造大国,已连续 10 年居世界首位,直接产值达到 3530 亿元。2014 年 6 月欧委会认定我国铸件对欧盟的出口存在损害威胁,拟给予五家中国企业市场经济待遇和零税率,另外五家企业获得 43.3%~68%不等的反倾销税,其他企业则获得 78.4%的惩罚性税率。从 2004 年 4 月 30 日欧盟正式立案对我国向欧盟输送的部分铸件(主要为井盖类铸铁产品)进行反倾销调查,再到 2011 年 9 月 2 日欧委会的反倾销日落复审终裁公告,决定取消对我国相关产品 47.8%的反倾销税。

机电商会在这长达 7 年多时间的应诉中发挥了主导作用。在本事件中机电商会作为反倾销应诉的主要协调单位与多方时刻保持密切联系。在欧盟正式立案对我国向其输送的部分铸件进行反倾销调查之前,机电商会就已经提前获得了预警信息并且多次召开工作会议讨论应诉策略,第一时间对欧盟的信息披露进行积极、顽强的抗辩,并且紧急向商务部、驻欧盟使团发函请求政府帮助游说,同时协助律师进行紧急批驳工作。仅在案件原审应诉过程中,机电商会就召开过 4 次大规模应诉工作会议、5 次电话会议,同时国外律师五次专程赶赴中国,与商会工作人员讨论应诉工作,并时刻保持信息联络;向国内发布的正式书面通知及情况通报近 30 次、向商务部公平贸易局正式书面请示、汇报及向地方部门相关汇报 10 次以上;接待企业来访、联系企业等日常工作更是家常便饭。

(1)行业协会的作用。

在国际金融危机背景的影响下,反倾销已经成为实施贸易保护主义的新工具。作为以出口导向为主的发展中国家，近年来，我国出口产品在海外市场连连受挫，接连不断地成为全球反倾销的调查对象。目前，全球范围内35%的反倾销调查和71%的反补贴调查针对于中国的出口产品。截止到2008年，中国已经连续14年成为遭受反倾销调查最多的经济体。从我国近年来的反倾销实例来看，大多数企业在遭遇这种情况时表现得茫然失措，不敢去应诉，最后只能任人宰割，丧失维护自己权益的机会。如1994年美国对我国出口一次性打火机的57家企业提出反倾销诉讼，国内只有3家企业积极应诉，最终结果是中方完全丢掉了美国市场。可以看出，面对瞬息万变、错综复杂的国际政治和经济环境，企业"走出去"单纯依靠自身的力量是不够的，除了政府的支持和指导外，迫切要求充分发挥行业协会的作用。

行业协会作为介于政府和企业之间并为其服务的社会中介组织，多年来，在对企业培训、资质审核等方面起了一定的作用，特别是近年来，行业协会在出口产品反倾销方面开始发挥重要作用。行业协会凭借自身与国外联系广泛的优势，帮助企业开展同世界各国经贸界的联系，特别是发展同对口协会、其他经贸团体以及有关国际组织的联络和合作，负责与外国在我国的对口组织办事机构和协会的联络工作；协助我国政府组织经贸洽谈及其他形式的促进贸易、投资交流与合作的活动；组织和承办各种经贸研讨会、洽谈会、技术交流会、展览会、博览会；在国外设立代表和或办事处，为国内企业开展市场调研与分析，提供企业资信调查报告、贸易及投资相关的咨询服务；代理出口商品商标海外注册等。

（2）行业协会如何发挥其作用。

建立和完善跨区域合作的商会组织，建立覆盖全球的中资企业商会组织，维护中资企业合法权益。按照政府指导，企业主导的原则，有效整合现有的境外中资企业商会组织，做大做强商会力量，积极做好行业自律、倡导企业公民形象提升、集体维护企业权益、避免中资企业内部恶性竞争、鼓励企业经验分享等。各地要积极鼓励推动成立"一带一路"企业联盟，特别是借助"互联网+"的契机扶持跨境电商平台的建设和发展，并在此基础上成立分地区、分行业的分支机构，形成中小企业"走出去"的合力。积极鼓励"一带一路"沿线企业成立各种服务中介和各类咨询机构，从而更好地为企业提供各种服务，为此，政府要针对这类机构在财政和税收上给予相应支持。

资料来源：进出口公平贸易和产业损害调查局，《欧盟对华铸铁井盖反倾销案跟踪调查报告》，中国河北商务网。

三、有效帮助中小企业"走出去"的相关政策建议

（一）政府应当积极发挥辅助作用，营造良好的氛围和公平的投资环境

"一带一路"的本质更应该是"政府搭台、企业唱戏"，要注意加强企业的主体地位，政府只是处于次要位置。中国中央政府和地方政府所要做的就是搭建平台，加强宣传。在当前启动和促进计划阶段，各级政府应该着重强调"一带一路"只是贸易活动，而不是政府行为。

首先，政府应尽快与欧盟签订多边或双边政府协定。其次，引导中国企业加强自身建设，实现对欧的直接投资决策。最后，从政府方面进行考虑，加强对中国企业的资金支持。为配合"一带一路"建设，中国政府发起成立亚洲基础设施投资银行和丝路基金，必将从资金支持方面为中国企业参与"一带一路"建设发挥重要作用。

（二）帮助中小企业做好投资环境方面的知识储备，从而为其"走出去"夯实基础

中国投资者要认真研究当地的投资规则和文化背景，用多赢的心态对待投资目标国民众和社区。

第一，主要研究投资对象国的投资规则、政策、文化和法律法规等问题。中小企业走出去首先需要尊重国际投资游戏规则，要注重人文、文化等因素的影响。其次要进行国别法律研究，对政治法律有什么风险提前做好准备，特别是国际税务安排是必不可少的考量因素，熟悉国际仲裁的规则，以适应不断变换的国际竞争环境。

第二，要加强对"一带一路"沿线主要国家和国际主要国家货币政策走向的研究。目前，由于国际货币体系存在着不稳定的特性，并且美国又开始实施加期，为此日本、欧盟等国家必然会对货币政策进行改革，这就要求我国对各个国家的货币政策进行密切关注，研究货币政策的调整可能为我国经济发展带来的影响，从而制定相应的应对策略。

（三）国家建立相关的中小企业对外投资融资平台，创造良好的政策环境

"一带一路"倡议背景下，中国企业特别是广大中小企业走出去，会碰到很多实际的问题，如资金如何进行安全有效的流转、资本融资问题。国内很多企业往往在接到国外大订单时因资金短缺而没有能力垫资生产错失商机。具体措施如下：

第一，鼓励银行为中小企业提供更多的贷款政策，建立其多样的单板机构，同时放宽对中小企业进行服务的金融机构的准入政策，鼓励各类金融机构为在海外发展的中小企业提供金融服务。现如今，大多数的中小企业碍于自身规模有限，对于渠道也好，对于申请国际信贷资金也罢都不是很明确。因此，中小企业要学会如何使用国际金融资本，并学会利用国家设置的"一带一路"专项基金，积极在境外进行投资。

第二，要积极加强对中小企业的金融支持。要借助天津自贸区、上海自贸区等自贸区建设的机遇，促进金融和"一带一路"倡议的联系，促进金融市场的进一步开放，使人民币尽快国际化，吸引带动沿线国家金融机构发展。对境外机构在中国金融市场发行人民币债券的行为予以支持，促进亚洲债券的发行。研究探索与"一带一路"沿线国家主要金融中心，推进金融合作协议，研究结算清算、信用担保、风险分担等方面的合作。此外，建立走出去风险防控机制，减少中小企业在境外投资时所面临的风险。

第三，加大对中小企业的财政和税收支持。一方面，建议政府从财政的扶持基金中抽出一部分，用以扶持中小企业的发展；另一方面，利用国家税制改革的机会，改善整体税收流程，以企业资金结算入账日作为计算企业所得税的时间，以避免汇率波动带来的风险问题。

（四）加强对中小企业法律保护的支持，填补境外投资法的空白

当前，在"一带一路"背景下，我国需要从以下两个方面规避境外立法的问题：一方面，推动在中央全面深化改革领导小组的统一领导和协调下的相关立法；另一方面，从地方性法规的角度进行立法，通过组织政府部门、企业代表、行业专家、服务机构等各方，使其参加境外投资的地方性法规的立法，采纳国际经验，立足中国社会现实，建立统一、规范、协调的政府管理体制机制，保障各类投资者拥有一定的主体地位，使投资者的合法权益得到保障。

（五）积极建立和培育国际化的市场化专业咨询公司，帮助企业全面分析深入研判

建立有影响的、中资背景的海外资源投资财务顾问。鼓励国内银行、会计、法律、评估、人才中介、保险、经纪等专业服务业企业国际化，鼓励建立研究中国企业走出去问题的各类智库，鼓励高校等各类办学机构开办国际商务类学历教育和在职培训，鼓励社会资本投资建立服务于中国企业走出去的国际商务服务机构，鼓励境外风险防范机构的发展，提供境外安全管理咨询服务等，鼓励建立走出去专业服务联盟，打造走出去服务生态圈等。

总而言之，在"一带一路"下，中国不得不与世界各国进行交往，因此中国必须大力发展外向型经济。我国的中小企业必须积极参与国际经济竞争，抓住机遇实施"走出去"，增加对外投资，扩大出口来缓解企业当前的矛盾。中小企业应突破固有的资源与能力界限，通过购买、合作、模仿等一切合法手段获得企业必需的外部资源，同时要利用企业自己的资源，使中小企业利用复合式战略，提升自身的管理水

平,更好地应对危机和复杂的环境,进而使跨国竞争力得以提高。国家一方面要对中小企业的发展采取扶持政策;另一方面要对其积极引导,对中小企业的合法权益予以维护。

案例 5.2:"一带一路"带动中小板企业走向国际市场[①]

中国古代,丝绸之路在世界版图上延伸,诉说着沿途各国人民友好往来、互利互惠的动人故事。如今,一个新的战略构想在世界政经版图从容铺展——共同建设"丝绸之路经济带"和"21世纪海上丝绸之路"。习近平总书记提出的这一伟大战略构想,强调相关各国、各区域要打造互利共赢的"利益共同体"和共同发展繁荣的"命运共同体",承载着丝绸之路沿途各国、各区域发展繁荣的梦想,赋予古老丝绸之路以崭新的时代内涵。

中小板上市公司充分利用资本市场资源配置的功能,抓住这一难得的历史发展机遇,综合区位优势,在东部地区率先发展,促进中部地区崛起,推进西部大开发、振兴东北老工业基地。中小板在支持企业做大做强、为企业实现跨越式发展提供良好平台的同时,不断优化经济发展空间格局,现已逐步形成了主体功能定位清晰、东中西良性互动的企业发展格局,中小板上市公司成为复兴丝绸之路经济带和实现丝绸之路沿途各国发展繁荣梦想的生力军。

区域经济合作共赢发展新格局

自 2008 年以来,中小企业板上市公司已实施 40 余起海外并购。通过跨境并购,公司快速获得了海外先进的技术、研发平台、稀缺资源和市场渠道,实现了企业境内资源和市场与境外资源和市场的重新配置,增强了企业在产业内的竞争力,拓展了海外市场,提高了企业的核心竞争力。

英飞拓(002528)于 2011 年通过全资子公司加拿大英飞拓收购了 March Networks Corporation 100%的股权。March Networks Corporation

---

[①] 朱筱珊."一带一路"下行走的中小板企业".[2015-05-26]. http://news.stcn.com/ 2015/ 0526/12265793.shtml. 2015-05-26

的企业级 NVR/DVR 技术卓越，占有美国的企业级 DVR 第一大市场份额，视频管理软件、增值服务及一体化解决方案等方面均居世界领先水平。英飞拓通过并购，迅速提升了核心技术，获得了国际经营经验，扩大了市场规模及国际销售渠道，增强了企业的国家化经营能力和抗风险能力。2014 年，公司完成对澳大利亚 Swann Communications Pty Ltd97.5%股权的收购工作，Swann Communications Pty Ltd 成为公司控股子公司，Swann 公司主要从事 DIY 视频监控产品销售，在北美、澳大利亚及欧洲 DIY 视频监控市场均有较高的市场占有率。成功的海外并购使公司规模几近翻番。

天齐锂业（002466）是国内最大的矿石提锂企业，公司生产所用锂精矿全部来自全球第一大锂辉石矿生产商泰利森。公司于 2012 年通过非公开发行股份收购了泰利森 51%的股权，获得了全球锂资源约 31%的市场份额。天齐锂业通过将泰利森与公司矿业整合注入上市公司，使公司从以前作为制造企业的单一经营模式，转变为集采矿、矿产品深加工和全球贸易为一体的国际型企业，完善了公司产业链条，增强了公司的持续经营能力和国际竞争力。

2010 年，苏宁云商（002024）通过其境外子公司 Granda Magic 收购了日本电器零售企业 Laox，成为 Laox 的控股股东。公司通过 Laox 搭建的海外平台，快速了解了日本家电市场，借鉴先进的国际家电零售经验，加强了双方的人才交流沟通，拓展了商品引进，提升了企业的核心竞争力和国际化经营能力。

海上丝绸之路沿线各国，除新加坡外，东盟国家和中亚地区工业化程度均不高，基础设施相对落后，对铁路、港口、机场等基础设施需求量巨大。中小企业板通过提供多方位的融资渠道，鼓励优势企业走出国门，承接海外项目，以基础设施互联互通为突破口，发挥对推进"一带一路"建设的基础性作用和示范效应，推进"一带一路"建设，造福沿线国家人民，推动形成区域经济合作共赢发展新格局。

中工国际（002051）自 2006 年登陆中小企业板以来，充分利用资本市场工具，通过 IPO、非公开发行股票等再融资方式募集资金 17.4 亿元为企业发展壮大提供强力资金支持，同时积极推进并购重组，近年来不断培育成熟东南亚、西亚非洲、中亚东欧、拉美四个支柱市场。2013年以来，公司在尼日利亚、厄瓜多尔、乌干达、玻利维亚、孟加拉、莫桑比克、埃塞俄比亚等新市场陆续首次获取大订单，并成功签下尼泊尔博卡拉国际机场项目、俄罗斯水泥厂改造项目、乌兹别克斯坦阿汉加兰水泥厂改造项目、赞比亚粮仓建设项目等。截至2014年年底，中工国际已在海外设立了30多个代表处、分公司和非经营性子公司，还拥有中工老挝投资公司、加拿大普康公司两家境外经营性子公司，积累了大量有价值的客户和渠道资源，加快了海上丝绸之路沿线国家基础设施建设的步伐，促进了各国之间的互联互通。

企业扩大出口

截至2014年12月31日，中小板上市公司中有480余家公司产品销往海外，诸如飞马国际、歌尔声学、孚日股份、海亮股份、华邦颖泰、新和成等一大批中小企业品牌享誉海外，涉及物流、信息技术、日用消费品、金属、化工、能源、信息技术、医药保健、日常消费等多行业、多产业链，覆盖广东、浙江、福建、江苏、海南、山东沿海六省及其他多处内陆地区。中小板上市公司2013年共实现海外收2 303.5亿元，占2013年中小板公司总收入的12.7%，对促进各地区域经济持续健康发展发挥了重要作用。

飞马国际（002210）于2007年在中小板IPO募集资金2.7亿元，投资建设黄江塑胶物流园一期工程及综合物流项目和全国物流业务网络建设项目。公司以上述募投项目为依托，现已成长为一家专注于现代物流服务的供应链服务商，在大宗货物国际采购、国际国内物流、企业整体供应链服务、专业交易市场建设和管理方面处于国内领先地位，已与多家国内、国际知名的公司建立了良好的业务合作关系，为包括世界500强在内的众多跨国公司提供供应链管理服务，2007年至2013年间公司营业收入实现了年均92.3%的复合增长，在"一带一路"建设中发挥了重要的物流枢纽作用。

嘉欣丝绸（002404）经过10多年配套产业的建设，在印染、丝织、丝绸服装生产等领域都积累了一定的技术和经验，并形成了从蚕茧收烘、缫丝织绸到成衣制作的丝绸产业链，具备了做精做强产业链的技术实力和管理经验，现已成为国际市场中的知名品牌，积累了大批稳定优质的客户资源，尤其是国外品牌经销商，为带动浙江推进"义新欧"中欧班列运营常态化起到了重要的示范作用，为促进我国与其他国家的互联互通做出了重要贡献，公司 2014 年实现营业收入 20.1 亿元，其中海外收入 13.2 亿元，占公司 2013 年营业收入总额的 65.7%。

东部地区示范带动作用

截至 2015 年 4 月 30 日，东部地区中小板公司共 564 家，2014 年收入产值合计 1.65 万亿元。自主创新和参与国际竞争的能力进一步增强，率先实现经济结构优化升级和增长方式转变，积极带动中西部地区加快发展。

中小企业板凝聚了资本市场锐意创新的勇敢精神，不断探索与中小企业特点相适应的上市交易、信息披露以及募集资金监管等制度安排，支持企业自主创新，永不衰竭。截至 2015 年 4 月 30 日，东部地区中小板公司中属于战略新兴产业的有 188 家，具备高新技术企业资质的有 464 家，分别占东部地区公司总数的 33%和 82%，其中中小板战略新兴产业覆盖节能环保、新能源、生物产业、新材料、新一代信息技术等多个新经济领域。

大力发展服务业，既是当前稳增长、保就业的重要举措，也是调整优化结构、打造中国经济升级版的战略选择。中小板一直致力于支持中小服务型企业的发展，从总量上来看，该类企业占整体板块的 30%，覆盖面广阔，基本包含了人们衣食住行、休闲娱乐的方方面面。例如，食品制造业的青青稞酒、三全食品等；服饰类的七匹狼、美邦服饰、报喜鸟等；零售业的苏宁云商、天虹商场、新华都等。从该类企业转型升级的成果来看，中小板服务业公司树立了"打造中国经济升级版"的典范，在市场结构不断变化和调整的过程中，中小服务型企业产业升级的内生动力充足，反应能力更强。

中小企业板上市公司很多都是细分行业的龙头企业，不少公司因此选择通过整合细分行业资源来提高企业竞争力，做优做强。东部地区的中小板公司仅在 2014 就发起 73 单重组，占全部中小板公司发起重组的 78%，2014 年成功实现并购重组的公司家数为 25 家，占总体的比重为 83%。以东华软件为例，自 2006 年上市以来，公司先后成功实施了三次重大资产重组，交易金额达 11.93 亿元，公司 2014 年度实现营业收入 52 亿元，净利润 10.4 亿元，而 2006 年上市当年营业收入 6 亿元，净利润 0.72 亿元，借助并购平台，东华软件得以快速成长。活跃的并购重组，提升了中小板公司的核心竞争力，促进了资本市场的良性发展，东部地区的中小板上市公司在推动资源优化整合方面积极主动，活力无限。

目前，广东、浙江以及江苏等地中小企业已形成了"上市示范效应再上市"的良性循环，产生了区域经济发展的集群效应，一些实力较强的县市为中小企业板输送了大量上市资源。

第六章 "一带一路"倡议带给大型企业的发展新契机与新挑战

"一带一路"作为中国当前的全球战略框架,给中国经济带来了更多的发展机会。其愿景可分为远近两大层次:近期的主要目标在于"大基建、新金融、产业对接、引入资源",远期则致力于"商贸文化互通、区域经济一体化和共同繁荣"。"一带一路"的一步步落实,将最终使中国的多个行业受益。基于上述考虑,本章将重点探讨"一带一路"倡议将会给包括交通运输业、建筑业、进出口贸易、能源行业以及金融行业在内的大企业带来哪些新的契机和挑战。

第一节 "一带一路"给我国大型企业带来的机遇与挑战

一、"一带一路"给我国大型企业带来的机遇

(一)投资双轮驱动机遇

拉动投资贸易增长是搭建"一带一路"的核心目标。"一带一路"沿线国家均是互补类型的经济结构,加深经贸合作带动利润增长潜力巨大,在未来贸易与投资双管齐下的局面逐渐形成。

从贸易方面看,2004—2014年,我国与"一带一路"沿线国家的贸易额年均增长19%,较同期我国外贸总额的年均增速高4个百分点。其中,2014年我国与沿线国家的贸易额达1.12万亿美元,占我国外

贸总额的 1/4。而未来 10 年，这个数字将翻一番，突破 2.5 万亿美元。今后，我国会继续加深与沿线国家在海关等方面的合作，消除贸易壁垒，为货物畅通创造更有利的条件；创新贸易方式，大力发展跨境电子商务，完善区域营销网络；坚持货物进口与货物出口并重，促进与沿线国家的贸易顺逆差平衡；积极推动服务行业发展，推动服务行业和货物进出口平衡发展。从投资方面看，2004—2014 年，我国企业对"海上丝绸之路"沿线国家的直接投资额从 2.4 亿美元扩大到 92.7 亿美元，年均增长 44%。今后，我国就传统优势产业和装备制造业加以引导，让它们走出国门，拉动沿线国家产业升级、提升沿线国家的工业化水平、促进当地就业和改善当地的民生生活。由此可以预见，在"一带一路"大背景下，沿线 77 个经贸合作区，将会产生大量跨境投资、贸易结算、货币流通等需求，对改善我国同周边各国的经贸关系有着深远的影响，也对沿线国家带来更大的市场机遇、更多的就业机会和更为广阔的合作领域，同时也给中国企业"走出去"带来更多的机会。

（二）基础设施投资面临较大机遇

基础设施的建设是"一带一路"的首要考虑的领域。基础设施不仅是修桥建路等狭义的设施建设，还有能源、电能、通信等建设。据亚洲开发银行研究所测算，亚洲地区 2010—2020 年需要超过 8 万亿美元的基础设施投资费用，才能维持目前的经济发展水平。而据经合组织报告预测，2013—2030 年全球基础设施投资需求将达 55 万亿美元，才能满足全球经济发展的需要。

目前，我国基础设施的设计建造水平已处于世界顶尖的水平，在"一带一路"大背景下，我国将与沿线国家在交通、能源和通信基础建设干线网络等方面加强合作。一是加强与相关国家和地区交通建设规划、技术标准体系的对接，优先打通缺失的路段，畅通瓶颈路段，提升道路的通达水平，共同推进国际骨干通道的建设。二是共同谋求输电管道等运输通道的安全，推进跨境的电力和输电通道的建设，将积极开展西南和中俄输电通道的建设，以及电网升级改造合作。三是共同推进跨境光缆干线网络的建设,加快推进中缅、中老等国际光缆建设,启动建设中国—东盟信息港,提高国际通信互联互通水平,打造信息之路。这给我国企业"走出去"开展基础设施领域的互利合作带来巨大机遇和发展空间。

"一带一路"将完善跨境交通基础设施,逐步形成连接东亚、西亚、南亚的交通运输网络,包括铁路、公路、管道、海运和航线,都将得到逐步完善。项目主要涉及交通、电力、能源、水利、通信等基础设施建设,高新技术产品、大型成套设备和机电产品出口,以及农林牧渔和矿产开发等领域。假设 GDP 中基建所占的比例为 7%,由此通过测算沿线国家未来 5 年基建潜在需求接近 4.95 万亿美元,平均每年 9900 亿美元。从"一带一路"带来的市场机遇看,广阔的海外市场会给大型建筑类企业带来较高的利润贡献空间。国内基建增速有望从 2015 年 21%的增速提高到 25%,其中大项目占比会极速上升。

(三)全球化布局、产业链建设机遇

在"一带一路"大背景下,可以同边境和沿线有条件的国家建立边境经贸合作区和境外经贸合作区,不仅可以加强同周边国家的沟通与协商,而且对我国的向外产业链的延伸、建立跨国产业链有着极大的帮助。有助于释放我国的经济发展动能,提升"一带一路"国家的吸引力;同时,也有助于我国释放部分产能,缓解需求不足的压力,巩固我国产业链的竞争优势。

当前,国际上对于解决需求不足的办法除了产业升级转型外,还可以进行产业转移,如我国承接的国际上第三次产业转移和在国内实行的由东部沿海向中西部的梯度转移。"一带一路"给我国提供了新模式,即通过向沿线国家进行产业投资合作来完成产业优化。常州天合光能在全球设立了欧洲总部、美洲总部、亚太总部及 30 多家海外办事处,通过卢森堡分公司等海外投资平台收购项目开发公司实现电站收购运营。目前,公司已在希腊建有光伏电站 22 个,共计 16.04 MW,其中 18 个电站并网发电。

另外,还有产业园区建设。如红豆集团控股的柬埔寨西港特区,

现已引入包括工业、服务行业在内的 54 家企业入驻，分别来自中国、欧美及日本等国家和地区，31 家已生产经营，区内从业人数约 9000 人。全部建成后可容纳企业 300 家，就业人口达 8 万～10 万人。

（四）促进产业结构转型升级、保障能源安全

当前，中国加快转变经济发展方式，推动产业结构优化升级的任务艰巨。未来五年，中国对外投资总额将达 5000 亿美元。"一带一路"上部分沿线国家经济发展落后，但是发展愿望强烈，对资金与技术需求较为迫切，可成为对外投资的重点地区。目前，我国能源的对外依存程度在 60%以上，而在中国的十大原油进口国中，在"一带一路"上就有 8 个国家，因此加强与这些国家的能源合作，对保障中国能源安全的意义重大。同时，"一带一路"会带来更多有效的陆路资源进入通道，有助于资源来源渠道的多样化，加深中国与沿线重要资源国家的合作，以此推动能源金融中心建设，提升金融领域话语权。

（五）金融、货币流通更加便捷

"一带一路"给贸易和投资带来更多的便利，进一步消除贸易壁垒，降低企业贸易和投资成本，实现双方互利共赢。2014 年 11 月，我国发起设立亚洲基础设施投资银行（简称亚投行）和丝路基金，旨在为"一带一路"沿线国家基础设施、资源开发、产业合作和金融合作等与互联互通有关的项目提供投融资支持。目前，由我国出资 400 亿美元设立的丝路基金已顺利启动。另外，由我国发起的亚洲基础设施投资银行，已经吸引了超过 50 个国家和地区申请加入，遍及亚洲、欧洲、非洲、南美洲和大洋洲。建设亚投行和丝路基金的目的都是为了推动基础设施建设以及地区经济发展与合作。在建设发展过程中，亚投行、丝路基金、金砖银行等可发挥引领作用，商业性金融机构将为企业提供资金支持，政策性银行也将为其提供贷款便利。另外，伴随着人民币国际化的进程，企业之间的贸易投资因为人民币结算会更便捷，也加强了同周边各国的货币和金融合作。对于提高抵御金融风险的能力有很大的帮助。

"一带一路"是党和国家审时度势确定的重大抉择，旨在通过互联互通、经贸合作推动沿线国家经济发展，开启全新的对外开放格局。这将为中国的长远发展开拓国际空间，并为大型企业走出去带来历史性机遇。大型企业应充分发挥已有的国际业务基础，通过推动基础设施建设、投资建设海外产业园等措施，在支持国家倡议落地的同时，不断增强自身的国际竞争力。

二、"一带一路"给我国大型企业带来的挑战

（一）投资所在国政策和政局变动

我国企业"走出去"面临的最大挑战来自于当地政府局势和政策变动。例如，2014年9月，我国主导的斯里兰卡科伦坡港口城项目开工，但2015年1月斯里兰卡新总统上任后就宣布暂停"科伦坡港口城"项目。斯里兰卡新政府认为，该项目涉嫌规避当地法律和环境要求，需要重新评估，并要求中方公司提供相关政府部门颁发的有效许可证明。同时，斯里兰卡政府成立由总理、总检察长、财政部、港务局和环境部门等多部门官员组成的项目评估委员会，将发布科伦坡港口城评估最终报告，继续研究该项目的可行性。又如，中远集团投资的希腊比雷埃夫斯港项目也经受当地政权更迭带来的挑战。2015年1月份希腊左翼政党上台后，立即停止包括中远港口项目在内的所有私有化项目，这导致中远集团在后期的收购过程中遭受到很大的困难。

（二）低水平的海外投资

目前，我国的对外投资主要有四种形式：并购资源、能源；收购国际市场；收购国际品牌；获得先进技术、研发和管理能力。其中，资源类的投资比例最高。据统计，41.3%的海外投资项目都集中在自然资源上，占所有投资金额的51.3%。虽然我国海外资源投资能为国内经济发展提供稳定的能源和矿产供应，但长期大规模、低水平的海外资源投资对国内经济发展方式转变和经济结构调整存在较大的弊端。

(三)沿线国家经济文化发展差异

"一带一路"沿线国家基本覆盖四大文明古国的全部区域,各国文化差异明显,国内企业在这些国家的业务很容易产生文化融合的问题。如果企业不熟悉投资国的市场、法律、技术水平,没有本地的工人,投资都会遇到很大的困难。此外,"一带一路"沿线各国经济发展水平存在显著性的差异,如吉尔吉斯斯坦的人均收入只有990美元;而卡塔尔人均收入高达7.8万多美元,是世界上人均收入最高的国家;巴基斯坦和斯里兰卡是中等收入国家,而马来西亚是中上等收入国家。总体看,我国企业"走出去"之前对国别研究较少,具体、有针对性的研究基本没有,这样很难与投资国文化、制度、风俗等方面充分融合。

第二节 "一带一路"倡议下交通运输类大型企业的发展格局及战略选择

一、交通运输业的发展现状

交通运输业指国民经济中专门从事运送货物和旅客的社会生产部门,包括铁路、公路、水运、航空等运输部门。数据显示,2014年下半年以来,全国交通固定资产投资增速稳步加快。2014年1月份至10月份,完成铁路、公路、水路固定资产投资19 057亿元,同比增长15.6%,交通运输行业落实稳增长、加快推进交通基础设施建设等一系列政策措施取得明显成效。在"一带一路"建设中,交通运输实际上处于基础性作用,是最应该优先考虑发展的领域,当前交通运输部已经把"一带一路"建设作为今后一段时期全国交通运输工作的首要任务,加快提升我国与周边国家交通基础设施的互联互通水平,并形成区域交通运输一体化。

交通运输是关系国计民生的基础性和服务性行业，这一基础产业的发展有助于其他产业的开发。中国的运输线路近年来不断延伸，交通运输网络不仅在布局上大为改观，并且在质量方面也有显著提高。2016年上半年，交通运输经济运行呈现"总体平稳、稳中有进"的发展态势。交通运输行业结构调整优化的阶段性特征明显，客运结构持续调整优化。公路客运需求持续回落，高铁、民航、私家车出行需求较快增长。上半年，全社会完成客运量94.5亿人次，同比下降2.7%。其中，铁路旅客发送量同比增长12.4%，高铁出行比重持续提高。公路客运量延续下滑趋势。航空运输是我国正在快速发展的一种运输方式。民航客运2016年依然保持较快增长，同比增长10.8%。货运增速稳中有升。上半年，全社会完成货运量197.4亿吨，同比增长3.1%。"综合分析国际国内形势，预计今年下半年交通运输主要指标增速将较上半年基本持平或略有放缓，但总体还是处于合理区间之中，交通运输经济将保持平稳运行态势。"另外，交通基础设施总体规模不能满足经济发展的需要。虽然我国的交通运输业发展较为迅速，但我国当前的交通基础设施整体规模较小，难以满足经济社会发展对交通运输需求，以及人民生活水平提高的需要。

交通运输业投资大、周期长、见效慢的特征决定了这一行业需要由一些有实力的大企业来进行开发。大型交通运输企业是组成国民经济发展动脉的主体，是综合国力的重要基础。目前，我国的交通运输行业骨干力量是以中央企业为代表的大型企业，其生产经营活动涉及整个社会经济活动和人民生活的各个方面。中国交通运输行业中包括中国东方航空、中国南方航空、广深铁路大型企业，这些大企业本身具有一定的资金实力，能吸引国内外的投资，也具有就较好的资信和贷款偿还能力。为适应国民经济和社会发展的需求，应优先发展交通运输业，加快交通现代化步伐，从被动适应逐步转向对国民经济的先导促进作用。国家应采取一定的措施对大型交通运输企业给予支持，充分调动大企业开发交通运输业的积极性，使其更好地服务"三大战略"，积极参与"一带一路"，借用大企业的开发实力促进我国交通运输行业发展进步。

二、以交通先行推进"一带一路"倡议

纵观古今中外,历史和现实都证明,交通运输业是商业发展的基础保障,所以推进"一带一路"应当优先考虑发展交通运输业。

交通运输业(港口、公路、铁路、物流)将直接受益于亚欧交通运输大通道建设,为带动沿线区域经济发展创造有利的条件,将加快推进公路、铁路、民航、海运等多种运输方式的互联互通,吞吐量也会明显提高。连云港至鹿特丹港连通的新欧亚大陆桥,在国际陆路运输中强化其骨干作用。中国也将全力打造与我国第三大贸易合作伙伴——东盟地区的海陆空综合交通方式:海上——将中国和东南亚国家临海港口城市串联起来;内河——中国出资澜沧江—湄公河河道建设,打造黄金水道;公路——南(宁)曼(谷)、昆(明)曼(谷)公路已经开通,东南亚正在形成两横两纵的公路通道;铁路——中国计划以昆明和南宁为起点,建设泛东南亚铁路联系东南亚陆路国家。

交通基础设施建设和运营"走出去",也将带动交通基础设施相关产业的增长,如基建相关设备、设备及整机生产等。

中国的港口有着丰富的基础设施建设和运营经验,铁路建设"走出去"给其他基础设施类公司走出去提供优良的示范作用。同时,中东南亚及南亚国家对大型港口建设也有较为迫切的需求,所以该领域的优质企业有建设和运营"走出去"的广阔市场空间。

在铁路建设方面尤为突出,突破国家框架的"欧亚铁路网计划",将大大刺激铁路建设的发展。据不完全的数据统计,目前有意向的铁路工程已达到 0.5 万千米,但是与欧亚铁路网的 8.1 万千米规划目标相比仍有巨大差距。

然而,现有陆海空通道与实际需求相比仍有较大的差距,特别是铁路方面出境的通道太少,仍要优先发展以交通为主的基础设施互联互通。2015 年 3 月,由国家发改委及外交部、商务部联合发布《推动共建丝绸之路经济带和 21 世纪海上丝绸之路的愿景与行动》(简称《愿景行动》)中也明确提到:重点优先推动交通、输油气管道和跨境输电通道、跨境光缆通信干线网络等建设,下一步需抓紧推进落实。

第六章 "一带一路"倡议带给大型企业的发展新契机与新挑战

目前，我国沿海港口已经由之前的瓶颈约束，步入适度超前的总体格局，港口的受益以及发展空间正在逐步收窄。我国港口企业应当适时考虑前往印度洋区域开拓新的港口空间、寻找新的利益增长点。

推进"一带一路"跨境战略合作，首先，应当从新一轮经济全球化的战略高度，先行规划境内基础设施互联互通，以利于境外对接，引导"一带一路"沿线各国参与战略合作。2008年，国家发改委批准的《中长期铁路网规划（2008年调整）》指出，到2020年，铁路营业里程由10万千米增至12万千米以上，其中新建高铁1.6万千米以上；新建客运专线由1.2万千米增至1.6万千米；新建线由1.6万千米增至4.1万千米，电化率由50%增至60%，扩大西部路网规模，新增中蒙、中俄、等西南、西北、东北地区跨境铁路通道。2014年，中国铁路建投资8088亿元，新线投运8427千米，新开工项目由44个提至66个。2015年再投资8100亿元，再新开66个项目。已开建的川藏铁路西连新疆，向南到巴基斯坦、印度洋，将形成新丝路亚欧大陆桥。这些新线路都可便利地对接"一带一路"境外战略合作。

其次，还应与泛亚铁路规划进行对接。《愿景行动》提出丝绸之路经济带贯穿亚欧非大陆，重点畅通中国经中亚、俄罗斯至欧洲（波罗的海）；中国经中亚、西亚至波斯湾、地中海；中国至东南亚、南亚、印度洋。中国已规划中亚、亚欧、东盟中线三条高铁线，战略构想与《泛亚铁路政府间协定》规划的四条泛亚铁路线基本吻合。目前，泛亚铁路涉及的28个国家已有18国正式签字，具有法律效力，"一带一路"与泛亚铁路规划对接，可使疑虑和阻力减少，这样易于引起沿线国家地区的共鸣，接受中国的倡议参与"一带一路"建设。如今，中国已成为技术最齐全、最先进的高铁大国之一，不但发展了新兴的市场，也能参与到欧美等发达国家的市场竞争，尽管难度十分大，但中国高铁造价只有国外的1/3至2/1，具有明显的成本优势。中国可为沿线国家地区提供交通等基础设施规划设计、勘探服务，使之与"一带一路"基础设施和泛亚铁路互联互通。

"一带一路"倡仪创造的内外市场及大中小企业协同发展的新契机

三、"一带一路"背景下交通运输业类大型企业发展战略

交通运输体系是经济地域系统进行内外部物质、能量、信息循环和交换的脉络，是经济带高效运行的重要载体。2015年3月28日，国家发展和改革委、外交部、商务部联合发布了《推动共建丝绸之路经济带和21世纪海上丝绸之路的愿景与行动》，提出了以政策沟通、设施联通、贸易畅通、资金融通、民心相通为主要内容加强合作。在"设施联通"章节中提出"基础设施互联互通是'一带一路'建设的优先领域""抓住交通基础设施的关键通道、关键节点和重点工程，优先打通缺失路段，畅通瓶颈路段，配套完善道路安全防护设施和交通管理设施设备，提升道路通达水平"。交通运输是塑造、主导经济空间格局演化的主要力量。"一带一路"实施发展的先行条件和重要基础是构建"一带一路"沿线各国的交通运输体系，同时也是"一带一路"沿线各国区域实现设施联通、贸易畅通、民心相通必不可少的纽带和桥梁，更是必须重点突破的优先任务。

（一）发挥民用航空运输的先锋作用，将高铁建设作为突破口

于西亚、中亚等"一带一路"沿线的内陆地区而言，开辟空中航路从技术条件上以及现有的民航基础设施上来看，要比公路、铁路等陆路交通运输工具更为容易，它的开拓周期更短，同时运行成本也相对较低。按照国家"一带一路"的布局，交通运输企业应优先考虑东亚—中亚—西亚—中东和东亚—中亚—东欧两线，加快开通沿线各国重要城市间的航线，搭建全新的空中欧亚大陆桥。"一带一路"可以将广州作为"海上一带一路"的航空母港，进一步拓展泛太平洋地区以及东南亚地区的航空市场；将乌鲁木齐、西安作为中国西部同中亚地区实现航空一体化网络建设的重要支点，进而拓展我国经中亚至西亚、东欧的航空市场；以昆明、重庆为基地，形成面向泛印度洋、东南亚、南亚、地区的航线运力网络。

第六章 "一带一路"倡议带给大型企业的发展新契机与新挑战　165

据不完全统计，2015 年，全球已有 30 个国家与中国洽谈引进高铁技术以及合作开发工作，包括委内瑞拉、土耳其、沙特、伊朗、利比亚、缅甸、泰国、越南和老挝等，所有项目累计里程超过 5000 千米，总投资额近万亿元。其中，发达国家的基建需求大部分是升级需求，比如，利用原有的铁路的老旧线路升级改造为高铁路线；而发展中国家以及欠发达国家的基础设施建设不足，因而需求更加强劲，并且根据后发优势理论，低收入国家以及新兴经济体在进行基础建设时，可以直接运用最先进技术，所以高铁成为许多低收入国家和新兴经济体基础设施建设的首要的选择。目前，中国正酝酿建造四条世界级的高铁线路，它们分别是：中俄加美高铁、欧亚高铁、泛亚高铁和中亚高铁。四条高铁线路横贯东西，一旦建设完成，将成为中国联通世界各地的重要通道。

（二）打通八条国际物流通道，布局国际物流园区及跨国无水港，构建现代化国际多式联运物流体系

配合"一带一路"发展与行动指南，交通运输企业可以以区域物流枢纽城市为核心，以沿海港口、车站、通关口岸为门户，积极加强公路、铁路、港口、物流场站建设，全面打通八条国际物流通道，对接沿线各国的洲际、国际交通干线。其中有五条国际陆路物流通道：

（1）东北—满洲里—俄罗斯—欧洲；
（2）环渤海—乔巴山—蒙古—俄罗斯—东中欧国家—欧洲；
（3）中部—西部—阿尔泰—中亚五国；
（4）拉萨—日喀则—尼泊尔—南亚；
（5）喀什—瓜达尔港。

三条海上物流通道：
（1）沿海港口—白令海峡—楚科奇海—挪威北角、欧洲各港口；
（2）沿海港口—南海—印度洋—红海—地中海—欧洲；
（3）沿海港口—南海—南太平洋地区。

积极建设国际物流园区、国际无水保税物流港区，构建现代化国际多式联运物流体系。通过政府间协商和企业化运作，依托物流通道

建设，由中方投入资金、技术、设施，合作国给予土地、财税政策扶持，集中资金、技术、人才优势，在"一带一路"沿线国家及我国重点对外口岸，建立一批高标准、现代化的国际物流园区。全面引领和辐射带动区域物流发展，同时通过发挥积极的国际示范作用，不断扩大我国海外国际物流园区投资建设的规模和数量。利用 8～10 年时间，完成覆盖"一带一路"沿线主要国家核心物流城市的国际物流园区体系。加强政策对接，在中亚五国、蒙古等内陆国家的主要城市、工业基地、交通枢纽，选址建设若干国际无水保税物流港区，对接国内出海港口，建立"一对一""门对门"的专业物流服务机制，为内陆国家出海打开并扩展国际绿色通道，实现双赢互利发展。

（三）建立国际物流云计算服务中心，构建国际物流信息网络

整合行业内资源，在我国东南沿海、东北、西北优选核心物流枢纽城市，构筑国际物流云计算服务中心，整合国际商务服务、综合外包服务、战略咨询服务、金融结算与支付服务、物流信息服务等多项功能，整合"一带一路"沿线各区域的物流数据信息，打造能够为"一带一路"沿线各国提供实时物流综合服务的国际物流云计算信息服务总部基地。同时，配合建立覆盖"一带一路"沿线国家的信息终端服务中心和服务平台，链接各国物流信息平台，整体上形成以我国为主导的"一带一路"国际物流信息服务网络体系。

（四）创新合作机制，建立中国与中亚国家交通运输合作平台

"一带一路"交通运输业合作机制的创新对于统筹和开发中国与中亚国家间的交通运输产业发展，具有重大的意义。中国—中亚交通运输业合作机制的建立应分为两个方面：一是交通运输体制的建立，即运输合作组织岗位责权和职能的调整及配置；二是建立交通运输制度，不仅包括交通法律法规，也包括各种规章制度。

2002 年 11 月，上海合作组织首次交通部长会议在吉尔吉斯斯坦

首都比什凯克举行,会议决定正式启动上海合作组织交通部长会议机制。交通部长会议机制的主要职责在于组织和协调各类形式的国际合作,包括制定统一的关税、交通法规和技术标准,建立便利的运输条件,推动经济技术合作等,最终实现跨国、跨区域商贸物资流动的畅通。充分利用上海合作组织,为促进中国—中亚国家间的交通运输产业合作搭建全新的平台。

(五)培育跨国物流龙头企业,成立国际物流行业协会,确立"一带一路"国际物流标准体系

通过多边政府和行业协会谈判,在国家层面建立一体化的国际物流协作框架。实现"一带一路"沿线主要国家的核心陆路口岸、港口、空港,建立与我国核心口岸之间统一的信息共享和业务实时联通服务。逐步建立互惠、互利的便捷通关机制、关税减免机制、跨国物流服务机制,把"一带一路"沿线地区逐步建设成为保税政策以及国际物流通关的高地。培育一批国际物流龙头企业,主导成立国际物流行业协会,制定、出台促进"一带一路"在物流方面的国际合作行动规划,利用3到5年时间,扶持建立一批国际物流龙头企业,鼓励企业进行海外兼并,开展跨国跨境合作。通过政府、企业双轨制谈判和协商,主导建立"一带一路"国际物流行业协会,统一制定并完善从运输到服务、从整体到细节的完整的一套国际物流服务标准,并逐步参与并主导国际物流行业规则的确立和实施。

第三节 "一带一路"背景下以全球化视野推进建筑企业发展

一、建筑行业发展的现状

建筑业是我国国民经济重要的支柱产业之一。随着我国建筑业在经过2006年至2011年连续6年超过20%的高速增长后,建筑业总产

值增速持续下降。2015年，建筑业总产值180 757.47亿元，增速仅为2.3%，下行趋势显著。固定资产投资额很大程度上决定了建筑市场的规模，因此建筑行业发展增速与固定资产投资增速密切相关。2015年，建筑业固定资产投资4895亿元，比2014年增长10.20%，占全社会固定资产投资的0.89%。建筑业固定资产投资增速出现较大幅度的下降，2015年比2014年下降了15.60个百分点（见图6.1）。这说明，当前投资对于稳增长仍起关键作用，但对经济增长的拉动效应在减弱。

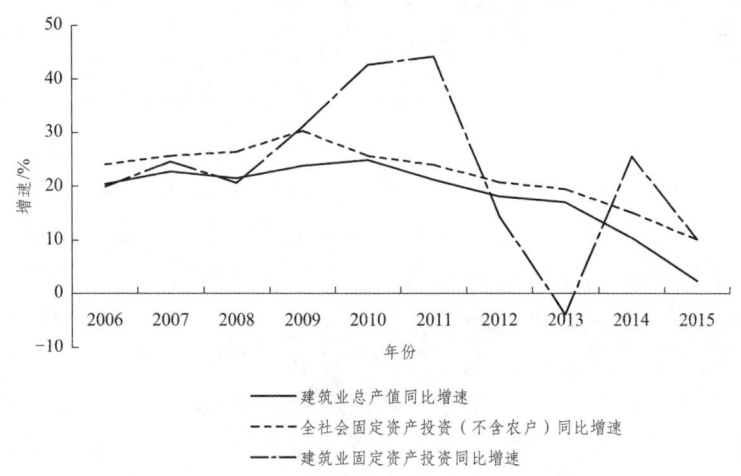

图6.1 近10年建筑业总产值及固定资产投资增速走势

数据来源：国家统计局，中国统计年鉴（2007—2015年）。

由于进入壁垒较低，建筑行业企业数量众多，集中度较低。截至2015年年底，全国有施工活动的建筑业企业80 911个；从业人数5003.40万人。建筑业中的企业规模呈"金字塔"状，即存在极少量大型企业、少量大中型企业和众多小微型企业。随着国民经济进入新常态，建筑业已经告别高速增长时代，开始减速慢，建筑业市场已进入完全竞争状态。在市场结构的集中化趋势中，合同价格水平越来越紧，企业生存空间紧张。目前，工程项目日益大型化、复杂化，建筑企业迫切需要加速转型升级，沿着工程建设的五个阶段——计划、组织、设计、施工和管理，向前或向后延伸，从以施工承包为中心职能的劳动密集型企业，向以管理监督为中心职能的知识技术密集型企业转变。提升企业核心竞争力，迎接新挑战。

二、"一带一路"背景下建筑行业大企业"走出去"的必然性

目前，国内建筑业中国有大型建筑企业仍居于主体和主导地位，在这样的情况下，大型建筑企业的具有较为明显的竞争优势：从整体上来看，大型建筑企业占据了行业的较大市场份额，这些企业具备技术、管理、装备优势和拥有特级资质，生产组织布局往往覆盖较宽的产业面或整条产业链。发达地区建筑强省的大中型建筑企业主要承揽地区性大中型工程，也占有一定的市场份额。其他中小企业则主要承担劳务分包、部分与业分包业务及小型工程。但是，在建筑行业，受行业自身特点所限和大型建筑业企业经营管理效率相对较低的影响，大企业出现了"规模不经济"的现象，即企业的盈利水平与规模扩张不相匹配的现象，具体表现为大型建筑业企业利润率不仅低于国外同等规模大型建筑业企业，也不及部分国内中小型民营建筑业企业。

近几年，建筑企业的效率逐步提升，但整体盈利能力有待提升。整个建筑企业整体表现为：效率低、收益差、负担重、竞争激烈。同时，在新常态形势下，国内需求增长放缓，建筑业需求不足也越显突出。虽然我国大型企业的数量在建筑企业中的比例并不大，但是在建筑业总产值、利润总额、新签合同等规模和效益指标上都有较大的比例，对我国建筑业的发展有重要的影响。

因此，要促进我国建筑业的健康发展，继续提高大型建筑企业的竞争力非常重要。

助力中国建筑行业的发展，还需要政府支持以及各相关主体的合作。目前，我国建筑业仍是一个劳动密集型的传统产业，在经济转型升级的关键时期，传统产业需要加速结构优化，不断推进技术革新。政府相关部门要出台创新研发政策，形成激励机制。优化资源配置，整合建筑业各参与方、相关媒体、高等院校、科研院所等相关机构，

建立全国统一的"建筑业创新研发服务平台",有利于建筑业各参与方、高等院校、科研院所、政府相关部门等各方相互交流,为企业创造更好的条件,增强企业创新研发能力。这是提高建筑业生产力水平以及推进建筑产业现代化的有力保证。

此外,近几年,我国的专利申请量虽然大幅度增加,但仍然存在专利成果转化率较低的问题。建筑业每年的创新研发成果转化率同样很低。帮助企业或个人积极申请专利,进行知识产权保护,结合市场需求、应用前景,把创新研发成果开发出具有竞争力的产品。建筑企业要敢于创新,勇于改革,创新经营模式,运用现代化的施工手段。激发企业实施专利成果转化的热情,让全员参与到技术创新与研发中,形成良好的创新氛围,使建筑行业或领域整体的技术升级,推进建筑产业现代化全面、协调和健康发展。

三、"一带一路"助推建筑行业企业优化产能

"一带一路"是今年中央经济工作的核心,其落实利好五大行业,建筑及建筑类的配套产业作为"互联互通"项目及"一带一路"国家产能建筑的重要执行者将首先受益。随着丝路基金、亚投行等政策性金融机构建立,后续订单承接和生效也将加快,业绩增量预期也将随之提升。

(一)国内方面

根据2015年各省两会政府工作报告,"一带一路"拟建、在建基础设施投资项目总规模已经达到1.04万亿元,投资项目多为铁路、公路、机场、水利建设。其中,铁路投资近5000亿元,公路投资1235亿元,机场建设投资1167亿元,港口水利投资金额超过1700亿元。2015年由"一带一路"海外项目基建投资拉动的国内基建投资规模在4000亿元左右。据估计,未来十年每年亚洲基础设施的投资资金规模约8000亿美元,建筑行业市场空间巨大;国内基建投资将继续维持高位,内外互补需求旺盛。

今后几年，城镇化建设、农村建设、铁路建设、机场建设等还将为建筑业的发展开拓广阔的空间。预计投资规模达到15万亿至20亿万左右，由于实施产融结合战略，从传统的施工向投资建设一体化发展，因此利润率将从3%提高到5%左右。可以说，建筑业未来发展一片利好。

（二）国际方面

目前已经落实的跨国投资规模约524亿美元。据商务部估计，"一带一路"带来的海外收入占我国8大建筑公司2013年总营业收入的16%，将极大地提升我国大型建筑公司的海外收入占比。

"一带一路"周边大部分国家近年经济增长放缓，一定程度上受制于基础建设相对落后。以铁路建设为例，多数国家铁路里程与国土面积之比在1%以下。相比之下，中国在基础设施建设领域经验丰富，可以通过增加海外需求的方式来增加产能需求，而"一带一路"的周边发展中国家正符合我国这方面的需求。

但是，也必须看到建筑行业发展海外市场过程中面临的风险：丝绸之路经济带所覆盖的中亚、西亚、北非等地区宗教和民族问题关系复杂，恐怖主义、极端主义比较活跃。丝绸之路经济带经过地区历史遗留问题没有得到很好的解决，甚至伴随着严重的后遗症，而且经济发展程度、社会经济体制、宗教文化习俗相去甚远。进军海外基础设施市场时，资金瓶颈也是我国建筑业的一大挑战。同时，海外工程业务的利润优势并不明显。

然而，"一带一路"毕竟是国家层面的重大倡议，在具体执行时必将有国家信用在其后支撑，众多的外汇储备使未来项目执行更有底气。从参与亚投行国家的数量上来看，有些已超出我们的预期，特别是欧洲发达国家的加入能够看出发达国家对亚洲基础设施建设也有着很大兴趣，这对未来开展区域投资建设将起到积极作用。我国建筑公司并不一定需要资金进行建设，也可通过资产运营、工程换资源等方式参与建设，这种方式也为我国建筑企业多元化经营提供了一条路径。

"一带一路"倡议创造的内外市场及大中小企业协同发展的新契机

"一带一路"倡议已经得到了许多的参与支持。再加上国内18个省份的建设需求，这为中国建筑企业特别是基础设施建设企业带来了跨越式发展的良好机遇，加快建筑行业"走出去"的步伐，使建筑业成为受益最大的行业之一，"一带一路"倡议为建筑企业打开了海外的建筑市场，意味着会有更多的企业，特别是中国建筑企业走出国门。"一带一路"政策的提出为民营建筑外贸企业开拓海外市场提供了新的机会，大型建筑企业不仅可以大批到国际市场承揽基础设施和房建工程业务，而且还可以带动材料和成套设备的出口。"一带一路"政策借用古代"丝绸之路"的历史符号，给正处于迷茫期的中国建筑企业指出了新的方向。面对"一带一路"所带来的巨大国际工程承包市场，我国建筑企业顺应"一带一路"发展"走出去"。企业需要在充分研究、了解所计划开发的市场的前提下，结合自身优势，认准政策导向，抓住海外市场开拓的新契机。

四、"一带一路"背景下建筑类大型企业发展战略

（一）科学谋划，实施企业"一带一路"

不谋万世者，不足以谋一时；不谋全局者，不足以谋一域。"一带一路"这一新构想，已于2015年3月上升为中国国家倡议。建筑企业是实施"一带一路"的主要力量之一，一定要以超前的思路认真做好企业战略管理的策划，以积极的态度参与国际竞争。

根据沿线60多个国家的中长期发展规划，制定建筑企业的中长期发展战略，重点统筹企业"走出去"的商业模式。可采取自行承包、联营合作承包、劳务分包、EPC总承包等形式，在条件具备的国别适时运用当地政府与社会资本合作PPP商业模式。

要积极推进国际投融资业务，加强与金融机构合作。充分利用中国资本进行投（融）资，采取所在国主权担保，由中国银行提供资金支持，是中国企业扩大"走出去"的最有力支持。积极争取得到"丝绸之路基金"这一种子式资金、亚洲基础设施投资银行等的支持，注重融资优贷特别是"买方信贷"项目。

要实施人本管理与国外本土化经营相结合。随着中国劳动力价格上升等因素的影响，工程成本将大幅上升，对于低价格中标的工程项目，管理稍有不善即面临潜在的亏损。因此，在充分利用中方员工、自有大型设备和大宗物资的基础上，应大量使用当地本土资源，以降低成本。尽量使用当地货币办理相关业务，采购当地物资及支付人工成本，减少当地货币汇兑带来的损失。要加强外联工作，保障企业财产和员工安全。加强与驻在国的政府、军警领导和中国大使馆、经济商务参赞处、中资企业商会的沟通联系，及时掌握安全预警及其他信息。在项目营地规划、设计时就要把安全因素考虑在内，及早谋划并制定应急预案，组织员工进行演习，根据国外项目需要派出医务人员负责医疗卫生工作，尽可能地保护员工的身体健康和生命安全。

（二）科学布局，合理开拓海外市场

"一带一路"是我国与沿线国家共商共建的大事，各国在项目内容、实施时间、企业选择等方面有不同的要求，企业因自身实力、业务范围、专业特点等原因，不可能一哄而上，或不加区分地全面开花。

建筑企业应依照自身实力和核心竞争力，根据有关国家发展规划和企业自身优势，经过认真调研，熟悉相关国家情况，了解市场规模和竞争对手，多方论证，在巩固和发展现有国别市场占有率的基础上，确定新重点开发国别和重点项目跟踪，形成科学合理的市场开发布局。

确定重点国别和主攻项目后，就要集中力量开发目标市场，重点出击，舍弃有度。事前要全面了解、实地考察所要参与的国外项目的市场行情，实打实地做好项目的招投标评审工作，必要时可请第三方做咨询、论证，以掌握第一手真实的资料，以做出正确的投标决策。事中要充分发挥国内外企业内部的各方力量，适时"借用外脑"，对投标保函、商务报价、技术措施等进行第三方的评审，确保其合理性和有效性。事后要注重国外项目合同签约前的谈判、评估和交底工作，注重派出的参与人员既有部分的投标主要人员和即将设立项目的主要管理人员组成的管理团队。同时，坚持实施中标就是硬道理，在市场开发上实行激励政策，对有功人员给予相应奖励。

（三）科学管理，提升项目品牌效益

在国际工程承包市场上，中国建筑企业面临本国建筑企业、国外建筑企业及所在国别本土企业的激烈竞争，企业品牌、政府关系、工程单价、资金实力、技术水平、工程进度和质量成为企业核心竞争力的关键，低价格竞争的时代已经成为现实。为此，中国建筑企业从国外项目正式签约之日起，就要着重从适应欧美标准、实施绩效管理、合理管控风险等三方面，加强对国外在建项目的管理。

要适应欧美标准，提高技术标准和品牌建设国际化水平。在参与"一带一路"建设与"走出去"的过程中，建筑企业既需要及早学习欧美标准、适应欧美标准，以欧美标准来引领我们的项目管理规范，又需要及时跟进部分中国标准"走出去"的步伐，以提高建筑企业的国际品牌影响力和竞争力。

要严格实施绩效管理，努力降本增效。在实施项目管理的全过程，要认真执行全员绩效管理的有关规章制度，及时兑现每一个重要节点的绩效考核薪酬。要开展降本增效行动，积极开展成本"降低一个百分点"活动，确保将企业的成本控制在可控范围内。

案例 6.1：中国中铁："走出去"海阔天空[①]

国家实施"走出去"以来，中国中铁奋力开拓境外市场，多形式引进人才，成立国际经营专业公司，成功运作实施了一批重大项目，全面提升了国际市场竞争力，国际业务与经营范围得到了有效拓展，带动了中国铁路技术和标准走出国门，走向世界。

从"走出去"到"站住脚"

2014年6月2日，从孟加拉国传来喜讯，中国中铁中标孟加拉国最大跨河大桥——帕德玛大桥项目，中标金额约15.49亿美元，折合人民币96.7亿元。这已是中国中铁在孟加拉国承接的第5个桥梁工程。在孟加拉国，"中国中铁"品牌得到政府和人民的高度认可，这也从一

[①] 单宝.中海油竞购优尼科失败的原因及其教训.国际贸易，2005，10：36~38

个侧面展现了中国中铁在国际承包工程市场上的竞争实力。然而,"走出去"并非一帆风顺。

中国中铁旗下的中铁一局虽然是坦赞铁路援建单位之一,"走出去"比较早,但其2002年成立的海外公司在发展初期却颇为坎坷。沙特项目、摩洛哥项目经营结果不佳,菲律宾铁路大项目半路夭折,海外公司有30多人先后离开。本来信心满满的中铁一局海外公司,却败下阵来。转机出现在2008年,中铁一局中标斐济纳嘎里桥项目,这是中铁一局第一次进入南太平洋市场,更是第一个真正意义上独立经营、独立施工的海外项目。虽然只是工期为一年、合同额2600万元的小项目,公司却高度重视,专门成立斐济公司,采取公司直管取代项目运作,按照项目管理国际化、劳工资源本土化、合作伙伴本土化等国际通用的市场规则操作实施。最终,工程取得了圆满成功,在当地赢得了巨大声誉,后续工程任务亦源源不断。

小项目赢得了大声誉。中铁一局用实力突破困局,上演完美"逆袭"。

中国中铁不断总结经验,在创新中寻求突破,从而使其海外经营驶上了快车道。2000年至今公司海外经营规模亦增长迅速,2011年以来的三年间新签海外合同额235亿美元,完成营业额114亿美元,在2013年度ENR全球最大国际承包商排名中上升到第34位。

以点带面加速发展

2014年5月,国务院总理李克强亲临中国中铁承建的埃塞俄比亚首都亚的斯亚贝巴轻轨项目视察。该项目是设计、施工和设备采购为一体的EPC总承包项目,全部采用中国技术标准建造,运营装备全部实现"中国制造",也将是中国企业在非洲建成的第一条轻轨。

这个荣誉来之不易。

时间回到2006年,中国中铁山桥集团与新西兰ONTRACK公司签署了铁路道岔5年供应合同,成为国内唯一供应新西兰道岔的厂商,标志着中国整组道岔首次打入西方发达市场。2011年,新西兰方面将新的合同内容扩展至供应新西兰全国的道岔以及配套的安装维护工程。

2012年7月，经过2年多的前期跟踪和40天的艰苦谈判，中国中铁马来西亚公司成功拿下吉隆坡地铁MRT项目。这不仅是中国中铁承建的第一个海外城市地铁工程，随后也带动了中国中铁装备生产的盾构机出口，实现了中国盾构走向海外零的突破。

在马里，中海外长期坚持"五五合作"，持续实现良好效益；在马来西亚，中铁国际重视项目管理，推出精细化经验；在斐济，中铁一局突出主营业务，不断滚动发展；在安哥拉，中铁四局发挥经营优势，实现丰厚利润；在加纳和塔吉克斯坦，中铁五局以援外项目带动承包工程，不断扩展国别业务；在越南，中铁六局密切业主关系，紧盯铁路项目；在坦桑尼亚，中铁建工坚持属地化管理，实现持续健康发展……长期经营为中国中铁带来了广阔的海外市场，中国中铁在亚洲、非洲、拉丁美洲和大洋洲均有在建项目，业务涉及铁路、公路、桥梁、隧道、房屋建筑、城市轨道、市政工程以及境外矿产资源开发、房地产开发和实业投资等多个领域。

承载梦想走向世界

在国内高铁施工如火如荼的同时，中国高铁也加快了"走出去"的步伐。

早在2004年，中国中铁就开始运作委内瑞拉北部平原迪（那科）阿（那科）铁路项目。2009年7月，中国中铁在经过5年努力和艰苦谈判之后，最终与委内瑞拉正式签订了迪阿铁路施工总承包合同。这项工程合同金额高达75亿美元，是当时中国企业在海外签订的最大工程承包合同。

更重要的是，迪阿铁路从勘探、设计、设备到建设施工由中国中铁全权负责，标志着中国高速铁路技术、标准和装备全面走出国门，掀起了世界多个国家拟修建中国标准高铁的浪潮。

近年来，中国中铁紧密配合国家战略，开展了中俄高速铁路走廊、南美两洋铁路、中巴铁路走廊、美国西部快线、英国高铁二号线、罗马尼亚高铁等一批重大项目的前期运作和可行性研究工作,为中国高铁走向全球赢得了先机。

2014年,中国中铁已完成和正在实施的1亿美金以上的海外项目有38个,合同额总计210多亿美元,正在追踪的1亿美元以上的项目达128个。海外市场呈现可持续发展的良好局面,后劲十足。

在"走出去"的道路上,中国中铁已经取得了令人瞩目的成绩。面对全球经济新一轮的增长期,中国中铁继续积极推进国际化事业的发展进程。我们相信,中国中铁这家铁路建设的领军企业一定能出色地履行好"走出去"的重要责任,在国际聚光灯下绽放异彩。

第四节 "一带一路"倡议助力能源企业"走出去"

一、我国能源结构的特点及问题

随着经济社会的快速发展,我国已成为世界第一大能源生产国和第二大能源消费国。中国能源资源总量十分丰富。其中,最主要的能源资源是煤炭,地质总储量居世界第三。而水力、电力、石油和天然气等资源的总量也非常可观。

中国的能源结构总体呈现出以下特点:

首先,无论是从能源生产结构还是消费结构来看,煤炭都是主导能源。中国是世界上最大的煤炭生产国和消费国,在一次能源消费构成中,煤炭的份额比世界平均值高41个百分点,油气的比重低36个百分点,水电、核电的比重低5个百分点。不合理的消费结构给能源安全带来很大的隐患。同时,与其他能源相比,煤炭污染问题也较为严重。我国能源效率和环境质量的问题急需解决,能源结构也迫切需要优化升级。相比之下,石油和天然气水电等较为环保的资源在能源总产量的比重较低。而随着能源需求的不断增长，能源尤其是油气供求矛盾将进一步显现。目前，我国仍然需要依赖大量进口石油来满足供需缺口，对国外石油的依存度日益增大，加上进口渠道单一，能源供应风险加大。

其次，煤炭价格持续低迷，火电利用小时数逐步下降，2015年已达到36年来的最低水平。电力行业同样需求不足：近年来，发电能力持续高速增长，但发电设备平均利用小时数逐年下降，弃风、弃光、弃水现象日益恶化。加上经济发展进入增速换挡期，我国电力供需形势迎来了需求不足的全新局面。

最后，新能源利用率不足10%，且利用率低，我国幅员辽阔，太阳能、风能、生物质等能源蕴藏丰富，开发潜力巨大。并且，新能源几乎没有环境污染，从长远来看，大力发展新能源是解决中国能源安全问题的重要途径。

当前，煤炭、发电等行业需求不足，在国家推动"一带一路"的背景下，大型能源企业纷纷将"走出去"作为自身发展的长期战略。

二、"一带一路"下能源企业"走出去"成为必然趋势

能源企业具有产业链长、投资密度大、产业覆盖面积广的特点，在"走出去"过程中，中国产能和资本"走出去"具有重要的意义。从引进来到走出去，最后到全球化，无论是借鉴国际经验，还是中国能源与经济，中国能源企业必须走出去，这也是一个必然趋势。大型能源企业寻求向境外市场发展也是企业自身发展的需要。国际化发展不仅履行了企业响应国家相关政策号召的责任，也为企业自身的技术、资金和人才找到了新的用武之地，拓展了企业的发展空间，其重要性已得到大型能源企业的广泛认同。中国能源企业必须学会利用国际能源资源，开展对外直接投资，走资源获取型道路。如果这一战略能够得到企业长期坚定地执行和贯彻，则拓展海外经营领域将成为这些企业发展的新常态，国际化将成为大型能源企业的未来。从目前的形势

来看，无论是国家经济的新常态，还是企业经营发展的新常态，都还仅仅处于构建的初期，远没有真正进入到稳定成熟的发展阶段。

三、"一带一路"为能源行业带来新格局

共建"一带一路"将带来中国能源合作的新格局。未来在欧亚空间，随着"一带一路"能源开发和形成油气管线网络基本依托的多条经济走廊的形成，促使中亚地区逐步崛起，中国能源保障在量和质两个方面都将明显改观。

其次，"一带一路"区域内将实现能源的生产与消费的短距化联系，保障了能源生产国的利益和能源消费国的安全。稳定的油气资源进口途径是"一带一路"的重要目标。自1993年起，我国的石油进口超过了出口规模，逐渐成为能源进口大国。作为如今世界上仅次于美国的第二大经济体，这些年，中国在能源方面的对外的依存度越来越高。可以得出，与"一带一路"各国在能源领域上加强合作不但是多赚几个钱、多买一点油那么简单，更是关系我国能源安全的战略性选择。近些年，中国对油气资源的需求在快速增加，但我国的油气资源获取途径较为单一，能源安全容易受到威胁，拓展新的油气资源进口途径十分紧迫。"一带一路"建设最终将改变之前途经马六甲海峡的单一海路运输格局。欧亚大陆将逐渐建设多条新的能源转运中心，形成海路陆路比肩并进的合理布局。

最后，亚洲基础设施开发银行、丝路基金等金融机构的出现，中俄、中国—中亚及更多国家采用的本币结算都将加快推进"去美元化"进程，逐步形成去"美元化"的国际能源合作新平台。"一带一路"带来的能源产业合作新格局如图6.2所示。

"一带一路"沿线国家和地方经济总量约21万亿美元，能源合作是其中的重要内容。"一带一路"的实施又为能源领域发展带来新的机遇和挑战。"一带一路"将促进能源行业的结构调整和升级。

"一带一路"倡议创造的内外市场及大中小企业协同发展的新契机

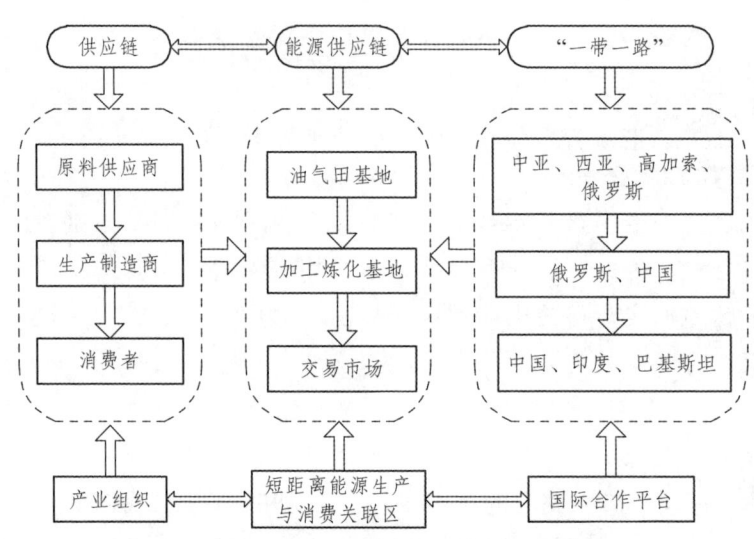

图 6.2 "一带一路"能源产业合作格局

案例 6.2：中国电建集团：建设"一带一路"我们准备好了①

2015 年 1 月 15 日，中国电力建设集团有限公司（简称"中国中建"）旗下山东电建一公司承建的印度巴考电厂项目 1 号机组一次点火成功，开始热态冲洗。巴考电厂由 4 台 30 万千瓦机组组成，山东电建一公司以 EPC 方式总承包。

这是目前该集团在"一带一路"区域实施的 571 个工程建设项目中的一个。

"参与服务'一带一路'建设，中国电建已经有了良好的基础。我们已在这个区域精耕细作了三十多年。"中国电建董事长晏志勇说，作为全球规模最大、产业链最完整的电力建设企业，中国电建懂水熟电，擅规划设计，长施工建造，能投资运营，业务覆盖基础设施全领域，经过多年征战国际市场，积累了大量的国际营销和项目实施经验，具有一定的特有优势和比较优势。

---

① 王妍婷. 中国电建集团:建设"一带一路"我们准备好了. [2016-07-19]. http://www.cpnn.com.cn/zdyw/201503/t20150318_788622.html

中国电建海外在建项目总体情况

截至 2014 年年底，中国电建海外业务在地域分布上已经形成了以亚洲、非洲、南美洲为主，辐射北美、欧洲和大洋洲的多元化市场格局。目前，该集团及所属成员企业在 91 个国家（其中以自主品牌经营的有 84 个国家）执行工程施工、设计咨询等承包合同 1360 项，在建项目合同总金额约 911.03 亿美元。在建项目的区域分布情况为：亚洲 736 个、非洲 448 个、美洲 88 个、欧洲 84 个、大洋洲 4 个；按实施方式分主包/联营合同 879 项，分包 481 项。

中国电建在"一带一路"主要国家建设项目情况

中国电建在"一带一路"区域内的 21 个国家中承担工程承包业务，在建项目 571 个、合同总额 324.21 亿美元，合同存量 159.04 亿美元，主要项目分布在东南亚、南亚和中亚。

海外之田：精耕细作三十年

作为立足亚非辐射全球的综合性国际工程企业，中国电建在海外承揽工程，最早可追溯到 20 世纪 80 年代。当时，中国电建多家子企业走出国门，开始开拓海外市场，湖北电建一公司就是其中之一。

1983 年，湖北电建一公司代表我国电力施工企业，首次以承包商身份承建巴基斯坦古杜电站 4 号机组，迈出了"走出去"的第一步。至今，在竞争激烈的国际市场上，中国电建已经打拼了三十多年，海外经营风生水起，成绩斐然。

据中国电建海外事业部亚洲部总经理庞旭介绍，截至 2014 年 12 月底，中国电建及所属企业在 91 个国家执行工程施工、设计咨询等承包合同 1360 项，在建项目合同总金额约 911.03 亿美元。

历经三十多年的发展，在海外工程承包和投资领域，中国电建已经形成了以亚洲、非洲为中心，辐射美洲、大洋洲和东欧的多元化市场格局。2014 年，在 ENR 全球最大 250 家国际工程承包商排名中，中国电建旗下中国水电名列第十四位，在商务部评选的"2014 年我国对外承包工程业务新签合同额前50家企业"中，中国水电位居第二。

"一带一路"的核心区域是亚洲，这与中国电建海外业务和经营重点完全吻合。

亚洲是中国电建的传统市场，中国电建的第一个驻外办事处，第一个海外项目，第一个海外BOT项目，第一个海外EPC项目，都在亚洲。可以说，中国电建"走出去"是从亚洲起步的。

目前，中国电建海外在建项目的区域分布情况为：亚洲736个、非洲448个、美洲88个、欧洲84个、大洋洲4个。这一组数字也明白无误地告诉外界：中国电建的海外业务"半壁江山"在亚洲。

2014年是"一带一路"全面实施的第一年，中国电建在亚洲取得了新签合同和营业收入在集团国际业务中双双过半的好成绩。

庞旭介绍说，在"一带一路"重点区域内的26个国家和地区中，中国电建在21个国家和地区承担工程承包和投资业务，在建项目571个，合同总额324.21亿美元。

更令人欣喜的是，中国电建在"一带一路"重点区域实施的诸多项目，曾经或正在创造着"中国辉煌"。

中国电建承建的佳蒂格迪大坝是中国和印度尼西亚合作的第三个基础设施项目，也是印尼目前最大的水利项目。大坝坝高105米，坝长1.7千米，建成后形成的水库可灌溉9万公顷土地，能够从根本上解决爪哇省电能短缺问题，是印尼水利电力建设史上浓墨重彩的一笔。

2011年12月7日，中国电建在海外投资建设的首个BOT水电项目——柬埔寨甘再水电站竣工，柬埔寨拉闸限电的历史从此被改写。

多年来，中国电建承建的塔吉克斯坦杜尚别电站、印度嘉佳电厂新建工程、伊朗塔里干水利枢纽工程、埃塞俄比亚泰克泽水电站、安哥拉卢班戈体育场、苏丹麦洛维水电站、柬埔寨甘再水电站、阿曼萨拉拉燃气蒸汽联合循环电站8项工程先后获得中国建设工程鲁班奖。巴贡水电站是目前马来西亚最大的水电站，该工程荣获我国首个海外工程金质奖。

自20世纪90年代以来，中国电建子企业山东电建三公司先后进入尼日利亚、印度、约旦、沙特、阿曼、埃及、东盟等国家和地区，以EPC等方式承揽了22个海外项目，合同额近200亿美元，成为国际电站EPC市场的一匹黑马。在印度市场，山东电建三公司先后中标7个大型电站项目，总装机容量达1221万千瓦。在中东市场，山东电建三公司打破日韩企业的市场垄断，先后承建了6座大型电站，并涉足海水淡化项目，在中东打响了中国品牌，实现了区域化跨越式发展。

"建电站的地方，经济发展速度要比没有建电站的地方高三四倍。老挝水电资源丰富，欢迎更多有实力的中资企业来老挝开发水电资源，为老挝国民经济的发展提供更大的支持与帮助。"老挝官员如是说。

随着国际业务的拓展，中国电建通过产业传导，延伸了其产业链条，中国电建的设计、施工、制造等国际业务带动了与此相关的咨询、设备、材料、劳务、金融、服务等行业及企业的出口业务。据不完全统计，当前，中国电建国际项目共带动国内设备、材料和其他产品出口累计超过数百亿美元，为我国经济发展做出了巨大贡献。

共赢之路：利人利己方久远

经贸往来，要看的不能只是利己，还要看是否利人，否则必不能长久。

中国电建秉承"互信方能共赢，互利才能长久"的信条，遵守所在国家法律法规，尊重当地民风民俗和宗教信仰，积极为当地创造就业机会，格外重视环境保护和节能减排，踊跃参与所在国家社会公益活动，获得了国际社会的广泛好评。

2013年10月8日，中国电建老挝南累克项目老挝籍员工康×在当地《万象时报》发表感谢信，感谢中国电建老挝区域经理部在他生病住院期间给予他的关爱。康×是南累克项目部的一名大型货车司机，2013年8月，他因病住院。手术期间，中国电建老挝区域经理部多次派人到医院探望，并资助其全部医疗费用，康×一家人十分感动，也受到了当地人民的交口称赞。

2013年9月21日，肯尼亚首都内罗毕发生"西门商场"恐怖袭击事件，部分楼层受爆炸影响出现坍塌，急需大型吊装设备。水电十三局在当地的项目部应当地政府的请求，先后两次出动大型吊车赶赴现场参加救援，获得了项目业主和当地政府的赞赏。

朱××是柬埔寨华人，现为中国电建西北勘测设计研究院柬埔寨钻石岛项目部跟班翻译和司机。在接受记者采访时，他说，自己从2008年3月就开始在西北院工作，已经是一名老员工了。他越来越喜欢自己的工作，希望能继续工作下去。

信×、库×、茹×是三位来自同一个村庄的斯里兰卡人，现在中国电建旗下河南电建一公司普特拉姆电站工作。该电站是斯最大的电源工程，也是中斯两国有史以来最大的经贸合作项目。信×说："我们的村子原来比较穷，很多年轻人要到很远的地方打工，中国公司来了以后，我们的生活发生了很大改变，不仅能得到较高的薪水，还能得到中国老板的尊重，中国员工都拿我们当兄弟看，还对我们进行培训。我愿意一直在这家公司工作。"在技术转让方面，赤道几内亚能源矿产部项目评审委员会委员、大陆地区电力总监胡安·恩盖玛从2008年起就与中国电建打交道，他说："已经建成的吉布洛水电站对我们国家非常重要，电站建成以后需要我国人员运行维护，中国电建在技术转让方面做得非常好。"据不完全统计，在海外工程建设施工中，中国电建积极推行属地化经营，截至2014年年底，中国电建外派常驻人员29 590人，从国内输出劳务人员14 000余人，雇佣所在国员工52 095人，雇佣第三国劳务人员8 233人，不但为我国输出就业做出了巨大贡献，也在工程所在国承担了巨大的国际社会责任。

在海外项目实施过程中，中国电建一直坚持"互利互信、共享共赢"。他们推行用工本土化，大量培养当地工人，在海外提供了40万个就业岗位；他们履行社会责任，传递中国友谊，捐资助学、消除贫困、关爱健康、灾后重建，在所到国留下一段段佳话，使中国电建集团更好地融入了目标国社会，为中国电建集团的发展营造了良好的外部环境。

第五节 "一带一路"背景下进出口贸易业类大型企业发展策略

中国于 2013 年成为世界第二大进出口贸易国，在国际贸易中扮演着越来越重要的角色。近年来，进出口贸易在我国经济增长中具有扩大需求规模与优化资源配置的双重功能，大大促进了我国的工业化和产业结构升级。以加工贸易为例，加工贸易长期占据了我国进出口贸易总额中的很大一部分，在出口贸易中尤其表现得更为明显。改革开放以来，加工贸易极大地促进了我国对外经济贸易的增长，对我国的经济发展有着不容忽视的作用。加工贸易特有的"进口—加工—复出口"的贸易方式，也是一种生产方式，加工制造业已成为我国制造业的重要组成部分。"加快转变经济增长方式"的重要着力点之一就是推动加工贸易转型升级。由此可见，进出口贸易业对我国社会经济的健康发展起着非常重要的推动作用。

一、中国对外贸易进入稳步增长调整结构的转型期

近年来，中国进出口对外贸易持续表现出了积极的变化。一般贸易进出口所占比重和民营企业进出口比重有所提升，贸易方式更趋合理。从外贸出口商品结构来看，尽管存在高附加值的产品出口比重较低且缺乏自主品牌以及受到发展阶段相同国家的冲击，中国已经成功地实现了以出口产品结构由初级产品为主向以工业制成品

为主的转变,出口商品结构进一步优化,中国日益成为国际产业链中不可分割的一部分。在进口方面,我国进口商品多以工业制成品为主,而初级产品的进口以能源近路为重。但是我国对工业制成品的进口增长率要小于对初级产品的进口增长率,也就是说,我国的经济发展对资源能源性产品的进口也在不断增加。同时,我国也越来越注重先进技术、关键设备和重要零附件的进口。2015年,我国高新技术产品进口增长0.7%,占进口总值的32.6%,提升了4.5个百分点。进口产品的结构在不断优化和完善,说明我国的自主生产力已经得到不断加强和改进。贸易方式、贸易主体、商品结构、市场多元化、贸易条件以及对经济社会发展的贡献等方面呈现出不断优化的发展态势,优进优出取得新成效。

然而当前中国经济发展增速放缓,结构上由失衡增长转变为优化增长的结构调整加速,动力上由廉价劳动力和资本要素驱动转变为由创新驱动的新型稳定状态。据海关统计,2015年,我国货物贸易进出口总值24.59万亿元人民币,同比下降7%。其中,出口14.14万亿元,下降1.8%;进口10.45万亿元,下降13.2%;贸易顺差3.69万亿元,扩大56.7%。由此可以看出,中国对外贸易也随之进入以稳增长调结构、提质量为特征的新常态,处于增速的换挡期和结构的转型期。虽然进出口贸易额的上涨势头仍在延续,但压力渐大。一方面,在经济新常态下,由于下行压力和总需求不足,对进口的需求增长略显乏力。同时,进口需求结构的调整,提高了对进口的要求。另一方面,欧美经济复苏缓慢,导致中国对欧盟、美国和东盟等传统贸易伙伴的出口都不理想。外部需求不足,是当前企业进出口面临的主要困境。但是可喜的是,经济新常态下,随着需求结构升级和产业结构调整,内需将成为经济增长的主要支撑,进出口结构也将发生深刻变化。更完善的市场制度环境,国内消费和投资需求结构的调整,国内产业结构的优化以及经济增长驱动因素的转变将有利于进出口结构的继续优化。同时,促进我国的进出口贸易发生积极变化,还应借力于"一带一路"的实施。

二、"一带一路"助力进出口贸易企业转型升级

从国际宏观环境变化和国内的经济需求来看,在新时期我们需要"一带一路"。"一带一路"沿线包括 65 个国家,44 亿人口,占全世界人口的 63%,沿线区域外贸、外资的流入,每年分别增长 13.9% 和 6.5%,增长速度远远高于全世界平均增长,预计未来十年里,在"一带一路"国家中,整体出口将占到世界的 1/3,真正成为第三极。2014 年,我国与"一带一路"国家或地区进出口双边贸易值已接近 7 万亿元,增长了 7% 左右,占同期我国外贸进出口总值的 1/4。其中,我国对"一带一路"沿线国家的出口增长超过 10%,进口增长约为 1.5% 左右;2015 年第一季度中国与"一带一路"沿线国家双边贸易额 2360 亿美元,占全国进出口总额的 26%,其中我国对沿线国家出口 1445 亿美元,占我国出口总额的 28%;自沿线国家进口 915 亿美元,占我国进口总额的 23.4%。随着"一带一路"共建的不断演进,这个数据还会进一步提升,体现出我国外贸发展的新优势。

首先,贸易畅通是"一带一路"倡议的重要组成部分之一,涉及进出口通关政策。从 2015 年起,我国海关逐步推行区域通关一体化政策,该政策可服务于"一带一路"国家战略发展战略,助推"丝绸之路经济带"沿线国际物流大通道,实现与"21 世纪海上丝绸之路"有效对接。当前,我国与"一带一路"沿线国家的外贸继续保持快速增长。各地政府也积极扩大与"一带一路"沿线国家的经贸合作,推进口岸建设及通关便利化,用支持政策助力越来越多的企业"走出去"。在政府强力推动下,"一带一路"相关配套政策会很快落地,产品流通也大为顺畅,将有助于外贸企业继续深耕"一带一路"沿线市场。

其次,"一带一路"为进一步提升我国与沿线国家的经贸合作水平提供了难得的机遇,已经成为外贸企业转型升级的重要抓手。中国依靠劳动力、环境、资源等低成本要素竞争的传统优势正在削弱。培育外贸竞争新优势是应对我国传统比较优势削弱的现实要求。2014 年,我国纺织、服装、家具、鞋、玩具、箱包和塑料制品等劳

动密集型产品占美国、日本以及欧洲市场比重较 2013 年分别下降 0.94、0.31、3.12 个百分点。为提升出口竞争率，中国经济急需由要素驱动向创新驱动转变，加快培育外贸竞争新优势，提高外贸增长质量和效益。当前，中国已经实现产品国际化，企业国际化还有待发展，中国的企业在经营理念、研发能力、品牌培育管理、网络建设服务等方面与其他国家的跨国公司还有很大差距。"一带一路"沿线所涉及的许多国家发展情况各异，而我国早与这些国的互通有无，具备了良好的合作基础，这为我国与各国开展贸易提供了必要的前提和准备，而在彼此间贸易的同时，有利于我国出口企业的优化转型。一方面，我国是"一带一路"沿线许多国家的最大贸易国，与这些国家的合作有助于我国出口企业的财富积累，这为优化出口转型提供了物质基础；另一方面，企业产品出口需要不断探索各国的产品偏好，不断改进技术来迎合进口国的需求，这都将加快和促进我国出口企业转型与优化升级。

最后，"一带一路"的提出将会促进区域内贸易投资的自由化。无论从生产供应，还是销售等各方面来说，都能加深融合，促进沿线国家从贸易与合作等方面的交流沟通，增加彼此的相互信任和理解，实现整体的利益最大化，加快我国出口企业与国际接轨步伐，为我国出口企业进一步走出国门、迈向世界提供很好的契机。而在出口产品方面，中国对"一带一路"沿线国家具有一定技术优势，且产业结构互补性强，中国产品和中国品牌越来越得到当地消费者的认可和欢迎，这将使中国企业对"走出去"更加充满信心。

"一带一路"为中国外贸企业提供了非常好的机会，依托沿线国家基础设施的互通互联，对沿线贸易和生产要素进行优化配置，势必也会带动中国各行业的出口，如钢铁、水泥等行业。"一带一路"的提出，契合沿线国家的共同需求，为沿线国家优势互补、开放合作开拓了新的合作途径，在政府政策的大力扶持与引导下，我国资本和产品"走出去"将迎来历史性机遇。

三、"一带一路"建设背景下我国进出口贸易企业发展的对策

(一) 加快创新步伐,紧跟国际市场需求

照比发达国家,我国进出口贸易企业的科技实力还有待提高和加强,企业应该不断提高和优化自身产品,更好地迎合出口市场的消费者偏好;同时,企业应该明确自身发展的战略定位,大力加强自身科技水平的建设和开发,增加出口产品的附加值和自主创新能力,虚心学习国外先进的技术和管理经验,企业规划发展中,应该不断融入新思维、新技术和新的管理经验,逐渐形成企业自己的特色,使企业走得更稳、更快、更好。

(二) 整合国外技术资源,提升产品科技竞争力

"一带一路"的实施,为各类外贸型企业提供了难得的发展机遇,各类外贸型企业应当紧紧抓住这一难得机遇,积极研究沿线国家的国情、市情、社情,有针对性地搞好相关产品的研发,满足沿线国家不同的商品需求。要积极参与全球供应链建设,积极参与国际合作与国际竞争。

为提高国际竞争力,我国对外贸易企业要掌握更加先进的技术来生产附加值更高的产品,从而提高产品的差异性和竞争力。这样,既能够防止我国产品因低价而遭受反倾销调查,又能够促进我国产业升级。为达到这一要求,我国企业可通过海外低成本并购来获取研发能力、国际品牌及国外销售渠道。2014年,正泰集团股份有限公司旗下的正泰太阳能科技有限公司充分利用客户网络成功收购了德国老牌知名光伏企业 Conergy 公司旗下的奥得河畔法兰克福组件厂,德国工厂生产的组件将不受欧盟对中国光伏"双反"的影响。正泰公司的经验表明,我国企业可以通过整合企业内外部资源绕过各种贸易壁垒。特别是在"一带一路"推进的过程中,我国与周边国家的联系日益紧密,为多个行业和领域提供了技术合作、互联互通的可能性,我国企业一定要抓住这个机会,加深对国外贸易政策的了解,通过海外并购等方式获得技术和品牌,提高产品的技术和品牌含量,有效规避国外贸易壁垒。

（三）对外直接投资，享受生产国国民待遇

通过在产品的销售地投资建厂来生产产品，企业可将单纯地由出口商品转变为直接对外投资，这样既可生产出符合当地消费需求的产品，又可利用国外的原产地法，让所生产的产品享受生产国的国民待遇，从而有效绕过当地针对我国的贸易救济措施，增加在开拓国际市场过程中的优势。"一带一路"的推进使这样的对外直接投资策略更加可行。"一带一路"中的铁路、公路等交通设施实施方案能够为我国企业对外直接投资搭建平台，金融合作与国际贸易方案能够为对外直接投资提供渠道。有效的对外直接投资不仅能保持我国对外贸易的长期顺差，减少国外的贸易摩擦投诉，还能转移国内剩余生产能力，提高企业国际化程度。

（四）提高对进出口环境的准确定位能力

企业定位的盲目性不仅会造成资源的浪费和金钱的损失，还可能最终导致企业经营不善而破产。因此，提高对进出口环境的准确定位能力尤为重要。首先，这是企业自身不断完善和发展的前提和基础，企业要清楚自己的优势和劣势，就要清楚了解自身特点；其次，充分了解进出口环境，不仅包括进出口的贸易环境，还要注重文化差异对贸易的影响，针对两国的差异和不同确定市场策略；最后，出口贸易的每个阶段，企业都要在事前进行充分的市场调查研究和分析，更好地了解对方市场情况和产品需求，准确定位出口战略，以期获得更大的市场份额和经济利润。

第六节　"一带一路"背景下金融类大型企业发展契机与战略

金融业是指经营金融商品的特殊行业，主要包括银行业、保险业、信托业、证券业和租赁业。金融业具有指标性、垄断性、高风险性、

效益依赖性和高负债经营性的特点，可分为银行和非银行金融机构。

一、我国金融行业的结构及现状

我国银行业的机构数量较多，除了3家政策性银行以外（开发银行、农业发展银行、进出口银行），还有4家国有商业银行（中国银行、中国农业银行、中国工商银行、中国建设银行），13家股份制商业银行，114家城市商业银行和上千家城市信用社以及一大批农村信用社。在华营业性外资金融机构达到191家（如美国花旗银行、英国汇丰银行、英国渣打银行等），其中已有84家获准从事人民币业务。

非银行金融机构主要包括开发银行、投资银行、保险公司、信用合作社、储蓄银行、信托公司及其他专业银行、财务公司等。金融业在国民经济中处于牵一发而动全身的地位，关系到经济发展和社会稳定，具有优化资金配置和调节、反映、监督经济的作用。

我国一直以来不断完善多层次多功能金融市场体系，银行交易与信息系统服务日臻完善。目前，我国已基本建立证券期货市场，货币市场和银行间外汇市场，实现主体多元化的发展，包括商业银行、社会保障基金、信托公司、证券公司、保险公司等机构。在当前的中国，信贷业务主要集中在四大商业银行，证券业务主要集中在国泰、华夏、南方等全国性证券公司，保险业务主要集中在人保、平保和太保。

当前，中国金融资产中银行资产占据绝对比重，证券资产比重过低。同时，企业融资过度依赖银行信贷的局面依然存在。间接融资比重高，金融发展格局还不合理。2014年，我国间接融资比重达到80%以上，全社会的融资风险继续高度集中于银行体系。银行业资产占全部金融资产的比重超过90%，我国的金融体系仍然由银行主导。这种格局既反映了银行体系配置金融资源和服务实体经济的强大功能，也反映了金融市场层次单一和体制机制缺陷。证券业发展滞后，证券业、保险业整体规模偏小，行业的集中度不足，市场份额极为分散。这种小型化、分散化的格局，很难与国际大型化、全能化投行相竞争。资本市场仍具有新兴加转轨的基本阶段性特征。保险业处于发展初级阶段，保险产品不丰富。保险深度（保费收入占 GDP 的比重）和保险密度（人均保费）逐年提高，但是保险深度、保险密度仍然较低。可以说，我国虽然已经是一个保险大国，但保险密度和保险深度仍远低于世界发达国家水平，间接说明保险市场的潜力巨大。中国金融机构特别是上市公司的盈利能力虽然有了明显的改善，但是相较于国际一流金融机构，我国金融业还处于初级发展阶段，总体的国际竞争力仍然较弱。

保险深度是指保费收入占国内生产总值（GDP）的比例，体现了一个国家的保险业在整个国民经济中的地位，同时，保险深度也是衡量保险业发展情况及成熟程度的重要指标之一。保险深度的变化趋势对保险行业的经营管理具有重要的参考价值和指导意义。随着经济的发展和财富的增加，人们的自我保障意识越来越强烈。保险市场也就能够以快于经济增长的速度进行扩张，保险深度不断增加。由图 6.3 可知，自 2011 年以来，中国的保险深度不断提高，尤其是在 2015 年，保险深度达到 3.59%，同比增长了 0.41 个百分点。

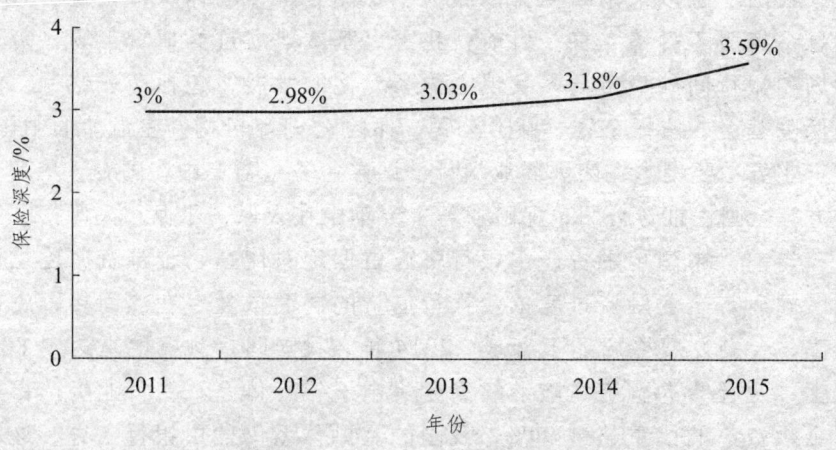

图 6.3　中国 2011—2015 年保险深度

图 6.4 及 6.5 显示，2015 年中国保险的深度为 3.59%，保险的密度为人均 271.77 元，可见我国的保险深度和保险密度均大大低于发达国家。相关报告数据显示，2015 年，全球市场人均保险支出为 662 美元，发达市场人均保险支出为 3666 美元。其中，同是保费收入大国的

美国、日本、英国和法国2014年的保险密度分别为4017美元/人、4207美元/人、4823美元/人和3902美元/人，而我国保险密度2015年也仅仅达到271.77美元/人，两者相差10多倍。这与保险的理念在中国宣传普及不够有很大关系，表明我国运用保险机制的主动性还不够，全社会的保险意识还不强。在保险深度方面，全球保险深度为6.2%，美国、日本、英国和法国2014年的保险深度分别为7.3%、10.8%、10.6%、9.1%，而我国的保险深度在2015年仅为3.59%，差距非常明显。这表明，我国保险业对国民经济相关领域的覆盖程度较低，保险业务的发展相对滞后。我国保险机构的国际竞争力、保险业的国际影响力也还不够强。由此可见，中国要想成为保险强国任重道远。

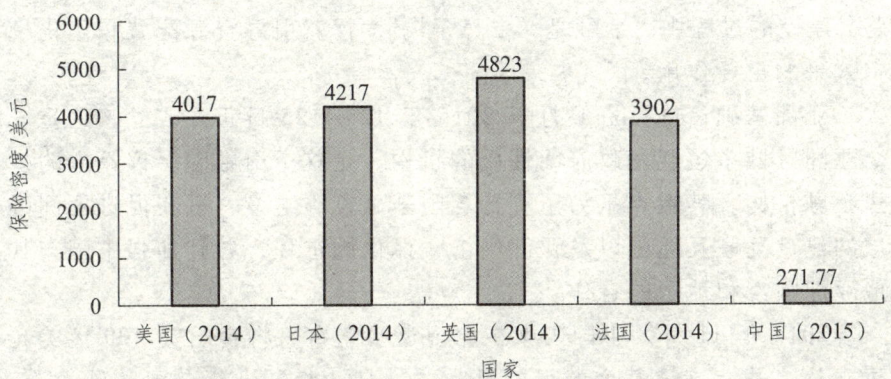

图6.4 中国与发达国家保险密度情况对比

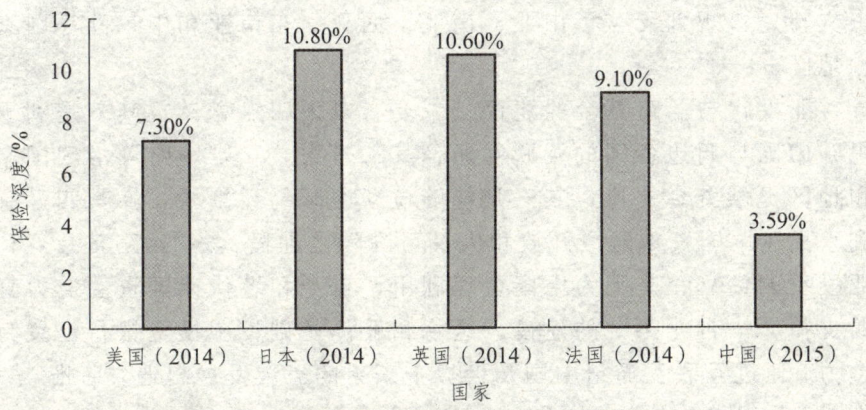

图6.5 中国与发达国家保险深度情况对比

"一带一路"倡仪创造的内外市场及大中小企业协同发展的新契机

二、金融市场是推进"一带一路"建设的"牛鼻子"

金融是如今市场经济的核心部分,这是因其本身的特有性质和作用所决定的。金融的正常有效运行有利于充分而有效地筹集、融通和使用货币资金以及合理配置资源,这对国民经济走向良性循环有明显的作用。此外,金融是调节宏观经济的重要杠杆。国家可以依据宏观经济政策的需求,通过中央银行制定货币政策,运用各种金融调控手段,适时调控货币供应的数量,从而调整经济发展的规模、速率和结构,在稳定物价的基础上,促进经济发展。

如今,金融在国家战略中具有举足轻重的地位。在推进"一带一路"建设的过程中,金融是"牛鼻子",发挥着引导资源配置和优化投资效果的重要作用。

亚洲基础设施投资银行于2015年12月25日正式成立,这是一个亚洲区域多边开发政府间性质的机构,是首个由中国倡议设立的多边金融机构。其重点是为了支持各国基础设施建设,旨在促进亚洲区域的建设互联互通化以及亚洲经济一体化的进程,并且加强中国与其他亚洲国家和地区的合作。

2014年11月,中国国家主席习近平宣布,将会出资400亿美元建立丝路基金。该基金的目的是为"一带一路"沿线各国基础设施、资源开发、产业合作和金融合作等与互联互通有关的项目提供投融资支持,该规划涵盖了中亚、南亚、西亚、东南亚和中东欧等国家和地区。

亚投行与丝路基金的建设,主要有以下四点意义:其一是利于提升中国与周边各国的互联互通;其二是为"一带一路"沿线国家和地区提供资金支持;其三是能够拉动中国的经济增长;其四是有利于提速中国资本账户开放和人民币国际化进程。"丝路基金"和亚投行的设立,是因为中国合理利用了自身和各伙伴国资金实力直接支持"一带一路"的建设,这将和亚洲基础设施投资银行汇聚为合力,通过互联互通给中国及世界带来新的巨大发展机遇,助推"一带一路"建设。

三、"一带一路"助力中国金融企业成长

推进"一带一路"的实施,需要金融的大力支持。相类似,"一带一路"也将给金融行业的发展带来更为广阔的空间,有利于中国全面对外开放的形成,以及金融业核心竞争力的不断提升。

第一,"一带一路"有助于中国金融行业走向世界。"一带一路"中大量的投资需求将带来多元化融资渠道创新,建立金融新格局,构建层次互补的金融支持体系,使国内金融业整体得以快速发展。

第二,"一带一路"将推进国内金融机构的创新发展。在这一战略的帮助下,国内金融机构以及企业与沿线国家地区的交流合作将会日益增多,并且带动扩大相关贸易规模,进一步增加中国的对外投资,推动贸易金融的高速发展。国内金融机构和企业能够寻找新的投资项目,为投资合作项目带来新的行动活力。

第三,有利于加快推进人民币国际化进程。"一带一路"将促使国内金融行业总体快速发展,进一步提高国内的金融业水平。随着这一倡议的实施,中国与"一带一路"沿线各国和地区的资本以及贸易往来会不断增多,在贸易结算中,人民币的地位将会不断提升,从而成为更多国家的储备货币。

第四,"一带一路"有利于帮助国际金融人才的培养和储备。中国需要构建新型的金融理论,尤其是帮助沿线各国培养一批通晓中国与国际金融规划的政策性金融人才。"一带一路"将为这一目标的完成提供广阔的发展空间。

四、"一带一路"背景下金融类大型企业成长战略选择

在"一带一路"的大背景下,我国进行的金融投资都要依赖于大型企业和投资机构来完成,因此要强化投资机构与企业的发展。

（一）加强区域内部合作，一起应对金融危机

在区域经济发展中，各国间的相互合作就显得尤为重要，因此在"一带一路"背景下我国企业想要进行有效的金融投资，就必须采取有效的措施以加强个区域的合作，国家政府要促进各国做出相应的承诺，共同承担金融风险，提高金融危机的应对能力。通过相互协商的方式，达成金融合作的协议。另外，"一带一路"沿线各国在能源、基础设施的深入合作也将成为促进我国金融投资发展的重要基础。在这一阶段，中国需要提高与其他各国的合作与风险意识，增加应对金融危机的能力，以全面促进"一带一路"沿线各国的发展。

（二）加强审核力度，确保投资回报率

对于"一带一路"背景下的金融投资，政府需要制定出严格的投资审查规范制度，以对其进行评估。通过评估金融投资带来的经济效益和企业未来的发展情形，给出详细的投资回报财务报表。所以合理的金融投资不仅要考虑区域经济的发展状况，还要考虑自身的投资收益状况。

（三）国家政府指引大型企业长远发展

国家政府政策支持与指引是企业长远发展必不可少的优势条件，在"一带一路"的大背景下，我国所面对的金融投资通常要依赖于大型企业和一些投资机构来完成，所以必须要加强投资机构与大型企业的发展。一方面，需要挑选专业性的投资机构，使其负责对投资行业的考核，以确立最后的投资对象，并给予一定的投资建议。另一方面，需要对大型企业尤其是跨国企业进行金融投资方面的指引，以大型企业为合作的载体深化我国与周边各国在个行业领域内的深入合作，推进我国在"一带一路"背景下的金融投资。

第七章 "一带一路"国际区域合作贸易竞争与互补关系研究

"一带一路"国家战略由习近平主席于2013年提出，2015年通过《推动共建丝绸之路经济带和21世纪海上丝绸之路的愿景与行动》正式发布。作为一个合作倡议，"一带一路"体现了当今世界合作作为全球发展的主旋律，"一带一路"倡议符合各国发展的需求，也体现了中国继续深入开放的决心。在国内经济发展进入新常态和经济下行压力持续加大的背景下，扩大对外合作能促进国内经济增长。同时，作为一个发展中大国，主动构建合作框架，让全世界国家共同参与，这也有利于推动相关国家的经济发展。然而"一带一路"在推动国际区域合作，促进各国经济发展的同时，也必然会促进各国间的相互竞争，本章就"一带一路"推进国际区域合作的战略意义以及际区域合作贸易竞争和互补关系展开深入阐述。

第一节 "一带一路"对国际区域合作的战略意义

"一带一路"对我国加强国际区域合作的意义，至少可以从经济、安全、人文三个层面来解读。这一倡议必将积极推动我国经济可持续发展、社会稳定、科技及人文交流。同时有助于欧亚非地区基础设施领域建设和发展，加强区域安全。

"一带一路"倡仪创造的内外市场及大中小企业协同发展的新契机

一、对国际区域合作的经济意义

当前，发展中国家仍然受到金融危机的影响，不仅自身处于经济发展的困境挡住，并且受到西方发达国家的危机转移。换句话说，发展中国家自身缺乏经济增长的同时还面临更深层次的困境。"一带一路"沿线地区本身拥有丰富能源资源地广人稀粮食富足等优势，"一带一路"倡议将进一步提升经济贸易的自由化、便利化，进一步削减非关税贸易壁垒，促进人员、资本、商品的自由流通，有助于建设体制机制和简化程序；同时，该倡议将促进交通基础设施，如铁路、公路、管道等的建设，形成相互交流和发展的交流网络，以共同促进"一带一路"沿线区域的大发展。"一带一路"两端都是连接经济繁荣发展的经济圈，而中间中亚等地区处于凹陷地带，"一带一路"将有助于基础设施等行业的产业建设成为新的经济增长点，提升中国与其他发展中国家的经济合作，带动双方的经济发展。

另外，"一带一路"将有利于中国即沿线国家产业转型以及经济结构调整。中国东西部经济发展仍然不平衡，同时，由于受到污染治理、土地价格、成本变高等因素的影响，中国东部地区的出口导向型经济发展模式优势已经丧失殆尽，面临产业结构调整的困境。而"一带一路"倡议有助于中国东部地区能够借此进行将低端制造业向我国中西部地区产业转移和进一步产业结构调整，西部地区和中亚等周边地区也能承接中国东部地区转移的产业，有利于向劳动力成本的优势地区进行产业转移，并进行产业结构调整，从而促进中国及中亚地区的经济发展。

二、对国际区域合作的政治安全意义

中国不仅在经济发展方面长期存在区域不平衡性，而且在区域开放程度上也需要进一步提升。在美国的亚太再平衡战略的背景下，中国的"丝绸之路经济带"有利于中国在拓展战略空间的基础上向西开放，加强西部地区的开放程度。① 在对外开放的角度方面，有利于加强我国与丝路线上更多发展中国家的地区合作，形成全方位开放格局。金融危机的经验和教训说明，对外贸易主要依靠欧美发达国家存在巨大的风险，而加强与发展中国家的合作将是大势所趋。中亚非地区经济增长速度发展较快，并拥有巨大的市场需求，是世界上不可忽视的力量。而"丝绸之路经济带"将加大中国与中亚等地区的发展合作，深化经济合作，从而有助于形成全方位的对外开放格局，同时还将促进沿线国家经济优势互补。

同时，从保障能源安全角度来看，我国石油对外依存的程度超过60%，天然气对外依存的程度超过30%，而"一带一路"倡议的提出必将进一步保障我国的能源安全。中亚欧地区是全球石油、天然气的核心部分，也成为保障我国能源安全的核心地区。同时，有利于重点解决马六甲海峡的通航安全问题，制定马六甲海峡被封锁后绕道航行的备用方案，保障通道安全。实施"一带一路"最突出的问题是要解决与周边国家的争端问题，中国应用和平的方式解决和处理纠纷，以促进与周边国家合作开发海洋资源。海上丝绸之路以港口建设和互联互通建设为核心，将促进海上航道的安全建设，加强海洋合作，保障航道建设。

三、对国际区域合作的科技文化意义

"一带一路"不仅将加强与相关地区的经济贸易合作和我国的政治安全，还将促进东西方文化的相互交流。从外交的角度出发，"一带一路"有利于增强其他国家人民对中国的认识。加强丝绸之路文化在丝路周边地区的传播，将增加亚欧等周边国家对中国的认识和认同，利于民间交流和交往。此外，从民族和国家的整体性来看，也有利于相互之间的合作和地区稳定，共建和平、稳定的周边关系。

---

① 理查德·萨克瓦，丁端. 欧亚一体化的挑战. 俄罗斯研究，2014(2):3~23.

"一带一路"倡仪创造的内外市场及大中小企业协同发展的新契机

"一带一路"有助于扩大各国之间的科技合作和交流。虽然中亚地区有苏联时期遗留下来的航空航天以及精密机械等领域丰富的文化科技遗产,某些设备目前仍居世界先进水平,但中亚地区自身方面的限制也使其在技术装备领域长期处于尘封状态。而欧洲先进的科技和理念有助于发展中国家的建设,也有助于其利用科技再次获得收益。所以,"丝绸之路经济带"必定有利于欧亚非地区的科技文化建设,为其提供技术和智力支持。

第二节 "一带一路"国际区域合作贸易比较优势分析

一、"一带一路"相关国家贸易概况

中国与"一带一路"沿线国家贸易自 2001 年以来就开始迅速增长,在 2008 年金融危机之后,中国与"一带一路"沿线国家贸易更是步入快速发展时期。2015 年,我国与"一带一路"沿线国家贸易额达 9955 亿美元,占全国的 25.1%。2016 年 1—2 月,贸易额已高达 1341 亿美元,占全国贸易总额的 26.26%。①可见,"一带一路"已经对相关国家贸易和我国贸易情况有了很大的影响。总体来说,"一带一路"国家的贸易呈现出以下五个特征:

第一个特征就是贸易增长的速度很快。我们统计了这十年的增长情况,高于全球平均增长速度 3.9 个百分点,达到了年均 10.6%。

第二个特征就是"一带一路"国家的贸易量在全球的占比还是比较高。现在基本上占了全球的 1/3。

第三个特征就是"一带一路"国家的贸易成长的波动性很大。数据

---

① 中央政府门户网站,www.gov.cn,2016-04.

表明,2005—2008 年年均增长 20%,但是在 2004 年下降到 4.3%。

第四个特征就是"一带一路"国家进出口贸易的出口大于进口,处于一种顺差的状态,基本上每一年"一带一路"国家的出口都高于进口。

第五个特征就是"一带一路"国家出口的产品结构集中度比较高。基本上 50%的产品集中在四大类:① 石油、矿物质;② 机电产品;③ 一些原子能及机械产品;④ 汽车零部件。这四类产品占了"一带一路"国家出口的 50%以上。

从"一带一路"沿线国家的具体区域来看,我国与东盟 10 国的贸易联系最紧密,"一带一路"下 64 国与中国的贸易情况详见附注。

2014 年,东盟各国与中国贸易总额在"一带一路"国家与中国贸易总额的占比达到 43.9%,这得益于我国与东南亚国家的国家关系总体良好,能更好地促进双边贸易。此外,中国—东盟自贸区的建立更是大大提升了东盟与我国的贸易联系。西亚北非各国与我国贸易总额占"一带一路"相关国家与中国贸易总额比重达到 28.2%。而相对来说,中亚五国和独联体 6 国,则增速相对平稳。①详细情况如图 7.1 所示。

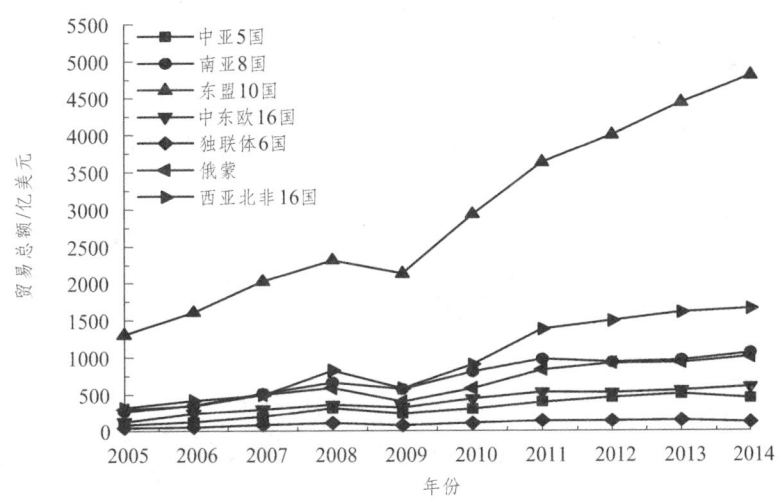

图 7.1 "一带一路"沿线七大区域与中国的贸易总额

---

① 邹嘉龄,刘春腊,尹国庆,等.中国与"一带一路"沿线国家贸易格局及其经济贡献.地理科学进展,2015,34(5):598~605.

二、"一带一路"国际区域合作贸易竞争板块分析

1. 中国与中东欧国家的贸易竞争性测算

测算两个经济体之间贸易竞争性的一种常用指数法是使用显示性比较优势指数，测算不同经济体在相同产品中的竞争力情况。但鉴于该指数没有考虑进口的情况，本书采用相对贸易指数这一衡量内容更全面的指标。此外，在两个经济体均有竞争力的情况下，如果目标市场不同，竞争性情况也会有所差异。因此，本书同时还采用市场相似度指数测算中国与中东欧国家在各种商品上的竞争性。

（1）相对贸易优势指数分析。

相对贸易优势 RTA（Relative Trade Advantage）指数分析的是一国与其他国家之间贸易的相对竞争优势。RTA 由 Scott 于 1992 提出，该指标将进出口综合起来，以一国的整体产出为分析范围，在测算出口优势的同时，也考虑了进口因素的影响。这样的好处在于，他不仅避免了 RCA 指数（显示性比较优势）的重复计算，而且还修正了 RCA 指标的不足。该指数由出口量来衡量的显示性比较优势指数即巴拉萨 RCA 指数和用进口量来衡量的 RCDA。[①]

显示性比较优势指数：

$$\mathrm{RCA}_{aj} = \frac{X_{aj}/X_a}{X_{wj}/X_w}$$

显示性比较劣势指数：

$$\mathrm{RCDA}_{aj} = \frac{M_{aj}/M_a}{M_{wj}/M_w}$$

显示性贸易综合比较优势指数：

$$\mathrm{RCA}_{aj} = \mathrm{RCA}_{aj} = \mathrm{RCDA}_{aj} = \frac{X_{aj}/X_a}{X_{wj}/X_w} - \frac{M_{aj}/M_a}{M_{wj}/M_w}$$

---

① 桑百川，杨立卓. 拓展我国与"一带一路"国家的贸易关系：基于竞争性与互补性研究. 经济问题，2015（8）：1~5.

在以上公式中：

RCA_{aj} 表示 a 地区 j 产品的显示性比较优势指数即巴拉萨指数；

$RCDA_{aj}$ 表示 a 地区 j 产品的显示性比较劣势优势指数；

RTA_{aj} 表示 a 地区 j 产品的显示性贸易综合比较优势指数；

X_{aj} 表示 a 地区 j 产品的出口总额；

X_a 表示 a 地区的出口总额；

X_{wj} 表示 a 地区所属国家 j 产品的出口总额；

X_w 表示 a 地区所属国家的出口总额；

M_{aj} 表示 a 地区 j 产品的进口总额；

M_a 表示 a 地区的进口总额；

M_{wj} 表示 a 地区所属国家产品的进口总额；

M_w 表示 a 地区所属国家进口总额；

$RTA_{aj} > 0$，说明 a 地区 j 产品的出口具有比较优势，RTA_{aj} 值越大则比较优势越强，反之，则比较劣势越强。$RTA_{aj}=0$，则表明地区不存在比较优势或劣势。根据该指数的含义，如果某一地区在某种商品贸易中只有进口记录没有出口记录，则说明该地区在该商品上占比较劣势地位，其进口值越大，显示性比较劣势指数的值越大，显示性贸易综合比较优势指数的值越小。

根据中国与中东欧国家相对贸易指数计算结果，中国在食品活畜、制成品、机械运输设备以及杂项制品方面具有一定的竞争优势，但是在饮料烟草、非食用原料、矿物燃料、动植物油脂、化学品等方面，中东欧大部分国家较中国更具有优势。因此，从产品优势情况看，中国与中东欧国家竞争性较弱。[①]

中国在食品活畜产品方面竞争优势逐年降低，2014 年的相对贸易指数降到 0 以下，中国在这一方面微弱优势竞争优势丧失，因此中国同主要贸易伙伴波兰、匈牙利相比，食品活畜方面没有明显的竞争优势，但是同其他贸易国家相比，但是相对于大部分中东欧国家仍具有一定的竞争优势。

---

① 米军，袁黎霞．中国与东北亚主要国家农产品贸易竞争力实证分析．财经问题研究，2012（8）：92~98．

中国在饮料烟草、非食用原料、矿物燃料和动植物油脂方面没有竞争优势，而与之对应的波兰、保加利亚等中东欧国家均具有竞争优势，具有一定的互补性。

大部分中东欧国家在大部分年份均体现了强优势。中国的相对贸易优势指数为负值，处于绝对劣势，对棉花、食用油籽、石油等需求量巨大、需要大量进口原材料型产品。而中东欧国家是欧洲新兴市场集中地区，人口较少，其经济发展模式与中国不同，因此在非食用原材料表现出明显不同。①

中国在化学品方面同样没有竞争优势，而中东欧大部分国家在2010年前均有优势，到2010—2014年才变为劣势。原因是随着经济的发展，这些国家对染料、塑料等化学品的进口需求增加，使原来的相对比较优势转变为劣势。

在材料归类的制成品方面，中东欧国家除黑山外，均处于劣势。因为中东欧国家地域狭小，无法提供足够的该类产品。同中东欧国家相比，中国自然资源类型相对丰富，且能通过相对丰裕的劳动力生产出有优势的产品。因此，中国在材料归类的制成品方面具有一定的优势。

从机械运输设备方面的计算结果来看，大部分中东欧国家均处于劣势。而少数国家，如捷克、匈牙利和斯洛伐克虽然有优势，但优势在下降。相反，中国竞争力正在提升，由原来的不具优势转变为具有竞争优势，这与我国近年来的"走出去"有关。因此，机械运输设备也是"一带一路"建设中国主推的产品之一。

杂项制品方面，中国由于劳动力资源丰富，历来具有很强的竞争力。而中东欧大部分国家由于经济转型和人口少等原因，并未大力发展相关产业，处于劣势。因此，该项产品上中国和中东欧具有很强的互补性。

（2）出口市场相似度指数分析。

相对贸易指数能说明一国出口产品的竞争力，但是究竟两国是否

---

① Finger J M, kreinin M E A. A measure of "export similarity" and its possible uses.The Ecomomic Journal, 1979, 89（356）：905~912

存在竞争性，还取决于两国出口的该产品是否集中于某个市场。这可以用出口相似度指数来衡量。出口相似度指数可以衡量任意两国在世界市场或第三方市场上出口产品的相似性程度。

若ESI=0，说明a国、b国对出口市场c的出口商品结构完全不同；若ESI=100，表示两国对出口市场c的出口商品结构完全相同；ESI越接近100，表示两国的出口商品结构越相似，在世界市场或第三方市场上的贸易竞争越激烈。在食品活畜、非食用原料、化学品、制成品、机械运输设备和杂项制品方面，中国与中东欧国家竞争程度相对较高。但是在饮料烟草、矿物燃料和动植物油脂方面基本没有竞争。从2002—2014年ESI平均值来看，我国出口的高技术产品都集中在信息与通信、电子和光电子这三类产品上，特别是信息与通信类产品的出口占有相当高的比例。

（3）中国与中东欧各国竞争性分析。

相对贸易优势指数和出口市场相似度指数分别从产品竞争力角度和市场竞争性角度说明了中国与中东欧国家在各类产品均无很强的竞争性。出现这种现象的原因在于，中国与中东欧国家之间的要素禀赋差异导致了竞争优势差异。此外，由于两地距离很远，双方的贸易主要伙伴国市场不同，且经济发展水平有一定差异。竞争性分析结果充分说明，中国与中东欧国家之间有一定的合作基础。

2. 与西亚北非板块贸易竞争分析

（1）中国对西亚北非国家贸易逆差的增加。

从中国与西亚北非国家的贸易平衡角度来看，2000年后，西亚北非作为全球最重要石油供应地成为中国能源资源的最主要进口来源地。此外，中国自加入WTO后积极实施各项关税减让政策，促进了中国从西亚北非国家的进口。2012—2014年，中国对西亚北非地区的贸易逆差连创三次新高，分别达到230.04亿美元、413.16亿美元、432.32亿美元。2014年，中国对西亚北非逆差排名前五位的国家依次是沙特阿拉伯、阿曼、伊朗、科威特和伊拉克；中国对西亚顺差排名前五位的国家则为阿联酋、以色列、约旦、黎巴嫩和叙利亚。数据显示，中国对西亚北非能源资源的依赖性相对较强，中国对西亚北非地区逆差的国家均为世界产油大国,这些国家的石油和天然气为主的能源资源产品在对外贸易中具有比较优势,再其对外经贸中仍然占据着最重要的地位。同时,由于西亚北非各国对中国进口的需求增速较为缓慢,中国与西亚北非的国际贸易竞争劣势越发严重,贸易逆差也相应不断扩大。未来,中国从西亚进口石油、天然气等能源资源增加,将带动双边贸易额迅速增加,使中国用于能源资源进口的开支相应扩大,能源进口必将对中国与西亚贸易平衡产生巨大的影响。如何在扩大西亚能源资源进口的同时维持两地贸易平衡,引导"石油美元"的回流,将成为中国经贸安全必须面对的问题。

(2)中国对西亚贸易北非进出口贸易由国别高度集中开始向国别多元化发展转变。

中国在西亚北非的贸易伙伴主要是经济发展水平较高、拥有丰富石油资源丰富和城市基础设施需求增长较快的国家。2005—2014年,中国与前四大贸易伙伴(沙特阿拉伯、阿联酋、伊朗和阿曼)贸易额始终保持在75%左右。近几年来,伊拉克成为中国在西亚北非的第五大贸易伙伴,是该地区与中国贸易水平提升最为显著的国家。中国在保持与沙特阿拉伯、伊朗等西亚产油大国贸易额的同时,与战后复兴的伊拉克、科威特和卡塔尔等西亚产油国的进出口贸易快速增长,体现了中国与西亚的贸易合作向国别多元化发展的潜力。加强与这些国家的贸易往来,有利于保证中国的能源贸易安全和未来中国与西亚地区贸易往来的可持续发展。从贸易差额看,除阿联酋之外,近年来中国与其余五个西亚主要贸易国的贸易往来都处于严重入超状态,这对中国未来进一步利用西亚石油、天然气等资源,实现贸易平衡,提出了严峻的挑战。

(3)对西亚北非出口的商品结构升级明显。

出口商品结构方面,近年来中国对西亚的出口主要集中在机械及运输设备(SITC7)、按原料分类的制成品(SITC6)和杂项制品(SITC8)。2012年,中国对西亚三类商品出口额依次为285.63亿美元、232.95亿美元、207.69亿美元,三类商品占比分别达到36.30%、29.61%和26.40%。排在第四至第十位的依次是化学品及有关产品(SITC5),食品和活动物（SITC0）、矿物燃料、润滑油和相关原料（SITC3）、非食用原料（燃料除外）（SITC2）、饮料及烟草（SITC1）、动物油、植物油、脂肪和蜡（SITC4）和未分类的货品及交易（SITC9），所占比例依次为4.99%、1.34%、0.88%、0.36%、0.11%、0.01%和0.01%。从动态变化看，1995—2012年，按原料分类的制成品占比基本维持在30%，机械及运输设备占比从22%上升至近40%，杂项制品占比从36%逐步下降至26%。由此可见，中国对西亚出口的商品结构升级比较明显，出口商品的技术含量和附加值显著增加。①

3. 与东南亚板块贸易竞争分析

（1）零关税和低关税带来的经济效益。

① 贸易创造。

贸易创造效应是指，自由贸易区建立后，各成员国削减或取消关税使区内进口成本低的产品取代了进口成本高的产品，进口价格降低，贸易量增加，进而产生原先不可能发生的贸易，提高了进口国的经济福利。CAFTA建立后，撤除壁垒增大了贸易扩张的可能性，加之中国与东盟主要成员国（新加坡、泰国、印度尼西亚、马来西亚、菲律宾）在经济发展水平、需求偏好、产业结构和就业竞争力水平等方面相近，双边贸易的商品结构也有水平型分工特征，将有助于获得贸易创造效应。事实上，中国与东盟各国在水平型分工背后还有很大的互补性。中国的工业制成品，如电子、机械、服装及纺织品具有比较优势，对相对落后的成员国在出口上具有很大的潜力。而东盟各成员国在石油、天然气、矿产品和木料制品方面具有比较优势，在我国也有很大的市场需求。

② 贸易转移。

贸易转移效应是指，区内成员国之间关税的减少以及更加紧密的关系促使区内成员国由原来从非成员国进口低成本产品转变为从区内成员国进口高成本产品。自由贸易区的建立，而用高成本的供给来源

---

① 韩永辉，邹建华."一带一路"背景下的中国与西亚国家贸易合作现状和前景展望. 中国经贸，2015（1）.

代替低成本的供给来源，使消费者由原来购买外部的低价格产品转向购买成员国的较高价产品，增加了开支，从而减少了福利。从贸易国别分布来看，中国的主要贸易伙伴是日本、美国、欧盟、韩国以及我国的香港、台湾地区，同这些国家和地区的贸易额占中国对外贸易总额的近70%。东盟的主要贸易伙伴国也主要是日本、韩国、北美和欧盟，同这些国家的贸易占东盟贸易总额的 5%。在出口商品结构上，中国与东盟均以向欧、美、日本等发达国家出口初级产品和低附加值的劳动密集型制成品为主，特别集中在如服装、鞋类、组装类电子产品以及日用品等品种上，在进口商品结构上均以从欧美日等发达国家进口资本技术密集型的制成品为主。中国和东盟同属于发展中国家，产业结构和竞争力水平有极大的相似性，因此，在贸易国别分布上和进出口商品结构上具有很大的相似性。贸易的国别结构和商品结构决定了中国和东盟在贸易中很难替代各自与区外发达国家间的贸易往来，因此，建立 CAFTA 后，虽然会扩大区内的贸易往来，但是产生的贸易转移效应可能不大。①

（2）非关税壁垒减少带来的经济效益。

关税壁垒的减少，使国际经济交易活动变得更加方便，进而降低交易成本，增加福利。如提高透明度、扩大国有贸易企业的权利、简化海关程序等贸易便利化措施，将减少出口成本，提高贸易效率，带来出口增长。中国与东盟的经济将从双边贸易中获益。

（3）产业内分工和产业结构调整效应。

就产业内分工效应而言，"一带一路"倡议将进一步促进区域内国际分工的发展，产业内分工将逐渐成为其中的重要组成部分。各国的政策协调将促进区域内贸易朝着更高层次的产业内贸易发展，推动产业分工新格局的建立。从产业结构调整效应角度来看，更激烈的竞争将促使企业更加重视新技术、先进的管理经验以优秀人才的引进，努力进行技术创新升级和降低成本。因此，企业在不断提高自身素质的同时，也促成了整个产业结构的升级，区域内的竞争推动资源在国

---

① Onma, M.WTO Negotiations and Other Agricultural Trade Issues in Japan. The World Economy, 2006 (6): 697~714.

际上寻求最佳配置。

（4）规模经济效应。

首先，"一带一路"将帮助中国和东南亚各国的企业更大更稳定的市场销售自己的产品，取得规模经济产量。其次，有利于加强沿线各国的生产要素和产品自由流动性，促进沿线地区经济一体化和专门化，实现新的国际分工以及生产经营的专业化。再次，来自大市场的激烈竞争压力也会推动企业科技创新，改善经营管理，降低成本，提高劳动生产效率，从而促进沿线各国产业结构的升级。最后，中国与许多东南亚国家在资本技术密集型行业产业结构上存在明显的互补性。"一带一路"有助于这些互补性商品市场的扩大，带动各自国内企业的资金投入，获得规模经济效益。

（5）人民币国际化的重要一步。

一项针对东盟各国的调研显示，用人民币结算更加方便，并且人民币比较稳定。中国与东南亚地区双方贸易额不断扩大，使东盟各国在进出口贸易中对人民币的使用率猛增，人民币日益成为仅次于美元、欧元、日元的又一个重要货币。在大湄公河次区域，人民币已经可以在许多地区进行消费、结算和计价在新加坡、马来西亚，人民币越来越为居民所接受和使用，许多商店甚至可以用人民币购买商品和直接兑换。"一带一路"将助力人民币从货币周边化到区域化，扩大人民币在跨境贸易中的使用范围，建立离岸市场，开放在岸市场，在地区性金融机制建设方面迈出实质性步伐。随着区域经济合作的加深，共建"21世纪海上丝绸之路"构想的提出，更为人民币走向东南亚地区注入一针"强心剂"。

三、"一带一路"国际区域合作贸易互补板块分析

（一）与中东欧板块贸易互补分析

1. 中国与中东欧国家的贸易互补性测算

中国与中东欧国家竞争性指数测算显示两地区无明显的产品竞

争性和市场竞争性，本节采用双边贸易综合互补导数和贸易密度指数来分析中国与中东欧国家的贸易互补性。

（1）双边贸易综合互补系数分析。

本部分采用双边贸易综合互补系数来检验双方的贸易情况，进一步分析中国东欧贸易的竞争性和互补性。双边综合互补系数可以直观地说明中国与中东欧国家的比较优势是否具有互补性。前文计算的相对贸易指数说明中国与中东欧国家存在相近之处，但结果表明，这不是竞争上的相近而代表着除了阿尔巴尼亚和马其顿有少数年份为负值具有一定的竞争性之外，双方总体在比较优势的基础上还具有很强的互补性。但是中国市场不断放开和"一带一路"倡议的深入实施将有利于中国与中东欧国家达到全面比较优势的互补。

（2）贸易密度指数分析。

贸易密度指数反映双方贸易的密切程度。从中国与中东欧国家的贸易密度指数计算结果来看，中国与中东欧国家的食品活畜贸易联系密切，虽然各个国家的表现不同，但随着时间的推移，中国与各中东欧国家的联系紧密度均呈下降趋势。波兰与中国的贸易密集指数很高，是中国在中东欧国家的第一大贸易伙伴，相反，波黑的贸易密集指数很低。

第一，食品活畜指数的整体下降表明中国对这些国家出口食品活畜等农产品占出口所有农产品的比重下降，中东欧国家在中国食品活畜农产品市场的重要性下降。

第二，在非食用原料方面，中国对大部分中东欧国家的贸易密度指数高于 1，说明在该商品贸易中联系密切，而且在除波兰外的部分国家随时间推移出现上升趋势。中国的非食用原料虽然没有优势，但是在中国出口中东欧国家的产品中的占比继续上升。

第三，矿物燃料方面，中国同波兰、罗马尼亚、保加利亚、拉脱维亚、克罗地亚等国的贸易密度很高，而同捷克、斯洛伐克贸易松散，而且中国同大部分中东欧国家的贸易密集度指数不稳定，呈现趋高或趋低的变化。

第四，动植物油脂方面，中国对部分国家的密切度越来越低，如波兰、匈牙利、斯洛伐克、保加利亚等国，而同时对部分国家的密切度却越来越高，如捷克、克罗地亚等。但从整体来看，动植物油脂的贸易密集度越来越低。

第五，在化学品、按材料分类的制成品、机械、运输设备和杂项制品方面，中国对中东欧国家的贸易密切度整体较为稳定，无较大的时间趋势，均有密切贸易关系。同时，杂项制品的贸易密切程度要高于化学品、材料分类制成品和机械运输设备。

（二）与西亚北非欧板块贸易互补分析

1. 双边进出口规模迅速扩大

中国与西亚北非国家的双边货物进出口规模持续迅速扩大，具体情况如图7.2所示。

从图 7.2 中可以看出，中国与西亚北非国家进出口贸易总额从 2005 年的 604.11 亿美元扩大到 2014 年的 3075.06 亿美元，年均增长为 24.7%。虽然受 2008 年国际金融危机的影响，中国与西亚北非贸易额从 2008 年的 1566.96 亿美元锐减至 2009 年的 1222.38 美元，出现了十多年来的首次下降，但是在 2010 年之后的三年里，同比分别增长 39.2%、43.1%和 7.9%，说明中国与西亚北非贸易迅速恢复，规模继续扩大。2014 年，在世界经济增长放缓、中国国内产业结构调整的背景下，中国与西亚北非国家的进出口贸易合作仍然成绩斐然，贸易总额达 3075.06 亿美元，同比增长 10.01%。其中，中国对西亚北非出口 1421.706 亿美元，增长 719.4%，中国从西亚北非进口 1651.74 亿美元，增长 3.1%，进出口均创造了历史最高纪录。由于中国与西亚的资源禀赋和产业结构互补性较强，未来中国与西亚双边贸易的增长空间依旧广阔，而"一带一路"的推进将有望促使沿线国家继续通过不懈努力和协同合作，共同应对外部挑战，促进更深层次的双边贸易协同发展，实现互利共赢。

"一带一路"倡仪创造的内外市场及大中小企业协同发展的新契机

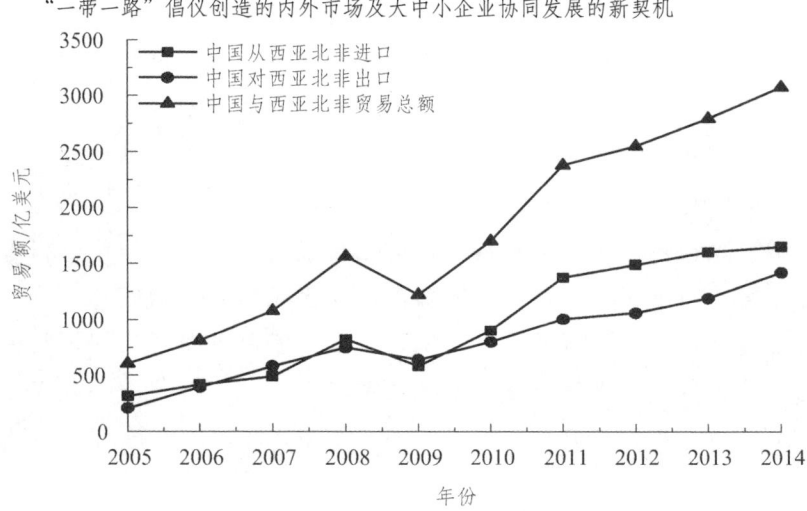

图 7.2　中国与西亚北非进出口贸易发展状况

2. 在各自对外贸易中的地位日益提高

就中国对外贸易的角度来说，西亚北非进出口总额在中国对外进出口总额中的占比仍然较小，但近年开始呈现稳步上升的趋势，具体情况如图 7.3 所示。

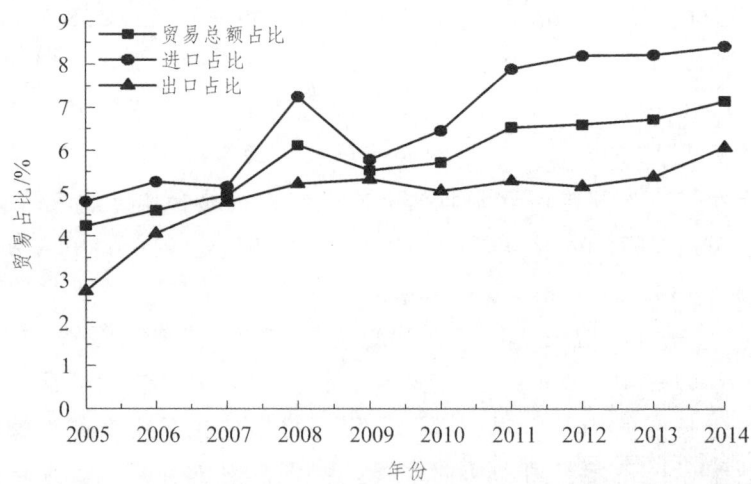

图 7.3　西亚北非对中国进出口贸易占中国进出口贸易比重

在出口方面，2005 年，中国对世界出口总额达 7619.5 亿美元，但对西亚北非出口仅占总额的 2.73%，只有 208.06 亿美元。2014 年，中国对外出口总额增至 23 427.5 亿美元,对西亚出口占比增加至 6.06，增长了 3 个百分点，达到 1421.71 亿美元。在进口方面，2005 年，中国进口贸易总额为 6599.5 亿美元，从西亚北非进口 317.48 亿美元，西亚北非占中国进口贸易比重仅为 4.8%。到 2014 年，中国进口贸易总额增至 19 602.9 亿美元，从西亚的进口额则增长到至 1651.742 亿美元，从西亚北非进口额占中国进口总额比例提高到了 8.4%，增长了 3.6 个百分点。从西亚北非对外贸易的角度看，中国作为西亚北非各国的贸易伙伴的地位变得更加重要。从 21 世纪开始，中国工业制造业的崛起以及能源需求的不断增大，迅速增加了中国与西亚北非各国的贸易往来。中国占西亚贸易总额和进出口三项指标分别从 2005 年的 4.24%、2.73% 和 4.81%，增长到 2014 年的 7.15%、6.06%和 8.43%，分别增长 2.91、3.33 和 3.62 个百分点，具体情况如图 7.4 所示。

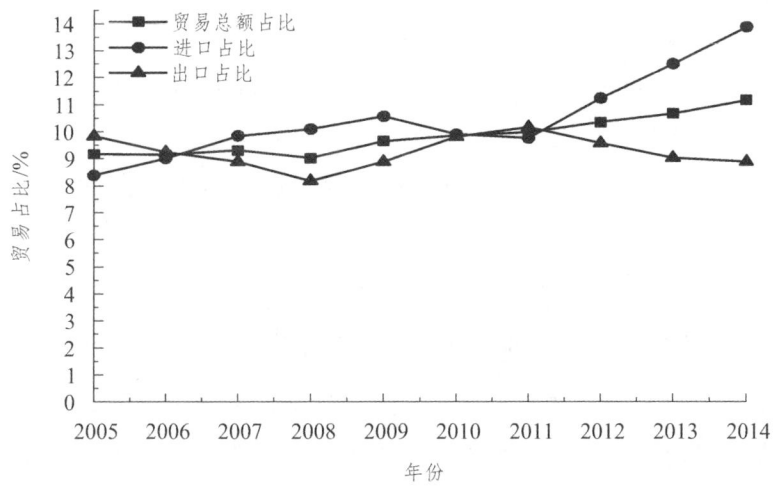

图 7.4 东南亚占中国贸易比重

相反，在同一时期，欧盟、日本、美国在西亚北非货物进出口中的所占比重却逐年下降。目前，中国已顺次超越了韩国、美国和日本，成为仅次于欧盟的西亚北非第二大货物贸易伙伴。

(三)中国与东盟十国贸易互补分析

1. 中国与东盟十国新兴市场国家的双边贸易发展

中国与东盟于2004年签署自贸区货物贸易协议，2005年开始相互全面实施降税，双边贸易额由此大幅提升，获得长足发展。新兴市场之间快速的经贸发展是近年来世界经济增长的重要动力，其中新兴市场国家之间的外部需求持续扩大，成为促进贸易增长的新引擎之一。新兴市场国家之间主要在制造业或能源领域存在较大的外部需求，应该保证这两方面的增长源。金融危机之后，中国与东盟双边贸易的快速增长，使中国与东南亚国家的进出口贸易呈现出快速、稳健的增长态势。东南亚进出口总额占中国对外进出口总额的比重在2014年达到了11.16%，但近年上升趋势缓慢。在出口方面，2005年，中国对世界出口总额为7619.5亿美元，对东南亚出口749.94亿美元，占总额的9.84%，然而到2014年，中国对外出口总额增至23 427.5亿美元，对东南亚出口已增至4802.86亿美元，占比只有8.89，降低了0.95个百分点。在进口方面，2005年，中国进口贸易总额为6599.5亿美元，从东南亚进口553.67亿美元，其占比仅为8.39%。到2014年，中国进口贸易总额增至19 602.9亿美元，从东南亚进口额则提高到2720.46亿美元，从东南亚进口额占中国进口总额比重增至13.89%，增长了5.5个百分点。

2. 中国与新兴市场国家的贸易发展前景

中国与新兴市场国家资源禀赋各具优势，市场互有需求，一方面能相互促进发展，另一方面对于外部市场又站在竞争的起跑线上。在发展与新兴市场国家的经贸关系上，我国应加强与东南亚国家的合作，以维护新兴市场国家之间经贸的高速增长。

随着技术进步和产业升级，我国外贸企业开始转型和调整，除了一部分企业向我国中西部地区转移，还有一部分劳动密集型企业向国外转移，东南亚国家更适合承接这类企业。但是数据显示，印尼、泰国和越南等新兴市场的劳动密集型产品出口,实际出口额和出口份额仍有待提高。如果说外贸企业确实发生了转移,那么只能理解为转移的初期还未能形成规模效应。

可以确定的是,我国劳动力成本提高,将使东南亚一些国家的劳动力较中国呈现更突出的比较优势,我国部分出口产品将由此失去市场。但是,这也正好为我国产业转型升级提供了动力。企业可以利用资源重新配置的时机,加大研发的投入力度,寻求生产附加价值更高的产品,在这种"共享型"生产和贸易模式中抢占制高点,从而在一体化格局中获益。

第三节 "一带一路"国际区域合作相关国家贸易指数(CS)分析

一、"一带一路"国际区域合作相关国家贸易竞争指数分析

(一)贸易竞争指数的内涵

CS 指数解析的是两国在出口结构中的相似之处,相似度越高,竞争越激烈。通过对一国外贸商品结构的分析,可以反映出该国的经济水平、产业结构状况、科技发展水平,该指数理论上最大值为1。而 TC 指贸易竞争优势指数,或称贸易竞争力指数,体现一国进出口贸易差额占其他进出口贸易总额的比重。数越接近于1,说明竞争力越大,等于1时,表示该产业只出口不进口;指数越接近于-1,说明竞争力越弱,等于-1时,表示该产业只进口不出口;等于0则说明该产业竞争力处于中间水平。

(二)2005—2014年"一带一路"相关国家贸易竞争指数(CS)分析

贸易竞争指数(CS)显示,近十年,"一带一路"相关国家贸易

竞争日趋加剧。2005年，贸易竞争指数（CS）大于0.1、大于0.2和大于0.3的贸易关系占总贸易关系数的比例分别为35.1%、19.0%和12.3%，2009年这一比例分别提高到35.6%、23.7%和16.9%，2014年提高到38.6%、25.9%和17.0%。即当前"一带一路"相关国家中有超过1/4的国家之间存在较强的贸易竞争，近20%的国家之间存在激烈的贸易竞争。具体情况如表7.1所示。

表7.1 2005—2014年"一带一路"相关国家贸易竞争指数（CS）

		中国		俄罗斯		印度		新加坡		"一带一路"总体	
		关系个数	占比/%	关系个数	占比/%	关系个数	占比/%	关系个数	占比/%	关系个数	占比/%
2005	CS>0.1	18	34.0	29	54.7%	18	52.8	27	50.9	966	35.1
	CS>0.2	8	15.1	16	30.2%	14	26.4	18	34.0	524	19.0
	CS>0.3	6	11.3	14	26.4%	7	13.2	9	17.0	340	12.3
2009	CS>0.1	23	41.8	32	58.2%	28	50.9	28	50.9	1058	35.6
	CS>0.2	14	25.5	26	47.3%	18	32.7	19	34.5	704	23.7
	CS>0.3	9	16.4	19	34.5%	16	29.1	12	21.8	502	16.9
2013	CS>0.1	19	35.2	31	57.4%	28	51.9	28	51.9	1022	35.7
	CS>0.2	10	18.5	25	46.3%	18	33.3	19	35.2	672	23.5
	CS>0.3	5	9.3	18	33.3%	16	29.6	12	22.2	474	16.6
2014	CS>0.1	17	37.8	24	53.3	27	60.0	24	53.3	764	38.6
	CS>0.2	8	17.8	18	40.0	19	42.2	19	42.2	512	25.9
	CS>0.3	3	6.7	14	31.1	16	35.6	14	31.1	336	17.0

数据来源：重庆社科院"一带一路"投资与贸易研究实验室。

对于中国而言，2005年，中国与"一带一路"国家贸易竞争指数（CS）排名前五的国家中，有三个是东南亚国家，两个是中东欧国家；排名前十的国家中，有四个是东南亚国家，六个是中东欧国家。2009年与中国国家贸易竞争指数（CS）排名前十的国家中，东南亚国家三个,中东欧国家六个,独联体其他国一个;2013年,东南亚国家四个,中东欧国家六个。2014年,东南亚国家三个,中东欧国家六个,西亚北非区域一个。因此,在"一带一路"国家中,中国的主要贸易竞争对手来自东南亚和中东欧地区。中国在东南亚的主要竞争对手有马来西亚、新加坡、泰国、越南、菲律宾和柬埔寨;中国在中东欧地区的主要竞争对手有捷克、斯洛伐克、匈牙利、拉脱维亚、克罗地亚、爱沙尼亚、罗马尼亚、波兰、塞尔维亚、斯洛文尼亚等。因此,中国处理好与东南亚和中东欧国家的关系是极为重要的。不过,通过贸易竞争指数(CS)的变化来看,中国和这些国家的竞争程度在减弱。

二、"一带一路"国际区域合作相关国家贸易互补指数(TCI)

(一)贸易互补指数的内涵

国家或地区之间的贸易紧密程度可以用贸易互补性指数 TCI (trade complementarity index)来衡量。其计算公式为:

$$TCI_{ij} = \sum_{K}[(RCA_{xi}^{K} \times RCA_{mi}^{K}) \times (W^{K}/W)]$$

$$RCA_{xi}^{K} = (X_{i}^{K}/X_{i})/(W^{K}/W)$$

$$RCA_{mi}^{K} = (M_{j}^{K}/X_{j})/(W^{K}/W)$$

在上式中:X代表出口,M代表进口,W代表世界,i,j分别代表两个国家,K代表产品分类。

当某国的主要产品出口类别与另一国的主要进口产品类别相吻合时,两个间的贸易互补性指数就大,反之,如果某国的主要产品出口类别与另一国的主要进口产品类别不能对应,指数就小。

(二)2005—2014年"一带一路"相关国家贸易互补指数(TCI)分析

贸易互补指数(TCI)显示,近十年,"一带一路"相关国家贸易互补性在日趋增强。2005年,贸易互补指数(TCI)大于0.1、大于

0.2 和大于 0.3 的贸易关系占总贸易关系数的比例分别为 68.6%、35.7% 和 10.0%，2009 年这一比例分别提高到 69.0%、40.9% 和 17.7%，2014 年分别提高到 76.4%、47.7% 和 22.5%。换句话说，目前"一带一路"相关国家中超过 3/4 的国家之间具有贸易互补关系，近 1/2 的国家之间具有较强的贸易互补关系，近 1/4 的国家之间的贸易互补关系相当密切。从对比竞争关系来看，"一带一路"相关国家的贸易互补强于贸易竞争，说明进一步拓展经贸合作具备广泛的现实基础。具体情况如表 7.2 所示。

表 7.2 2005—2014 年"一带一路"相关国家贸易互补指数（TCI）

		中国		俄罗斯		印度		新加坡		"一带一路"总体	
		以本国出口计算占比/%	以他国出口计算占比/%	以本国出口计算占比/%	以他国出口计算占比/%	以本国出口计算占比/%	以他国出口计算占比/%	以本国出口计算占比/%	以他国出口计算占比/%	关系个数/%	占比/%
2005	CS>0.1	98.1	62.3	90.6	62.3	98.1	73.6	98.1	75.5	1891	68.6
	CS>0.2	77.4	18.9	67.9	45.3	83.0	30.2	81.1	39.6	985	35.7
	CS>0.3	32.1	5.7	15.1	15.1	9.4	13.2	20.8	5.7	275	10.0
2009	CS>0.1	94.5	63.6	89.1	63.6	94.5	74.5	94.5	74.5	2050	69.0
	CS>0.2	85.5	45.5	63.6	47.3	89.1	41.8	92.7	43.6	1216	40.9
	CS>0.3	58.2	29.1	21.8	21.8	36.4	20.0	36.4	12.7	526	17.7
2013	CS>0.1	94.4	74.1	90.7	64.8	94.4	74.1	94.4	74.1	1998	69.8
	CS>0.2	85.2	38.9	64.8	48.1	90.7	40.7	92.6	44.4	1204	42.1
	CS>0.3	46.3	3.7	22.2	22.2	37.0	18.5	37.0	13.0	524	18.3
2014	CS>0.1	95.6	71.1	93.3	71.1	95.6	71.1	95.6	73.3	1512	76.4
	CS>0.2	91.1	40.0	68.9	51.1	91.1	33.3	91.1	44.4	945	47.7
	CS>0.3	55.6	4.4	28.9	28.9	42.2	13.3	44.4	15.6	446	22.5

数据来源：重庆社科院"一带一路"投资与贸易研究实验室。

同时，在"一带一路"有一个主要由中国和中东欧国家组成的 19 个国家的贸易互补关系板块。板块内部国家之间互补关系密切，同时与板块外的其他国家具有良好的互补关系。这一板块的国家在贸易互补关系中占据主导地位，是中国在"一带一路"沿线最重要的贸易伙伴。

中国、俄罗斯、印度和新加坡四个贸易大国中，以本国出口计算，按贸易互补指数 TCI>0.3 统计，中国与"一带一路"相关国家的贸易互补程度最高。2005 年，以本国出口计算的中国贸易互补指数（TCI）大于 0.3 的关系数占比为 32.1%，而俄罗斯、印度和新加坡分别为 15.1%、9.4%和 20.8%；2009 年，中国的这一指标为 58.2%，而俄罗斯、印度和新加坡分别为 21.8%、36.4%和 36.4%；2014 年，中国的这一指标为 55.6%，而俄罗斯、印度和新加坡分别为 28.9%、42.2%和 44.4%。但按贸易互补指数 TCI>0.2 统计，印度和新加坡与"一带一路"相关国家的贸易互补最好。因此，印度和新加坡在中低层次的贸易互补性优于中国。同时我们发现，四个国家的贸易互补指数（TCI）随着时间的推移，都在逐步提高。但以他国出口计算的贸易互补指数（TCI），中国在四个国家中的表现是最差的，说明其他国家从中国进口增长的机会多，中国出口与他国有较好的互补性。因此，"一带一路"国家对满足中国的出口需求有重要作用。

案例 7.1：中国"一带一路"与韩国"欧亚倡议"的战略对接探析

一、"一带一路"与"欧亚倡议"的内涵

2013 年，中韩两国分别提出了"一带一路"和"欧亚倡议"。"一带一路"是中国沿着路海古代丝绸之路，构建亚欧大陆经济走廊，带动中亚、西亚、南亚、东南亚并辐射非洲等区域，推进中国与沿线国家乃至亚欧共同发展的战略构想。"一带一路"致力于推进亚欧非大陆及附近海上通道的互联互通，构建全方位、多层次、复合型的联通网络，扩大基础设施投资，促进新常态下的新增长。"一带一路"互联互通项目以打通中国向西通道等交通网络建设为先导，建立中国与沿线国家间新型经济合作关系，推动与沿线国家发展战略的对接，拉动世界经济发展。"一带一路""不是中国一家的独奏，而是沿线国家的合唱",不是要替代现有的地区合作机制和倡议,而是秉持"共商、共建、共享"原则,在已有基础上,进一步帮助沿线各国实现发展战略相互对接和优势互补。

"欧亚倡议"包括"一个大陆""创造的大陆"和"和平的大陆"三大目标,是涉及泛欧亚外交、安保、交通、能源、技术、文化等诸多领域的欧亚国家合作体系。"一个大陆"强调"真正的一个大陆",连接交通、能源、信息网络,以贯通韩国、朝鲜、俄罗斯、中国、中亚、欧洲的铁路等交通物流网络,克服阻碍交流的物理壁垒,积极探索连接正在开辟中的北极航线的方案。最终构筑区域内涵盖电力网、输油网、天然气网等欧亚能源网络,建立占世界人口71%的巨大单一市场,降低物流成本,促进欧亚经济圈的形成。"真正的一个大陆"的核心是,以欧亚国家共同增长和繁荣为目标,构建国际综合交通物流体系,包括连接釜山、朝鲜的纵贯朝鲜半岛的铁路(TKR),TKR与西伯利亚横贯铁路(TSR)、中国横贯铁路(TCR)、蒙古横贯铁路(TMGR)的连接以及中亚、欧洲铁路网的丝绸之路快速铁路(SRX)。"创造的大陆"是指将欧亚交通、能源、信息网络的连接及人员、物流、资金、信息等要素流动与欧亚人的创新性相结合,构建产业、技术及文化有机融合的大环境,利用韩国的创造经济和中国的自主创新等活动,推动欧亚大陆成长为全球经济增长的发动机。"和平的大陆"强调传统安全,认为核安全、自然灾害、气候变化等非传统安全是欧亚经济、文化交流的最大障碍,维系朝鲜半岛的和平对欧亚和平乃至世界和平尤为重要。

二、"一带一路"与"欧亚倡议"战略对接的必然性

(一)"一带一路"与"欧亚倡议"战略对接的必要性

"一带一路"是能够促进中国与沿线国家、周边国家乃至世界大国共同发展的庞大的系统工程。"一带一路"贯穿亚欧非大陆,需要相关国家(但不限于古代丝绸之路范围)的参与,需要协调和对接各国的国家战略和地区发展规划。韩国位于亚洲大陆的最东端,具有连接大陆与海洋,构筑物流交通枢纽的优势,但韩国目前仍面临"朝鲜问

题"无解决的突破口、半岛分裂带来欧亚物流瓶颈等多重困境,因此难以在欧亚一体化中发挥应有的作用。"欧亚倡议"由构想发展成为具体实践,需要包括中国在内的相关国家的紧密合作。

另外,中韩都需要寻求多元化、高水平的新合作平台。对中国来说,当前经济的下行压力较大,经济增长动力不足,政府的投资拉动不可持续,出口成本优势减弱,需要寻找新经济增长动力引擎,加大引进来和走出去的力度。韩国方面,其经济增速也持续下滑,已进入低增长阶段。寻求走出低增长,解决就业和民生问题的途径是韩国政府目前面临的重大课题。同时,韩国对中国的经济依存度持续提高,2013 年韩国的对外贸易依存度为 105.9%。其中,对中国的国别出口贸易依存度为 23.8%,进口贸易依存度为 16.5%。中韩两国经济发展都进入新阶段,要求相应地改变双边经济合作模式,产业合作需要由传统制造业转向新兴产业、服务业、能源等领域,寻求多元化、高水平合作的平台。

(二)"一带一路"与"欧亚倡议"战略对接的可能性

首先,"一带一路"与"欧亚倡议"两者的耦合性使战略对接成为可能。这种耦合性使两者良性的、正向的相互作用,激发内在潜能,实现优势互补和共同提升成为可能。"一带一路"坚持"共建"和"开放合作"原则,共建亚欧非大陆及附近海上通道的互联互通。

"一带一路"与"欧亚倡议"实施范围大面积重叠,使两者的交融、平等互利、合作共赢成为可能。中韩可基于各自的比较优势,找到两者对接的契合点,共同合作,打开欧亚大陆经济整合的大格局,共建欧亚大市场。此外,强调经济合作可消除其他干扰。目前,美国、俄罗斯、欧盟、伊朗、哈萨克斯坦等国提出了多个"丝绸"计划。中国的"一带一路"和韩国的"欧亚倡议"与其他的"丝绸"计划相比,更重视覆盖欧亚大部分地区的超级国际区域经济合作。"欧亚倡议"及 SRX 以整个欧亚大陆作为对象构筑综合运输网络,其实施离不开朝鲜、俄罗斯、中国、中亚等国家和地区的合作。"一带一路"致力于通过交通、通信互联互通、贸易和投资自由便利、货币自由流通、劳动力自由流动,进行经济合作,实现共赢。

"一带一路"倡仪创造的内外市场及大中小企业协同发展的新契机

三、"一带一路"与"欧亚倡议"战略对接的驱动力

（一）中韩高层沟通、政策协调——外在推动力

中韩两国政府通过高层沟通，政策协调，就其战略和对策进行充分交流，协商制定推进区域合作的规划和措施，形成合力。当然这也是国家间战略博弈的过程，需要考虑相互信任程度、政策优先顺序的差异与一致性、技术基础和技术可行性等问题，通过制度设计变量之间的协调，尽量减少对接障碍。

"一带一路"致力于实现"政策沟通、道路联通、贸易畅通、货币流通、民心相通"。"一带一路"与"欧亚倡议"的实施与对接的起步阶段，需要修建铁路、公路、港口，制定相关政策，制定并完善相关法律。

中国政府从2009年开始积极推进欧亚高铁、中亚高铁、泛亚细亚高铁项目，与很多国家在交通、能源基础设施建设领域商讨高铁合作事宜。到目前为止已取得的《中乌友好合作条约》等一系列的成果。相比之下，韩国的"欧亚倡议"还处于构想和探索实施方案的阶段，需要与中国协调和合作。

（二）激活市场、双边市场开放——内在动力

中韩FTA的签署和生效，将为推进"一带一路"与"欧亚倡议"战略对接提供内在动力。中韩签署了相对全面的FTA，不仅包括最基本的货物关税减让的内容，同时也涉及服务、投资、知识产权、电子商务等诸多领域。中韩FTA生效后，韩国对11 272个税目、中国对7428个税目，在20年内顺次消除其关税。在金融领域，就提高金融透明度，以及设立金融服务委员会达成共识。中国将以负面（排除式）清单方式开放服务业和投资领域。负面清单方式具有激发市场主体的活力，扩大市场主体的准入自由，减少政府管制等重要的现实意义。由正面清单向负面清单的转化，本质上是社会管理模式的转变，不仅能够保障市场主体的市场准入自由，而且还能扩大市场主体的行为自由。这将提升中韩合作创造市场条件。

四、"一带一路"与"欧亚倡议"战略对接的主要内容

(一) 基础设施联通

首先,连接铁路。TSR是传统意义上的欧亚大陆桥,包括9个铁路支线,连接中国、韩国、中亚等多个国家。其中,中国有3个支线与TRS相连。TCR是第二欧亚大陆桥,经过中亚连到欧洲的铁路。对韩国而言,朝鲜半岛纵贯铁路的修复是TKR与欧亚大陆铁路连接的第一步。考虑到朝鲜的交通运输以铁路为主、公路为辅的现实情况以及通过朝鲜到中亚、欧洲的中长距离运输的特点,朝鲜半岛需要优先考虑具有中长距离运输优势的铁路。但通过朝鲜的铁路交通更多地取决于韩国与朝鲜关系的改善程度,目前还存在诸多不确定因素。虽然2007年韩国与朝鲜通过京义线和东海线连接了铁路和公路,其运营也已没有物理障碍,但"天安号事件""5·24"措施的出台等中断了其运营,韩国还需要克服朝鲜陈旧基础设施等硬件问题。

其次,高铁领域开展国际合作。在高铁领域,中国已经发展成为高铁强国,拥有世界最长高铁线路,最高的运行速度,较低的建设成本低,以及在复杂条件下建设高铁的经验,可在世界任何地区建设高铁。同时,中国政府大力支持高铁"走出去",中国高铁在海外市场上有一定的竞争力。从2009年开始,中国政府积极推进包括欧亚高铁、中亚高铁、泛亚洲高铁在内的高铁丝绸之路网络建设,为韩国高铁产业进入中国市场以及三方合作提供了机遇。另外,韩国有能力自行设计、组装和生产高铁,创造了韩国型高铁体系和铁路技术,在车辆、隧道、高铁建设监理以及高铁运营等方面具有竞争优势,中韩双方可通过产能合作,实现双赢或共赢。

最后,对接综合交通物流体系。"一带一路"将利用高速铁路、高速公路、油气管道以及航空、互联网、特高压和智能电网等现代科学技术,建设多维、多向的道路、信息、能源互联互通网络。由于朝鲜半岛南北分裂、对峙,韩国陆路交通的开发难度大,急需开发包括海上运输在内的综合运输网络。中韩火车渡船、海底隧道项目将对东北亚物流格局产生重大影响,但这一项目不仅需要巨额投资,还面临

诸多的技术障碍。

（二）金融、产业对接

中韩两国在"一带一路"和"欧亚倡议"的实施与对接过程中，相互投资、合作投资潜力巨大，需要共同建设投资项目、引进投资及解除企业投资障碍。"一带一路"与"欧亚倡议"的建设与对接需要巨大的资金支持，并且投资回报周期长，因此金融需求迫切而长久。

韩国于2015年3月正式成为亚洲基础设施投资银行（AIIB）的意向创始成员国，促进了中韩以及相关国家的经济合作，增加对亚洲地区基础设施的投资机会，扩大韩国金融外交领域。中朝铁路、公路、电力等合作，同时具有双边合作，和多边合作的性质，很有可能成为"一带一路"建设的向导性项目之一。虽然朝鲜不是AIIB的意向创始成员国，但朝鲜可获得铁路建设相关的资金和投资。韩国与朝鲜的铁路、道路连接项目可通过AIIB的投资解决缺乏资金的问题。

此外，中韩在"一带一路"与"欧亚倡议"实施与战略对接过程中，积极实现产业布局的有机对接，实现区域内产业结构的市场化整合，从而增强区域内产业的整体竞争力。

（三）相关制度对接

除了物理壁垒以外，大量制约贸易、投资的制度壁垒也是阻碍区域经济合作的因素。中韩FTA、中日韩FTA、RCEP等都将促进欧亚经济单一市场的形成。中韩在政治制度、政策决策机制、经济制度完善程度均有所不同，因此有必要建立权威的相关政策协调机制。

中国的基础设施建设领域的市场开放度较低，目前的制度壁垒使得韩国难以进入中国的铁路建设等市场。当前，可以以1998年签署的《中韩铁路领域交流与合作的有关协定》为基础，进一步建设两国的铁路合作体系，将过去不定期召开的铁路合作会议提升为定期化、高级化会议。

（四）技术标准对接

各国铁路体系的差异是国际物流发展的主要障碍之一，其中，克服轨道差距尤为重要。中国用的是标准轨，而中亚等国使用宽轨，泛亚铁路TAR经历9种轨道。中亚铁路与中国或欧洲铁路，TKR与TSR之间存在轨道差异，轨间距离差异可通过轨间可变技术的研发、应用以及技术的标准化来加以实现。轨间可变技术可以免去换装、换乘或换火车轱辘带来的停滞、不便，降低相关成本。此外，有必要设立相关国际机构，在相关国家之间进行协调和合作。

北部欧亚大陆桥经由很多国家，这些国家是以欧亚铁路网络的建设和发展为宗旨的铁路合作组织（OSJD）的成员国，在OSJD的协调下，成员国之间在铁路联运、运输政策、铁路运营、运输成本等领域进行合作。虽然韩国自2003年一直在推进加入OSJD的进程，但加入OSJD在程序上采取100%赞成制，由于朝鲜的反对，韩国仍没能如愿。朝鲜以韩国与朝鲜铁路还未运营为由保留了意见。韩国如果获得会员身份，OSJD以及相关国家之间的铁路合作将成为实现SRX的重要平台之一。

第八章 "一带一路"背景下构建大中小企业社会责任软实力

近年来,我国企业对外投资增长较快,一系列问题逐渐突显,既影响我对外投资企业的形象,又降低了企业的竞争力,严重制约、阻碍了企业的可持续发展。在"一带一路"的背景下,中国企业到沿线国家投资需要面对复杂的投资环境、政策法规、社会文化以及劳工结构,如何切实保障我国"走出去"企业的利益,减少地缘政治对我国企业发展的消极影响,创造一个良好的发展环境,成为中国"走出去"企业急待解决的问题。

第一节 企业国内经营与跨国经营面临的环境风险差异

一、企业的市场环境与非市场环境

企业所面临的外部环境包括两个基本维度:市场环境与非市场环境。市场环境包括由市场和私人协议调节的企业与其他当事人之间的互动(interactions)。这些互动一般是自愿的,涉及经济的交易和产权的交换。非市场环境包括由公众、利益相关者、政府、媒体以及公共机构调节的互动,由构成企业与企业之间以及企业与公众之间的相互作用的社会的、政治的和法律的安排构成。

（一）市场环境对企业的影响

经典的战略管理理论认为，市场环境是指由宏观经济因素、竞争者、供应商、顾客等因素组成的企业外部环境。其特点由产业竞争对手的数量、产业进入和退出的难易程度、成本结构、技术进步的性质和速度、需求的性质和竞争的维度以及市场竞争的规则等决定。①

企业所处的行业/产业结构是市场环境的重要维度之一。一个行业中，有五种主要的竞争力量影响企业的运作，分别是：消费者的讨价还价能力、供应商的讨价还价能力、分销商的讨价还价能力、现实竞争者的竞争、替代品的竞争。②

1. 供应商的议价能力

供方影响行业中现有企业的盈利能力与产品竞争力的程度主要受其提高投入要素价格与降低单位价值质量的能力影响。供方力量的强弱主要取决于他们所提供给买主的是什么投入要素，当供方所提供的投入要素的价值占买主产品总成本的较大比例、对买主产品生产过程非常重要或者严重影响买主产品的质量时，供方对于买主的潜在议价能力就大大增强。通常来说，满足以下条件的供方集团会具有较强的议价能力：

（1）供方行业为不受市场激烈竞争影响，拥有较为稳固市场地位的企业所控制，其产品的买主很多，因此单个买主都无法成为供方的重要客户。

（2）供方各企业的产品各具有一定特色，买主由于转换整本高等原因难以转换，或者很难找到可以替代供方企业产品的替代品。

（3）供方能够实行前向联合或一体化，而买主却难以进行后向联合或一体化。

---

① 冯雷鸣，黄岩，邱杨.跨国经营中的市场与非市场战略.中国软科学，1999，4:43~45.
② 杨青松，李明生.论波特五力模型及其补充.长沙铁道学院学报（社会科学版），2005，4:95.

2. 购买者的议价能力

购买者影响行业中现有企业的盈利能力主要取决于其压价与要求提供较高的产品或服务质量的能力。影响购买者的议价能力主要因素包括：

（1）购买者总数较少，而单个购买者的购买量较大，占据卖方销售量的很大比重。

（2）卖方行业由大量相对来说规模较小的企业所组成。

（3）购买者所购买的基本上是标准化产品，同时向多个卖主购买产品在经济上也完全可行。

（4）购买者有能力实现后向一体化，而卖主难以实现前向一体化。

3. 新进入者的威胁

新进入者在给行业带来新生产能力、新资源的同时，需要在所进入行业的市场中赢得一席之地，这意味着新进入者可能与现有企业竞争原材料与市场份额，最终使行业中现有企业盈利水平降低，甚至有可能危及现有企业的生存。新进入者进入威胁的严重程度取决于两方面的因素，即进入新领域的障碍大小与预期现有企业对于进入者的反应情况。

进入障碍主要包括规模经济、产品差异、资本需要、转换成本、销售渠道开拓、政府行为与政策、不受规模支配的成本劣势、自然资源、地理环境等方面，其中有许多障碍难以借助复制或仿造的方式来突破。预期现有企业对进入者的反应情况，主要采取报复行动的可能性大小，由有关厂商的财力情况、报复记录、固定资产规模、行业增长速度等决定。总之，新企业进入一个行业的可能性大小，取决于进入者主观估计进入所能带来的潜在利益、所需花费的代价与所要承担的风险这三者的相对大小情况。

4. 替代品的威胁

两个处于同行业或不同行业中的企业，可能由于所生产的产品互为替代品，从而产生相互竞争的行为，这种由于替代品产生的竞争会以各种形式影响行业中现有企业的竞争战略。

（1）能被用户容易接受的替代品限制现有企业产品售价以及获利潜力的提高。

（2）替代品生产者的侵入，使现有企业必须提高产品质量或者通过降低成本来降低售价或者使其产品具有特色，以避免销量与利润增长的目标受挫。

（3）受产品买主转换成本高低也会影响源自替代品生产者的竞争强度。

总之，替代品价格越低、质量越好、用户转换成本越低，所产生的竞争压力就强；而这种来自替代品生产者竞争压力的强度受替代品销售增长率、替代品厂家生产能力与盈利扩张情况的影响。

5. 同业竞争者的竞争程度

大部分行业中，企业的利益都是紧密联系在一起的，竞争战略作为企业整体战略一部分，应该能够使企业获得相对于竞争对手的优势，因此，在竞争战略实施过程中就必然会产生冲突与对抗现象，也就是现有企业之间的竞争。现有企业之间的竞争常常表现在价格、广告、产品介绍、售后服务等方面，其竞争强度与许多因素有关。

一般来说，促使行业中现有企业之间竞争的加剧因素包括：行业进入障碍较低，势均力敌竞争对手较多，竞争参与者范围广泛；市场趋于成熟，产品需求增长缓慢；竞争者企图采用降价等促销手段；竞争者提供几乎相同的产品或服务，用户转换成本很低；一个成功的战略行动将带来相当可观的收入；行业外部实力强大的公司在接收行业中实力薄弱企业后，发起进攻性行动，使刚被接收的企业成为市场的主要竞争者；退出障碍较高，即退出竞争要比继续参与竞争的代价更高。这种退出障碍主要受经济、战略、感情以及社会政治关系等方面的影响，具体包括：资产的专用性、退出的固定费用、战略上的相互牵制、情绪上的难以接受、政府和社会的各种限制等。

（二）非市场环境对企业的影响

非市场环境是相对于市场环境而定义的。非市场环境是指能够为市场、企业和其他类型的组织提供秩序的内外部因素，这些因素能够使组织有效地运转,并弥补组织失灵的缺陷。从企业角度来说,政府的政策、各种非政府组织、公众、利益相关者、新闻媒体等的介入都能使企业从非市场赢得竞争优势,所以非市场战略同样具有更广泛的定义和内涵。非市场环境包括社会的、政治的以及法律安排等因素,主要受企业与社会公众、媒体、政府等利益相关者的关系影响。

学者对企业非市场环境的定义各有不同,其中,Baron D. P.(2003)的观点代表了大多学者对非市场环境的普遍认识:企业赖以成功的非市场因素是企业与政府、公众、利益相关者之间的关系。非市场环境是存在于企业之外,但与企业生存发展有重要利益关系的政府、公众和非政府组织三者交织的综合体。

1. 政府对企业的影响

良好的政府关系能拓展企业的外部生存空间,为企业创造有利的竞争环境。

政府作为企业的一种外部非市场因素,在企业所处的外部宏观环境中处于权利核心地位。政府政策以及企业对政府决策的反应,深刻地影响着企业的市场经营成就。

企业在处理与政府的关系时,必然也会经历一个相互议价的过程。事实上,政府通常对企业具有主导作用,企业被动地接受政府的政策法规,这种情况在政治集权程度较高的环境下尤为明显。因此企业和政府力量之间是不平衡的,而正是这种不平衡迫使企业在与政府的议价过程中采取各种政府事务活动,力争有利地位。

2. 公众对企业的影响

公众是处于政府和企业之外的一个庞大群体,是社会力量的主体,拥有广泛的社会影响力。"社会公众对企业都有一定的社会期望和社会责任标准,因此企业在经营活动中需要树立良好的社会声誉。企业的活动要符合社会的道德规范、符合社会公众利益,选择性地对出现的社会偏好及期望做出积极反应。"

只有企业的产品和服务得到消费者的认可,其价值才能得以实现,因此公众是企业生存的根本土壤。由于公众对企业具有举足轻重的影响,企业必须与公众间建立良好的关系,在公众心目中树立良好的企业信誉,因此很多企业都十分注重与公众的沟通。一个以客户需求为导向、与公众有良好沟通的企业,能赢得公众的高度信任。公众对企业的信任则会直接转化为对产品的信任,进而成为促使客户继续购买企业产品。

3. 非政府组织对企业的影响

随着市场经济的发展,企业经营活动的扩展和延伸,企业和社会中的各种非政府组织、媒体等都有紧密的联系。

由于权力的不平衡,企业和权力拥有者(政府)有着对立和紧张的关系。企业可以通过处理好与非政府组织的关系,借助其广泛的社会影响力为企业非市场战略的实施扫除障碍、获取竞争优势。如随着环保主义的兴起,世界各国的环保组织都会给地方企业施加压力以减少对环境的污染;许多企业利用媒体这一信息传播工具,了解政府、社会组织团体及公众对企业的反应,发现潜在的问题,让消费者、社会团体、政府进一步了解企业,由此树立良好的公众形象,得到社会隐形力量的支持,从而在企业制定与实施中享有更多的主动权。

非市场环境是企业外部生存环境的重要组成部分,企业不应该将市场环境和非市场环境割裂开来,而应该通过在非市场环境中的行为和策略来助力其在市场环境中的竞争活动,构建竞争优势。具体情况如表 8.1 所示。

表 8.1 企业的市场环境与非市场环境

环境类型	市场环境	非市场环境
主要因素	经济、行业、技术因素	政治、社会、文化因素
利益相关者界定	影响企业的产业链、价值链	影响企业组织合法性评价
利益相关者	股东、雇员、竞争者、债权人、供应商、销售商、消费者等	国家机关、地方社区、社会公众、非政府组织、大众传媒等
竞争焦点	业务竞争、追求效率	组织竞争、追求合法性
相互关系	业务竞争引发非市场环境中对企业组织合法性评价的变化	组织竞争影响市场环境中业务竞争的效率

数据来源:蔡曙涛,《企业的非市场环境与非市场战略》,2013 年。

二、非市场环境差异是母国与东道国企业经营的最主要差异

2015年12月27日,"'一带一路'沿线专家面对面之中南半岛(泰国、柬埔寨)专场研讨会"在北京召开。察哈尔学会秘书长、高级研究员、中国外文局《公共外交季刊》编辑部主任柯银斌出席并发表讲话。柯银斌提出,非市场风险来自非市场利益相关者,包括政治组织、NGO组织、媒体、社区,而中国企业"走出去"面临的最大挑战就是来自于非市场风险。①

目前,中国和中国企业已经具备了"走出去"的条件和动力:首先,中国拥有足够的外汇储备、一定的技术及人才储备;其次,国内经济结构正处于调整之中,日益突出的资源、市场瓶颈等问题依然制约着不少企业的生存和发展,要解决这些问题的重要途径之一就是走出去进行国际合作;最后,许多企业为提升技术研发实力和国际化经营水平积极地寻求对外投资、参与国际合作途径。为全面提高开放型经济水平,中国政府不断加强各项支持性政策,支持企业加快"走出去"步伐,以期增强企业国际化经营能力,培育一批世界水平的跨国公司。必须意识到,中国企业对外投资与合作潜力巨大,同时,中国企业走出国门是经济全球化的大势所趋。

最新数据表明,在"一带一路"建设、国际产能合作等战略措施的带动下,我国对外投资持续快速增长,开局良好。据商务部统计,2016年1月,我国非金融类对外直接投资787.6亿元,扣除汇率影响同比增长18.2%,为今年我国对外直接投资开创了良好开端。目前,我国对外投资流量已位居世界第3位,存量位居世界第8位。②然而,由于我国企业跨国经营经验不足,对跨国经营可能面临的困难和风险认识不足,许多企业在尝试国际化的过程中都面临诸多问题,跨国经营的成效并不乐观。世界银行报告显示,我国对外投资只有1/3盈利,另外有1/3持平,剩下的1/3则亏损。这意味着我国大约70%的对外

---

① 柯银斌.中企"走出去"最大挑战来自非市场风险.[2015-12-30]. http://finance.huanqiu.com/cjrd/2015-12/8286056.html
② 商务部.我国对外投资流量居世界第3位 存量第8位.[2016-02-17]. http://finance.sina.com.cn/stock/t/2016-02-17/doc-ifxpmpqr4495676.shtml

投资都是无效的。

各国企业在发展的过程中都面临不同程度的激烈市场竞争，因此，来自市场的风险在企业的跨国经营过程中并不突出，相反，根基于制度差异的非市场风险则是企业跨国经营需要应对的最为严重和最为显著的风险。据不完全统计，21世纪的第一个十年，中国至少已经实施了16次海外撤侨行动，①而各种海外中国人被抢劫、劫持甚至杀害的事件更是层出不穷。在对外经营活动中，我国企业不仅面临经济上可能亏损的多重风险，甚至连我国公民的生命安全都遭到严重威胁。例如，2006年中国工人在尼日利亚遭到绑架、2007年华为收购美国3com公司流产、2008年5名中国工人在苏丹遭到歹徒残忍杀害、2010年腾讯竞购全球即时通讯工具鼻祖ICQ失败、2011年华为收购三叶系统（3Leaf System）失败等。②这些风险的存在表明，面对在国际化进程中遭遇了极大的风险，中国企业由于各种原因缺乏有效的防范措施。防范和应对的企业跨国经营过程中非市场风险成为中国政府所实施的"走出去"和企业国际化行为的当务之急。

三、"一带一路"背景下中国企业"走出去"面临的非市场风险

我们把市场风险定义为由于市场交易环境和交易条件变化给企业带来损失的可能性，它主要是由交易对手（主要是指波特五力模型中的五种竞争力量：消费者、供应商、竞争者、替代品商和潜在进入者）的不利行动而引起的。同时，我们把非市场风险定义为由于社会的、政治的和法律的变化给企业带来的损失，它主要是由政府、媒体、社会公众、其他非政府组织等的不利行动所引起的。这里对风险的划分不包括企业自身行为的风险，即企业在跨国经营过程中所遇到的市

---

① 李晓敏. 非传统威胁下中国公民海外安全分析. 北京：人民出版社，2011.
② 李志永. 企业公共外交的价值、路径与限度——有关中国进一步和平发展的战略思考. 对外经贸实务，2012，12:100.

场或非市场风险。

在对企业调研和对相关案例分析研究的基础上,我们将中国企业对外投资中的非市场风险归纳出六种类型。这些风险不同程度地对企业境外经营造成危害。

(一) 东道国政治风险

政治风险主要包括东道国参与的任何战争或者在东道国发生的革命、颠覆、政变、罢工、内乱、破坏和恐怖活动以及地方武装的冲击等事件造成损失的可能性。政治风险是与东道国主权有关的不确定因素,由于一些发展中国家易产生政局不稳、政权更迭等情况,发生的可能性较大。政治风险产生的根源十分复杂,主要有以下几个方面:政策不稳定、民族主义、社会不稳定、武装冲突、区域联盟等。①

以 2011 年发生政治动乱的北非国家利比亚为例,利比亚是中国对外承包工程业务的重要市场之一。目前,中国在利比亚承包的大型项目约 50 个,涉及合同金额 188 亿美元。无论利比亚战事结局如何,中国企业均面临着工程设备等固定资产损失、预期收益损失、撤离费用损失、未来汇率结算损失等。造成这些损失的两个直接原因是:① 中国企业投保的保险覆盖面仅为合同金额的 5.68%,因此中国企业在利比亚承包的 188 亿美元的工程项目,只能获得不足 4 亿元的保险赔付。② 中国尚未与利比亚政府签订任何形式的双边投资保护条约。

(二) 东道国政策与法律风险

东道国国内和对外相关政策调整、法律修订,新政策和法律的颁布实施,以及东道国相关部门在政策和法律执行过程中的尺度把握、执行强度等,均可能给外国投资者造成经营和财产损失上的风险。这

---

① 张广荣.非市场风险:海外投资的重要威胁.国际经济合作,2011(8):52.

些风险主要包括对外国投资产业限制、税率提高、经营利润的自由流动限制、土地使用成本提高、国家安全等，最严重的如国有化政策，企业产品和设备被征用、征收，甚至企业财产被没收或充公。[①]例如，中国平安集团先后在2007年和2008年买入比利时富通集团4.18%的股票并以21.5亿欧元收购富通集团旗下资产管理公司50%的股权。然而，受国际金融危机影响，富通集团被收归国有并迅速转手卖给巴黎银行，平安集团为此在2008年投资富通上的账面亏损超过90%。

（三）文化差异风险

投资东道国与本国在民族、文化、习俗、语言等方面可能存在着一定的差异，在工作交流、待人接物、处理事情等方面表现不同的方式方法，从而使管理理念和行为不同。企业在境外投资后，简单机械地把在本土经营的模式移植到境外企业中，甚至把一些不良的文化习惯延伸到国外，由此造成文化上的误解或冲突，可能给企业带来不必要的纠纷和损失。[②]例如，中国上汽集团收购韩国双龙汽车公司后，双龙汽车公司老员工难以接受新公司而不断罢工，5年后双龙汽车公司董事会向当地有关部门申请"回生"流程，但公司的经营前景并不乐观。

（四）社会责任风险

社会责任风险指与企业生产经营活动相关的因素，涉及水源、森林和草原保护、噪音控制、废物排放等，以及与企业所处的外部环境因素，如人文关怀、爱心奉献、社会捐赠、灾害救助、公德遵守等造成的风险。企业的社会责任风险可能在其东道国投资经营中不经意间发生。

---

① 梅新育.从埃尔切事件看跨国经营的政治性风险.世界知识，2004，21:50~52.
② 高勇强.企业跨国投资的非市场风险及管理研究.国际经济合作，2007，10:28~31.

(五)自然灾害风险

自然灾害风险,是指东道国因发生地震、海啸、火山、台风、洪水、泥石流等自然灾害,蝗虫、流行性疾病灾害等造成的风险。自然灾害具有不可抗拒性、突发性,而且会造成巨大的损失,有时甚至是毁灭性的。中国企业在对外投资选择地点时,必须考虑自然条件的历史和现状,回避在可能发生灾害的地区投资。

案例 8.1:中国海洋石油公司(简称中海油)并购美国第九大石油公司优尼科(Unocal)公司[①]

在中海油竞购优尼科失败一年之后,时任董事长傅成玉在接受美国《华尔街日报》采访时表示:"我们学到的教训是,做如此大一笔交易时,在公共关系和政治游说方面应该更加谨慎。如果此类事情再度发生,我们眼中的重点就不是这一交易本身了,或许你首先需要做的是公共关系或政治游说工作。在这些方面的问题解决了以后,你再来谈交易本身。"

竞购优尼科始末

2005年1月,国外媒体报道称,中海油正考虑对美国同业对手优尼科公司发出逾130亿美元的收购要约。3月,中海油开始与优尼科公司高层进行接触,双方几经协商,初步达成了购售意向,中海油向优尼科提交了"无约束力报价"。4月4日,美国雪佛龙公司提出以164亿美元的现金和股票并购优尼科公司,由于没有竞争对手,雪佛龙很快与优尼科达成了约束性收购协议。

6月7日,中海油向香港联交所递交了一份澄清公告。公告中称:"本公司一直考虑优尼科的不同方案。这些方案包括本公司可能出价收购优尼科,但本公司至今未做出决定。"这是自1月被传出有兴趣收购优尼科以来,中海油首次就此事公开发表评论。6月10日,美国联邦

---

① 单宝. 中国中铁:"走出去"海阔天空建筑. 建筑, 2014, 19:14~17.

贸易委员会批准了雪佛龙并购优尼科的协议，但雪佛龙公司的收购在完成交割之前，还需经过反垄断法的审查和美国证券交易委员会的审查。6月17日，美国两名联邦众议员致信美国总统布什，要求财政部长斯诺负责的外国投资委员会对中海油的收购进行彻底调查，声称美国在处理牵涉中国的能源事务时，应综合外交政策、国家安全和经济安全进行考虑。6月23日，中海油宣布以每股67美元的价格、全现金方式并购优尼科，此要约价相当于优尼科公司股本总价值约185亿美元。中海油在要约里承诺，愿意延续优尼科的市场和销售手段，优尼科在美国本土生产的全部或绝大部分石油与天然气在美国市场上销售；将力求保留优尼科的绝大部分员工包括在美员工；说服优尼科的行政管理人员和运营管理人员加入合并后的管理团队；接受并同意优尼科与联邦贸易委员会最近就新配方石油专利权问题达成的解决条款。优尼科随后宣布，愿意随时与中海油就并购之事展开谈判。但是美国财政部长斯诺同时表示，如果中海油收购优尼科成功，美国政府将从国家安全角度考虑，对这一收购案进行审查。6月29日，雪佛龙公司宣布，该公司并购优尼科公司的计划已经得到美国证券交易委员会的批准。6月30日，美国众议院通过一项不具约束力的决议，敦促布什政府立即对中海油收购优尼科公司的行为展开彻底审查。7月2日，中海油向美国外国投资委员会（CFIUS）提交通知书，要求其对中海油并购优尼科公司的提议展开审查。

7月14日，优尼科公司召开董事会，讨论是否支持中海油报价，但没有任何结果。7月17日，优尼科公司再次召开董事会，讨论中海油的并购计划。7月19日，雪佛龙公司将收购价格提高至171亿美元。7月20日，优尼科董事会决定接受雪佛龙公司加价之后的报价，并推荐给股东大会。中海油对此深表遗憾。7月25日，美国参众两院的代表经过投票决定，中海油收购尤尼科必须首先经过美国能源部、国土安全部及国防部，以120天时间评估中国的能源需求对美国经济及国防的影响，评估完成后，美国外国投资委员会（CIFUS）在其后21日内，进一步研究有关外资企业对美国企业的投资会否对美国本土构成威胁，使中海油收购的审议押后141天。8月2日，中海油撤回对优尼科公司的收购要约。8月10日，优尼科公司如期举行股东大会。雪佛龙公司收购优尼科成为定局。

失败的原因

（1）目标企业所在国的政治和政策障碍是竞购失败的最主要原因。

外资并购不同于本国企业并购，因而西方发达国家对外资并购有不同程度的限制，包括限制外商投资领域，外商出资比例以及通过审批制度来规范外资。中海油竞购优尼科就是一个典型的案例。中海油竞购优尼科石油公司，触动了美国人最为敏感的能源神经，其遇到的政治压力不可小视。2005年7月30日美国参众两院通过了能源法案新增条款，要求政府在120天内对中国的能源状况进行研究，研究报告出台21天后，才能够批准中海油对优尼科的收购。该法案的通过基本排除了中海油竞购成功的可能。由此可见，目标企业所在国的政治和政策障碍，是这次中海油公司并购美国优尼科公司失败的最主要原因。

（2）企业选择的竞购时机不当是竞购失败的直接原因。

美国的这些情绪化反应出于一系列因素，其中的主要原因是油价上涨。美国认为，油价上涨的主要原因是国际市场需求猛增，而其中很大一部分新增需求来自中国。中海油此时决定竞购优尼科，时机掌握得并不好。虽然石油和天然气市场是真正全球化的国际市场，但是当供应出现扰乱时，任何一个国家都会从国家利益出发，动用一切力量维护自身利益。中海油竞购优尼科事件，恰好是伊拉克战争僵持不下、世界油价持续上涨、美国举国上下在讨论能源安全问题的时刻，这就触动了美国最弱的一根神经。即使竞购成功，也可能刺激"中国威胁论"的增长，恶化中国和平崛起的国际环境。

（3）企业缺乏跨国并购经验是竞购失败的重要原因。

发达市场经济国家的企业并购，一般先考虑国内并购而后再参与跨国并购，全球前三次并购浪潮先在欧美国家内部进行便是明证。事实上，最近两次带有鲜明跨国特征的并购浪潮，也均以活跃的国内并购为背景。一般企业在跨国并购之前就已经通过国内并购积累了企业并购的经验。相比之下,由于中国属于转型经济,国内企业,大多缺乏并购经验。在中海油竞购优尼科案例中,中海油的竞争对手是在国际重大收购中颇具经验的雪佛龙。随着竞购的加码日趋激烈,雪佛龙打出政治牌,发动美国40余位国会议员向布什总统递交公开信,以国家安全和能源安全名义,要求政府对中海油的并购计划进行严格审查。雪佛龙打出的政治牌,紧紧抓住并且放大了美国人的忧虑。相比之下,中海油的种种努力和友好姿态却被人误解至深。

(4)政府与国有企业之间不透明的关系是竞购失败的一个不可忽略的原因。

中海油竞购优尼科的之所以引起华盛顿的激烈反应,是因为中海油70%的股份归未上市的母公司所有,母公司的全部股份则为国务院国有资产监督管理委员会(简称国资委)所有,是中国政府认定的"战略"行业中的约190家主要企业的控股股东。这种关系不可避免地令人质疑其独立性。中国政府和企业之间不透明的复杂关系,使外国政界和竞购对手有了合理理由反对中国国有企业收购外国公司。

失败的教训

没有取得成功,但对中国企业"走出去"参与全球化竞争可以从中海油竞购优尼科时间中借鉴经验和吸取教训。

1. 采取多种渠道增强与目标公司所在国政府的沟通

政治压力是此次中海油竞购优尼科失败的最主要原因。

中国企业"走出去"跨国并购,应尽可能地采取多种途径加强与目标公司所在国政府的沟通。比如,外交渠道、两国的民间友好机构或在目标公司所在国的有影响力政治人物牵线搭桥等,取得目标公司所在国政府的理解和支持,并尽可能地在社会就业方面适应当地政府的要求;同时,需要争取目标公司的友好合作,使当地政府从工业发展及社会发展出发,给予跨国并购方以宽松的政治环境。

2. 必须选择最佳的跨国并购时机

跨国并购往往会引起很大的经济震动和社会震动,因此,需要采取灵活，循序渐进的策略。在并购目标公司时，可以先以合资或合作的方式，树立良好的企业形象，待该国政治风向偏松时，再考虑并购问题；或者考虑控股性并购或接近于控股性并购，待条件成熟后再进一步并购。此外，利用目标公司所在国的一家合资企业作为跨国并购的代理者，可以避免东道国政府的干预。与此同时，中国企业进入目标公司的所在国之前，应该对所在国的法律环境有详细了解。

3. 加紧培养跨国并购人才

中国企业要在跨国并购中取得成功，必须具备大批跨国并购与经营管理方面的人才。中国企业目前大多是聘请中介机构来处理购并事务，但中介机构仍然无法替企业解决并购后的管理与控制问题。因此，中国企业在考虑跨国并购时，一定要重点培养了解国际政治、经济、社会文化环境和懂得东道国法律法规的专业型人才，这些让人才应具有较强的谈判能力，能帮助企业善于抓住机会，实施有利于企业发展战略的并购，并在并购后帮助企业进行企业整合与管理。

4. 继续深化国有企业民营化的改革

中海油竞购被解读成一个国家行为。这种负面影响不仅会加大中海油面对的政治危机，同时也会加大今后其他的中国公司进行类似的收购时可能面对的政治压力。这需要中国企业进一步民营化，让有实力的企业以民营企业的身份在全球市场中参与竞争。

可以用以下几种方式比较政治风险：第一种是通过建立国家海外投资基金给民营企业贷款，让民营企业"走出去"。第二种途径是由中国的大型国有企业把钱直接投资到外国私募基金，国有企业成为这些基金的最大股东，实际上也就对这些私募基金有了控制权，再由这些外国基金公司直接在海外做资源型并购。

在中国企业跨国并购初期，企业国际竞争能力普遍较低的情况下，跨国经营主要不是企业的问题，而是中国一项重要的国家政策。20世纪90年代以来跨国并购方式正逐渐成为对外直接投资的主流方式，中国政府应大力鼓励和保护中国企业对外并购的健康发展。

政府的鼓励和保护政策应包括：① 设立专门从事对外并购等跨国直接投资的管理机构，对中国企业对外并购进行宏观协调和统一管理，并制定相应的政策；② 逐步放开海外融资渠道；③ 鼓励银行和大型企业自由联姻，组成大型跨国企业，参与跨国并购活动；④ 完善国际税收制度。

第二节 我国"走出去"企业如何应对东道国的非市场风险

中国企业"走出去"从事跨国经营，必须全面深入地了解东道国的非市场环境，制定有针对性的战略。企业软实力是适应非市场环境、执行非市场战略的能力体系。企业外交能力是企业软实力的核心内容，主要作用是防范跨国经营的非市场风险。按照交往对象划分，企业外交能力有四种类型：国际组织介入能力、政治组织交往能力、非政府组织合作与冲突化解能力、媒体组织合作与冲突化解能力。企业外交能力的形成和提升，主要有四条途径：学习、对话、合作与创新。

一、提升企业公共外交能力，化解非市场风险

（一）公共外交能力：企业软实力的关键

企业执行战略的能力问题是企业在实践中非常重要的一个问题。任何一项战略，都存在对企业能力的内在要求，这种客观存在的能力要求并未在战略制定文本中突现出来。企业在任何时空，都拥有自身的能力状态。战略的能力要求与自身的能力状态的关系有三种形态。

第一，能力要求与能力状态无差距或差距甚小。企业战略将得以成功执行，战略目标将得以实现。但是，这种情形并未发挥出企业的潜力，业绩提升只能处在行业平均水平。

第二，能力要求远大于能力状态，在某个战略周期内，企业能力状态无法达到战略的能力要求。这时即使战略适应环境，但由于企业能力所限，战略也无法实现。

第三,能力要求与能力状态有一定差距,且在某个战略周期内,企业能力状态能够达到战略的能力要求。这时,企业潜力得以发挥,战略得以成功实现,业绩提升将在行业平均水平之上。①

为了实现第三种状态,我们有必要把企业能力进一步细分为硬实力和软实力。与国内外众多学者的定义不同,我们从环境—战略—能力相互匹配的逻辑框架,把企业硬实力界定为企业适应市场环境、执行市场战略所需的企业能力,把企业软实力界定为企业适应非市场环境、执行非市场战略所需的企业能力。具体情况如表8.2所示。

表8.2 企业硬实力与软实力

环境	市场环境	非市场环境
战略	市场战略	非市场战略
能力	硬实力	软实力
关键能力	核心能力	公共外交能力
主要作用	扩大市场收益	防范非市场风险

公共外交是向国际传播本国形象、提升外国公众对本国的友好态度,从而影响外国政府对本国政策的活动。公共外交的主体,可以是政府、社会机构公众组织或精英人士。企业是资本、知识、技术和人才高度密集的社会组织,也是经济全球化背景下,国际经济、文化交往中最为活跃的主体之一。企业和企业家是重要的公共外交承担者,他们在向国际说明自己赢得经营成功的同时,也向世界讲述着当代"中国故事"中的生动章节。②

公共外交能力,又称企业外交能力,是企业软实力体系中的关键能力,其主要作用是防范非市场风险。企业外交能力是指跨国企业在东道国及国际社会中,与各类非商业组织交往交流、合作及冲突化解的能力。依照其交往对象,企业外交能力可分为以下四种类型:

---

① 柯银斌.提升企业公共外交能力 化解非市场风险.[2016-03-25]. http://business.sohu.com/ 20160325/ n442026578. Shtml.
② 赵启正.企业"走出去"需增强公共外交能力.中国投资,2014,15:90~91.

1. 国际组织介入能力

这里讲的国际组织主要是指国际标准化组织、国际行业性组织和会议性组织、国际专利技术组织等。这类组织的共同特征是掌握行业规则和技术标准的制定权。中国企业走出去必须包括进入这类组织。根据各个组织的规则与程序，中国企业可采取先易后难的顺序介入。介入方式应渐进，从会员开始，到理事/常务理事，再到副主席/主席。对设有专业委员会的组织，中国企业应选择进入最为密切的专业委员会。介入这类组织的最高目标是掌握规则制定权。不仅介入现有的国际组织，少数有能力的中国企业还可以创设新的国际组织，吸引外国企业加入，一步步掌握规则制定权。这是企业软实力的最高层次。

2. 政治组织交往能力

政治组织主要是指东道国的政党、议会、政府、司法等组织。中国企业与执政党、现任政府的交往能力较强，但与在野党、议会、司法机关的交往能力还有待提升。

3. 非政府组织合作与冲突化解能力

这是中国企业软实力中的"短板"。非市场风险往往起源于某个非市场问题，如环境保护、文化冲突、社区矛盾，这个非市场问题一旦被非政府组织抓住不放，就会演变为公共事件。从企业实践来看，环保组织、宗教组织、工会组织最为重要。但中国企业明显缺乏这方面的冲突化解能力，更缺乏合作能力。原因很简单，在国内应对这些组织，中国企业无需专门的能力，但在外国却大不相同。

东道国的非政府组织主要有三类：一是东道国社会中的非政府组织；二是国际性非政府组织在东道国的分支机构或项目团队；三是中国非政府组织在东道国的分支机构或项目团队。遗憾的是，第三类组织力量太弱或者不存在。

4. 媒体组织合作与冲突化解能力

这也是中国企业软实力中的"短板"。中国企业在国内拥有一定的媒体公关能力，但在东道国则不一定有效。原因在于，中国媒体与东道国媒体在角色、作用及合作方式上存在较大的差异。要形成和提升媒体组织合作与冲突化解能力,首先要了解东道国媒体的三种类型及其影响力:当地媒体、国际性媒体与中国驻当地媒体;然后分析不同媒体的属性结构:政治性、专业性和商业性。既要保持长期交流合作关系,又要有应对突发事件的公关能力。

企业在"走出去"的过程中,能获益于积极主动的公共外交实践。面对机遇与挑战并存的海外投资环境,中国企业家不仅需要重视自身的投资经营活动,还需要和东道国政府、工会、媒体、环保组织、公众等利益相关方进行沟通,对国际政治环境保持敏感,以最大限度地规避政治风险。对于企业而言,积极开展公共外交不仅是企业克服误解、偏见和不信任以促进自身发展的客观需要,也是时代赋予的责任。

(二)提升企业公共外交能力的途径

以上企业公共外交能力如何形成和提升呢?据我们初步的实践归纳,主要有以下三种途径:

1. 通过企业产品、品牌形象提升国家形象

企业的产品和品牌形象以及相关的产业形象已经成为国家形象中日益重要的方面。基础跨国公司在建立强大品牌方面比政府更加在行,正是这些品牌培育了善意、信任和忠诚。日本前首相中曾根康弘也曾讲过,"在国际交往中,索尼是我的左脸,丰田是我的右脸"。事实上,一个国家经济崛起的过程就是本国企业品牌发展壮大和走向全球,并不断地塑造、充实着国家形象的过程,企业产品质量和品牌体现着一个国家的实力和形象。正是许多美国品牌不断推陈出新的产品、理念与经营模式塑造了美国开拓创新的形象。而索尼、丰田这些大型跨国公司则为日本带来了精益求精、高科技、节能环保形象。

当前,"中国制造"在国际上形成了低端、廉价和劣质的刻板印象,损害的不仅是出口企业的形象和利益,还有国家形象与利益。目前,中国虽然不乏联想、海尔、华为、格力等一批著名企业品牌,然而能代表国家产业形象的品牌依然很少,远远不能与世界第二大经济

体的国际地位相匹配。从良好的企业品牌形象过渡到国家形象需要一个长期的积累过程，而不良产品事件却能在一夜之间摧毁企业品牌的同时损害国家形象，三聚氰胺等一系列食品安全事件使很多中国知名企业品牌大打折扣甚至化为乌有，更损害了中国食品行业形象和国家形象。由此可见，公共外交使命并不专属于走出国门的跨国企业，出口外向型企业甚至本土企业的一举一动都会影响国家形象。因此，加强培育和塑造一大批品质过硬、形象良好的企业品牌是企业公共外交的重要任务。

2. 通过承担企业社会责任塑造良好的国家形象

除了关注经济利益，现代企业还必须关注政治、法律、文化与伦理的影响。企业社会责任是指企业为实现自身与社会的可持续发展，遵循法律法规、社会规范和商业道德，有效管理企业运营对利益相关方和自然环境的影响，追求经济、社会和环境的综合价值最大化的行为。① 企业社会责任越来越能成为新焦点。因为企业社会责任直接面对的是国内外普通民众，是国家形象延伸至最底层的神经末梢，一个具有责任心和爱心的企业会赢得好口碑和好形象，从而立足于市场，实现可持续发展。为此，发布企业社会责任报告（CSR 报告）已经成为企业尤其是跨国公司重要的企业社会责任行动，以塑造企业的正面形象。毕马威（KPMG）发布的《企业社会责任报告调查 2011》披露的数据显示，2011 年，全球 250 强企业中，已有 95% 的企业发布了社会责任报告，比 2008 年的 83% 增加了 12 个百分点。然而中国企业在社会责任承担方面需要不断提升。2007 年在日内瓦召开的"联合国全球契约领导人峰会"的一次部长级会议上，国际智库 Account Ability 发布了《2007 年责任竞争力状况》，中国在"责任竞争力指数"中排名仅列第 87 位，是金砖国家中排名最低的国家（排名最高的南非，排第 28 位，印度排第 70 位）。显然，中国一些企业较低的社会责任竞争力已经损害了中国国家形象，并影响了中国企业的海外并购与海外经营。

---

① 李伟阳，肖红军. 企业社会责任概念探究. 经济管理，2008，21:182.

"一带一路"倡仪创造的内外市场及大中小企业协同发展的新契机

3. 通过企业文化传播母国的核心价值观

公共外交的本质是通过信息传播、价值对话实现价值共享，成功的公共外交往往依赖于价值的传播与共享。正是价值观的冲撞与对话使价值观外交成为公共外交体系中日益突出的一部分。政府直接主导的价值观外交往往让他国民众反感并适得其反。但借助于企业、学校和各种非政府组织的巧妙植入和长期熏染的价值观外交更有可能获得成功。由此，在全球化的背景下，走出国门的企业自然成为各国展示其核心价值，实现价值碰撞、对话和传播的重要媒介和平台。谷歌公司（Google）在中国推销价值观的行动及其引起的争议就是企业价值观外交存在的最好例证。将企业投资经营行为与价值观传播"捆绑"的长期做法使美式价值观伴随美国企业行销世界。

当前，中国某些企业在国外的一些不当言行（如在环保责任、社区责任人权保障、劳工自由等企业伦理上的不足）事实上背离了中国"以人为本"的执政理念和社会主义核心价值观的基本要求，降低了中国公共外交效果，损害了中国的国际形象。比如，中国××于2010年收购了秘鲁 Hierro 铁矿，但首钢忽视与本地工人的沟通，解雇罢工工人等一系列不符合当地劳动法、工会法的做法损害了首钢在当地的声誉，导致当地工人罢工不断。直接或间接与劳工、人事或人力资源有关的因素也常常是导致中国企业海外并购失败的原因。

可以说，中国某些企业的"走出去"更多只是停留在"财务投资"方面，要真正让企业文化也"走出去"，实实在在地为当地带来具有中华民族特色同时兼具普遍价值内涵的社会价值观，还需要更多的努力。而一个企业如果要与最大的利益相关者（即国家）建立最稳固的关系，最为重要的就是使企业自身的价值观与社会价值观相适应。[1]企业要想获得东道国的认可和支持，最根本的在于其企业文化要与社会主流价值观相吻合；同时，企业文化可以通过公共外交渠道的有效传播促进国家形象与社会核心价值的国际传播，从而改善国家形象。

---

[1] Enric Ordeix‐Rigo, Joo Duarte. From Public Diplomacy to Corporate Diplomacy: Increasing Corporation's Legitimacy and Influence. American Behavioral Scientist, 2009, 4:549.

综上所述，虽然企业是一个经济组织，但企业的经营、企业的产品与品牌以及企业文化却深深地影响着母国的国家形象，企业公共外交在公共外交体系中发挥着日益重要和突出的作用，必将大有可为。因此，一旦一个国家不能给予企业公共外交应有的重视，其公共外交效果必将大打折扣。

二、企业海外投资面临的法律问题及应对办法

"一带一路"的实施，为企业"走出去"创造了前所未有的良好环境。从企业"走出去"的大量实例看，因合同、投资审查、劳工、环境保护、知识产权等法律问题导致项目目标无法实现的现象频频发生，法律风险已经成为企业"走出去"过程中面临的最重要的风险。

中国企业海外投资建厂需要依赖外国法律和商业合同规范其经营活动，但是中国企业对于法律规则和依照合同履约的重视程度普遍不够，对国际性交易所面临的法律问题和法律风险的了解十分有限。许多企业由于自身由于缺少国际化经验和人才，在大型交易中没有建立有效的法律风险评估和预防体系，而发生交易失败的惨痛教训。

面对"走出去"过程中的法律问题，我国企业应从以下几个方面进行防范及应对：

（一）充分收集东道国资料，全面分析投资环境

对于企业"走出去"来说，投资环境的好坏甚至比项目的好坏更为重要，因此有必要对东道国的投资环境进行深入分析和评估。首先，应通过各种渠道充分了解东道国的风险情况。如《欧洲货币》杂志等国际权威渠道或机构每年公布的国别政治风险排序、我国商务部发布的《境外投资国别指南》、中国信用出口担保公司发布的《国别风险报告》以及外交部的海外投资风险预警等信息。其次，要重点了解东道国的法律和政策环境。除了要深入研究掌握所在国家和地区外资准入、投资审查、行业监管、进出口管制、劳动用工、外汇管理、税收管理、

土地管理、环境保护等方面的法律法规和监管要求,以及其参加的投资保护公约、与我国政府签署的双边投资保护协定、区域贸易协定等,还应了解该国的法律体系(普通法系或是大陆法系)、司法制度、法律管理和文化习俗等法律文化。①

(二)深度开展尽职调查,充分评估法律风险

通过尽职调查,找出目标企业或合作方存在的法律风险和问题,能为投资决策提供基础。同时,企业可以基于尽职调查的结果,要求对方做出各种陈述和保证。在内容上,法律尽职调查应深入调查相关合作方或者目标公司的股权结构、组织形式、资产权属、重要合同、重大纠纷、经营情况和资信状况等信息,对项目法律风险进行全面识别、评价,提出专业的法律意见。调查方法上,一定要坚持眼见为实,要特别重视现场调查,除了资料审查,还要与合作方或项目公司的管理层、员工以及其他利益相关方特别是东道国的政府部门进行深入的访谈,从而发现项目本身可能存在的且通过书面审查发现不了的问题。②

(三)高度重视合同谈判,合理设置协议条款

强化国际规则意识,注重合同风险防范是企业必须做到的一点。首先,需要组建一个包括商务、技术、法律方面专业人才和其他顾问等专业团队开展谈判。谈判过程中,应该对各种政治和法律风险进行预估,在合同协议中尽量规避,并约定相关的"重新谈判条款"或其他类似补救条款等。其次,有关投资协议、合同文件的起草,必须有专业律师参与,合同文本由对方提供的应该逐条审核、修改。特别是一些专业领域,采用国际通行的合同范本时,对于合同范本条款的删减、修改应慎之又慎。最后,在合同内容上具体明确地约定双方的权

---

① 李爱秀. 中央企业"走出去"法律风险防范研究. 中国核工业,2015,8:19~21.
② 刘贵祥,麻锦亮. 中国企业"走出去"法律风险及其司法应对. 法律适用,2013,5:74~82.

利义务，尽量将东道国官员所做出的一些口头承诺，落实到协议、合同文本之中。①

（四）妥善选择投资方式，巧妙设计组织形式

投资方式主要有股权投资和资产收购，还有长期服务合同等其他投资形式。企业应该围绕其战略目标和核心利益，综合权衡各种投资方式的利弊，谨慎选择投资方式。除了股权投资外，资源性企业以保证资源供给为首要目标，可以采取长期服务合同的形式。也可以通过公开购买跨国公司股份的形式，成为占较大股份的股东，进入董事会参与跨国经营，介入其海外经营。另外，巧妙设计投资结构。比如，可以设立离岸公司，直接转让中间的离岸公司，在东道国审批、资本利得税上均可以有更多的便利。②

（五）充分运用国际规则，妥善应对纠纷

企业法律风险防范的最后一个环节是争议解决，这也是在很大程度上决定能否真正控制风险的一个关键环节。首先，企业不能为了促成交易而在争议问题上毫无原则地迁就对方。在争议解决方式上应尽量选择仲裁。在解决争议过程中，尽量选择在中国法院诉讼，或由中国仲裁机构仲裁，或约定我国作为仲裁地，选择我国法律作为准据法，降低纠纷解决成本。其次，应充分利用国际规则维护合法权益。在与东道国发生纠纷时，要充分利用 ICSID 东道国与他国国民间的投资争端解决机制、WTO 贸易争端解决机制等国际规则维护自身合法权益。③最后，要注重证据整理或者程序处理。书面的交流习惯和平常资料的收集与整理十分重要，文件归档管理和相关证据的保管有利于为诉讼提供依据。

---

① 高建勋.中国企业"走出去"的法律保障问题研究.福建论坛（人文社会科学版），2006，12.
② 张广荣.非市场风险：海外投资的重要威胁.国际经济合作，2011，8：52.
③ 祝明侠.国际经贸规则变化新趋势及我国的因应对策.烟台大学学报:哲学社会科学版，2015，6：114~121.

第三节 "一带一路"背景下构建我国"走出去"企业社会责任软实力

一、高标准的企业社会责任规范已成为企业开展跨国经营的壁垒

(一)企业社会责任概述

所谓"企业的社会责任",是指在市场经济体制下,除了为股东追求利润,企业还应承担对股东、员工、消费者、社区、客户、政府和整个社会在内的一系列利益相关者的社会责任义务。企业的这些义务包括提供优质的产品和服务,维护消费者权益;重视对企业雇员劳动权益的保护;关心和赞助慈善事业等。[1]

随着世界经济的发展和国际合作交流范围的不断扩大,国家的界限越来越模糊,企业的经济活动逐渐走向国际化,各国的企业巨头纷纷开辟国外市场以攫取利润,跨国公司在全球范围内随着跨国公司在东道国经济触角的逐渐深入,企业在国际化运营过程中面临越来越多的伦理道德问题。[2] 在国际企业竞争加剧、经济全球化和文化多元化越来越深入地影响企业健康发展的背景下,国际标准化组织(ISO)于 2010 年 11 月 1 日,正式发布了《社会责任指南》(ISO26000)。这一标准使发达国家和发展中国家的企业在此共同行为准则基础上承担社会责任。

(二)企业社会责任规范与企业跨国经营

近年来,跨国公司投资势头日益强劲。为了应对全球竞争,谋求企业发展壮大,跨国公司利用自身优势,采取诸如整体收购、重组控

---

[1] 杨春宝,李梅子.中国企业跨国经营中的企业社会责任.特区经济,2010, 8:290~291.
[2] 张立.提升企业跨国经营中的社会责任能力研究.湖北经济学院学报, 2013, 10:53~54.

股收购、增资控股收购以及股票认购收购等多种并购方式,在国外大力开展兼并、收购业务,扩大经营规模。在跨国公司引导的经济全球化背景下,跨国资本的不断扩张引起诸如贫富分化、社会穷困,特别是劳工问题和劳资冲突等一系列社会矛盾。而跨国公司自然也就成为企业社会责任中各种问题的主导者和传播者。

华为、中兴、联想、海尔、中石油、中石化、中建等许多中国企业依靠自身实力,在国际市场上赢得了一定的地位。随着中国经济实力的增长和国际经济合作趋势的进一步加强,更多的中国企业将走出国门开展跨国经营。企业在社会责任方面的表现,不仅关系到自身跨国经营的成败,更影响到行业的整体发展和国家的整体形象,甚至对中国实施"互利双赢"的开放战略产生影响。企业主动承担社会责任,就是对企业品牌的投资、信誉的投资和社会形象的投资,企业要想在竞争激烈的国际环境中生存和发展,就必须重视和履行社会责任。

(三)中国跨国企业承担社会责任规范的现状

1. 中国跨国企业承担社会责任暴露的问题

面对复杂多变的国际环境,中国企业在跨国经营中面临的企业社会责任标准更高,责任更大。当前,中国企业的社会责任意识和实践存在以下问题:

第一,企业社会责任意识淡薄和社会责任行为被动。中国企业市场化经营的时间较短,一些企业把重心放在其生存上,以获取最大的经济利润作为首要目标,忽视企业的社会目标,以致对社会公众利益关注较少。因此,在跨国经营当中,很有可能在当地引起一些矛盾和冲突。

第二,目前推出的企业社会责任标准或认证均来自西方国家,一些西方国家很有可能利用这些标准对我国企业跨国经营设置新的贸易壁垒,如以食品安全、产品质量、国家经济安全为借口,对我出口产品采取限制措施;同时,在知识产权、企业社会责任等方面,我国企业对外贸易可能面临不断增多的摩擦。

"一带一路"倡仪创造的内外市场及大中小企业协同发展的新契机

2. 中国跨国企业承担社会责任概况

近年来,伴随着中国经济的迅速增长和综合国力的增强,中国对外直接投资在企业数量、投资金额、行业领域等方面均呈现出快速发展的局面。另外,有关中国企业海外投资陷入困境、海外经营中社会责任缺失等弊病却并不鲜见。

三、促进企业提升社会责任软实力的政策建议

(一)加强跨国企业社会责任相关法律建设

目前,中国在关于企业社会责任方面的立法仍然有待改善。除了《公司法》中明确提到企业的社会责任外,比如,《公司法》中所规定的公司社会责任,并没有对具体责任做出规定,且缺乏详细操作规则,因此无法有效约束企业的相关行为。而除此之外,其他法律法规均未能对企业的社会责任做出明确规定。另外,关于中国企业海外经营的相关法律法规中,也同样缺少对企业社会责任方面的规定和约束。

因此,在《公司法》《劳动法》《消费者权利保护法》《产品质量法》等一系列法律规范中,应进一步明确和细化关于企业社会责任的具体规则,同时将企业社会责任的规定纳入法制化的管理体系中。对于未履行相应社会责任的企业,应追究其法律责任并给予相应的处罚,以此提高企业履行相关社会责任的自觉性。此外,跨国企业还可以通过加强全球化经营中的社会责任理论研究,并与高校、科研机构加强合作,深入分析东道国的法律、习俗进行,针对具体国家、行业进行突破,以期为海外经营提供及时、有效的对策建议,为适应相关法律做好准备。

(二)完善跨国企业社会责任治理结构

建立健全跨国企业社会责任治理结构,改进企业管理方法,整合国际多元伦理关系。在跨国经营过程中,中国企业应当摒弃国内不良管理方法,通过完善跨国公司的治理结构。比如,招聘更多的当地管

理人员以代表本地员工的利益,选择有较强企业社会责任感的地方供应商等方法,树立多元文化理念,与多元文化员工加强交流与融合,建立起具有独特性、层次性、发展性、主动性的管理组织与结构、管理过程人力资源系统和企业文化的氛围,以取得在国际化经营中的经济效益和社会效益。

(三)加强跨国企业与非政府组织的交流与合作

企业跨国投资活动不仅需要政策、资金等硬性条件支撑,更需要对东道国的政治、经济等宏观背景和行业发展、企业竞争等微观市场等有全面的了解,所以如何让企业在跨国投资活动中获得充足的信息便尤为重要。

跨国企业加强与非政府组织的交流与合作,不仅能增进了解和并有效地分享信息和经验,为企业海外经营赢得更多的外脑,而且可以提升社会责任绩效。跨国企业在开展社会责任工作时,在事前、事中、事后都可以充分利用非政府组织的力量,使企业经营战略与社会责任项目很好地结合起来,提高项目的针对性,更好地满足当地社区的需求,使当地社区和非政府组织项目主动认可和宣传中国跨国企业。这就要求跨国企业定期向当地及其他利益相关方发布全球企业公民报告或区域企业公民报告,积极、正面、及时应对各类社会责任危机,创造敢于应对、勇于负责的企业形象。此外,中国跨国公司还应鼓励、支持中国学者参加国际机构和国际会议,增加中国的发言机会,扭转国外的错误认识。[1]

(四)加强国际合作,发挥行业协会桥梁作用

行业协会作为介于政府和企业之间并为其服务的社会中介组织,依据政府的有关法令、政策,建立良性的对外协调机制和内部惩罚机制,协调行业内企业之间的利益矛盾,建立起平等的竞争环境。行业协会以行业自律和监管,发挥对跨国企业在环境保护、当地社区稳定、

---

[1] 喆儒.中国企业跨国经营的社会责任研究.北京金融评论,2015,2:76~85.

商业诚信、社区公益、慈善活动等方面积极作为、力争公司利益和社区发展的双赢的负责任企业的督促作用。

可以建立和完善跨区域合作的商会组织，建立覆盖全球的中资企业商会组织，有效整合现有的境外中资企业商会组织以及维护中资企业的合法权益。各地要积极鼓励推动成立"一带一路"企业联盟，特别是要借助"互联网+"的契机扶持跨境电商平台的建设和发展，并在此基础上成立分地区、分行业的分支机构，形成中小企业"走出去"的合力。积极鼓励"一带一路"沿线企业成立各种服务中介和各类咨询机构，从而更好地为企业提供各种服务，为此政府要针对这类机构在财政和税收上给予相应支持。

（五）积极开展公共外交，为企业直接投资营造良好的国际环境

从本质上来说，"一带一路"是"政府搭台、企业唱戏"，中央政府和地方政府要做的就是为"一带一路"搭建平台，加强宣传。当前许多国家和地区的某些学者质疑中国倡议"一带一路"建设带有不可告人的政治意图，这些影响和阻碍了"一带一路"建设。因此，在当前的倡议起步和宣传阶段，各级政府应重点宣传"一带一路"建设只是经贸活动，所有经贸往来项目体现的都是企业行为，而不是政府行为。必须高度重视各方的关切和疑虑，通过加强沟通协调和对话交流，为推进"一带一路"建设营造良好氛围。首先，建议尽快通过发布白皮书等方式，明确界定和阐述"一带一路"的内涵和理念，及时回应外界对"一带一路"的曲解和误读。其次，应利用国际社会对古丝绸之路的认同感，增强新时期"一带一路"的可信度和感召力，多措并举，消除部分国家的观望、疑虑心理，增强认同参与、协调配合。

各级政府要从政策制定和信息提供角度为中国企业利用好"一带一路"的平台，赴欧盟直接投资提供全方面支持，当好中国企业走出去的"靠山"。首先，中国政府应积极主动进一步拉近与欧盟等国际组

织的经贸关系，主导与其尽快签订更加符合双方利益的多边或双边政府协定，为中国企业公平参与竞争争取到更加公平的国际经贸环境。其次，当前，很多中国企业有资金、有技术，更有对外投资兴业的热情，各级政府要做的就是为这些企业提供更多有价值的信息。比如，提供权威的对外直接投资的指导性文件，帮助企业规避一些投资的误区，引导中国企业实现对欧直接投资的科学决策，从而使投资企业与被投资的国家实现双赢。最后，政府应该为中国企业提供资金支持。随着"一带一路"建设的深入推进，除了已有的亚洲基础设施投资银行和丝路基金，中国政府还应积极考虑建立专门支持中国企业对外投资的融资性国际金融机构或是发展基金，直接为中国企业对外投资提供更加充足的资金支持。

第四节　海外投资经验借鉴

截至 2012 年，我国跨国并购占对外直接投资的比重已经超过 50%，成为我国对外直接投资的主要方式。20 世纪 80 年代末，日本的跨国并购热潮同样面着贸易摩擦快速增长、货币升值、文化差异大等诸多问题。深入研究日本大规模对外直接投资时期的跨国并购，总结其和教训，对化解我国企业当前跨国并购所遇到的问题具有深远的意义。

一、"一带一路"与日本海外投资经验模式借鉴[①]

日本海外投资热潮经历了起步阶段、海外据点阶段、国际化阶

---

① 彭凯，段元萍.日美对外投资经验对我国"一带一路"战略的启示.改革与开放，2015，17：23.

段以及在日本"泡沫经济"破灭后进入平静阶段。[①]在这一过程中，日本出色的对外投资战略为经济增长发挥了巨大贡献，成为后发型国家以投资驱动实现跨越增长的典范。而我国对外投资的政策放开较晚，20世纪80—90年代没有追赶上美日对外投资的热潮。随着中国在2015年3月底的博鳌亚洲论坛上正式发布了"一带一路"实施方案，中国"走出去"将进入2.0时代。日本成功对外投资的发展历程将对我国推进"一带一路"，帮助企业进行海外投资提供一些有益的启示。

1. 日本对外直接投资模式分析

日本对外直接投资的模式：由政府主导，由低级向高级产业、由发展中国家向发达国家推进的投资战略。日本企业进行海外投资，首先从开发天然资源、解决原材料的投资活动为出发点；其次向东亚地区开展劳动密集型产业的投资，并在发达国家建立销售网络，进行商业领域的投资；其次，逐渐进入发达国家进行技术密集型的制造业投资；最后向发达国家的金融、保险、不动产业投资。日本借助由"贸易立国"转向"投资立国"的机会，把国内已失去比较优势而在发展中国家尚处于成长期的制造业输出到东亚国家，使其逐步转变成日本在海外的生产基地和加工组装基地；在国内则重点进行关键设备和技术的生产及研制，不断升级产业结构，最终在亚洲形成了以日本为领头雁的"雁阵经济"格局。

2. 日本对外直接投资模式对我国"一带一路"的启示

日本对外投资快速扩张的时期，国内经济的特点包括产业升级、出口受阻、政策扶持、本币升值，这与目前中国面临的情况相似。第一，当前，中国传统行业的国内市场趋于饱和，而2013年第三产业占比首超第二产业，国内产业升级转型势不可挡；第二，近年来中国遭

---

① 张迎宗. 日本大规模海外直接投资并购与整合的经验教训与借鉴研究. 山东：山东师范大学，2015.

遇的贸易摩擦不断升级，2014年我国遭受了22个国家97起贸易摩擦调查，加之美国主导的TTP与TTIP绕过了中国制定贸易新规，我国正面临严峻的对外贸易形势；第三，"一带一路"构想落地，从政策层面保驾护航；第四，人民币整体币值较为稳定，国际购买力有所保障。这说明中国对外投资加速的条件已经成熟，而美日对外投资加速时期均形成了化解落后产能和促进新兴产业增长的良好循环机制，从而使经济保持较快增长。中国"走出去"的升级也将为我国经济找到新的增长点。

通过比较对日本对外投资发展模式可以发现，日本通过"国际协调型"战略将国内过剩产业和夕阳产业逐渐向海外转移，达到为国内朝阳产业和技术升级提供空间的目的，我国可以从中借鉴宝贵的经验。虽然"一带一路"涉及范围极广，但受到地缘政治等诸多因素的影响，能否成功实现尚存在着各种未知数。"一带一路"的提出第一次从国家规划层面支持了中国对外投资的发展，构想了优化中国传统产业的有效途径，与日本的对外投资战略有着异曲同工之妙。随着"一带一路"规划的逐步推进和实施，中国对外投资加速的2.0时代即将来临，制造业、基建行业的对外投资将迎来历史性的发展机遇。

二、中国企业海外投资的经验

商务部研究院和国资委研究中心联合发布的《中国企业海外可持续发展报告2015》中显示，仅有13%的企业海外项目达到可观的盈利，24%的企业基本持平，而其余24%的企业暂时处于亏损状态。在总投资方面，在254家选择海外投资的中国企业中，36%为国有企业，63%为民营企业。在与金融机构紧密合作的企业中，57%的选择了诸如中国进出口银行、国家开发银行等境内金融机构，仅25%选择了境外金融机构。可见，中国企业在拓展海外投资的过程中，对资金的需求较大，但其融资渠道却还未被打开。

从总趋势上看，相比中资企业海外投资初期的步步艰难（但中资企业在近几年的摸索中已对国际金融市场积累了一定经验），万达、中投等多家国内大型企业利用海外投资将中国对海外市场的影响力进一步扩大。从数据来看，随着中国作为生产型经济体规模的扩张，对外直接投资在过去几年的增速显著快于外商直接投资。2014年对于中国的海外投资而言是又一活跃之年：联想收购IBMx86服务器业务以及从谷歌收购摩托罗拉移动手机业务两项技术交易；中国万向汽车集团于2014年2月14日成功收购现已破产的混合动力跑车制造商菲斯克（Fisker）汽车公司；中国黄金零售商金叶珠宝也宣布将以6.65亿美元的价格收购美国一家油气运营商。中国企业热衷海外投资，但是若要成功，仍需学习许多包括整合、管理等在内的诸多国际经验。

目前，如联想公司这样具有多年国际经验的中国企业在全球竞争中是成功的，但这并非是全部事实。一些中国企业已经成功收购海外公司，采取相对"放手"的方法来进行整合，即注入资本，继续保持先前的西方管理体系来运行业务。然而，这种策略从长远来看并不可取。收购海外公司并不只是金钱的问题，还需将其整合并妥善管理。在福布斯全球2000指数上市的中国公司，尽管规模大，但往往因缺乏国际经验，而难以成为真正具有全球竞争力的公司。当涉及整合国际并购、实施精细化管理的最佳实践以及在西方建立起知名品牌时，大多数中国企业仍需要证明很多东西。中国企业应积累现实中的运营经验，完成从传统面向国内的企业到成功跨国公司的转型。

中国企业若要增加其在发达市场的竞争力，必须掌握五个关键的关系，分别是：公司与政府、公司与员工、公司与顾客、公司与社区以及公司与资本。除了任何公司在首次海外扩张时遇到的典型挑战，中国企业所拥有的独特的属性可能会在处理这五大关系时遇到困难。在与政府的关系方面，不同于国内的直接从中央或当地政府取得经济或政治支持；在西方市场，能为企业提供工作许可、劳动法律及税务法规等各类咨询的不再是政府，而是需要支付不菲费用的当地行业服务公司。就与员工的关系而言，一方面，中国管理人缺乏适当的决策自主权、对当地文化的了解或相关管理经验；另一方面，中国公司聘用、管理、留住海外员工又颇具挑战。在与客户的关系方面，中国公司应注重产品质量，真正实现本土化，以赢取顾客的信任；还要处理好与社区的关系，通过造福当地社区而获取其支持，以更好地开拓新的销售区域。此外，若要成功经营，中国公司还应投入必要的资金以作为海外业务的长期基金。

案例 8.2：联想海外直接投资案例分析[①]

2004年12月8日，联想集团与美国巨人IBM共同签署转让协议，联想斥资12.5亿美元购入IBM的全部PC（个人电脑）业务。2005年5月1日联想集团有限公司与IBM对外宣布，联想完成了对IBM全球个人电脑业务的收购。这意味着联想由原本全球PC市场份额第九位一跃升至第三位，仅次于戴尔和惠普，联想总部在新公司成立之后迁往纽约。由此，中关村土生土长的联想集团成功登陆美国，并拥有庞大的国际采购、运营、销售平台。联想7年前"蛇吞"IBM的个人电脑业务，当时外界并不看好，而在金融危机和国际业务融合不佳两个因素的夹击下，联想2008年出现了2.26亿美元的巨大亏损。不过，经过多年企业文化的碰撞和核心价值的结合，2009年的第二财季，联想集团终于扭亏为盈。如今联想更是成功登上全球第二大个人电脑厂商的宝座。

联想进军海外市场的"三部曲"：第一步，是在海外建立一个贸易公司，作为进入国际流通领域，寻求开发外向型产品的突破口。1988年4月，联想电脑有限公司在香港成立，开业3个月就收回全部90万港币的投资。第二步，建立一个有研究开发中心、有生产基地、有国际经销网点的跨国集团公司。这是关键的一步，也是整个外向型事业的重心所在。1989年11月14日，联想计算机集团公司正式宣告成立，是实现这一步的重要标志。第三步，1993年联想在海外上市，形成规模经济，开始跻身于发达国家计算机产业之列。

三个发展策略（海外发展战略）：一是优势互补的产业发展策略。香港联想公司是由3家各有优势的公司合资而成的。其中，香港导运公司有长期海外贸易经验，熟悉当地和欧美市场；另一家技术转让公司能提供坚实的法律保证和稳定可靠的贷款来源；北京联想公司则有

[①] 周子超.中国企业对外直接投资的理论分析——以联想集团为例.新财经：理论版，2013，9:50~51.

无与伦比的技术和人才实力优势。二是"田忌赛马"的研究开发策略。当时286微机在欧美有极广阔的市场,充斥这个市场的主要是我国台湾地区和韩国的产品,而联想微机可以与它们较量。从技术上说,在国际市场上,286属于"中马""下马"的范围,联想决定拿出"上马"来和竞争对手对阵。由此,联想投入较为充裕的资金,调动一流技术人才,运用先进的设计思路,选用国际通用的、集成度最高的、最新生产的元器件,使设计出来的机器在性能上远远优于我国台湾、香港地区和韩国生产的产品。三是优质低价的产品经营策略。这是当时联想跻身国际市场必须采取的策略。联想286在当时可以说达到了很高的质量,卖的却是较低的价格,这就使联想产品成功挤进了国际市场。

"大船结构"管理模式。这种模式是:组建跨国集团公司,实施"集中指挥,分工协作",人员统一调动,资金统一管理。"船舱"实行经济承包合同制。1988年,公司按工作性质划分了各专业部,实行"船舱式"管理,任务明确,流水作业。这有利于提高工作质量和效率,实现按劳分配,确立企业职工的主人翁地位,有利于调动职工的积极性。同时,公司逐步实行制度化管理。从1998年起,联想开始完善各种企业管理制度,着力进行规范化企业管理,为创建大规模外向型企业做准备。

第九章 "一带一路"倡议和中国铁路"走出去"

2015年3月28日,中国政府发布《推动共建丝绸之路经济带和21世纪海上丝绸之路的愿景与行动》,确定"一带一路"建设的主要内容是政策沟通、设施联通、贸易畅通、资金融通、民心相通。在亚太经合组织(APEC)北京峰会上,习近平总书记表示:"如果将'一带一路'比喻为亚洲腾飞的两只翅膀,那么互联互通就是两只翅膀的血脉经络。"铁路作为交通基础设施的代表,作为工程建设和装备制造集大成者,在推进"一带一路"建设方面发挥着先锋的能量。

第一节 铁路"走出去"服务"一带一路"

一、铁路在"一带一路"中的作用举足轻重

铁路在我国作为陆地运输的主要方式,自投入使用以来,路网的范围不断延长,装备和技术水平持续提升,服务的品质不断升级,已成为近现代最不可或缺的交通工具之一,为我国社会的文明进步和经济发展做出了巨大贡献。

面对以和平发展、合作共赢为时代主题的国际经济市场,"一带一路"为我国形成全方位对外开放格局带来了新的契机,在这样一个世纪性机遇面前,中国铁路能否有所作为,成为世人举目的焦点。

"一带一路"是一个可以让铁路行业重新自我认知、实现自我提升、完成跨越发展的有利契机。首先,与"一带一路"的国际化市场交流将使铁路有机会进入更加广阔的市场领域,从而实现更加客观的

自我评价和认知，进而为塑造中国铁路的国际形象奠定良好的舆论基础。其次，"一带一路"对铁路而言既是自曝不足的"难堪"时期，又是实现自我提升的大好时机。不完善、不科学的运输模式将随着"一带一路"的进行而逐渐被摒弃，随之而来的将是更加合理化的能级分配和管理模式。最后，通过"一带一路"，中国铁路将在国际市场的"打拼"中，更加合理地完善营运机制，从而推进体制改革的顺利进行，为中国铁路国际市场谋求更加光明的未来。

纵然，"一带一路"将会为中国铁路在国际市场上大有作为带来更多机遇，但运营思维的局限性和管理模式的僵化也为中国铁路"刮骨疗伤"带来了极大挑战。首先，在运输结构上，中国铁路的铁路—水路联运占比太低、铁路—公路联运不够灵活。面对"各自为营"的铁路、水运、公路，为实现新时期的迅速腾飞，铁路部门有责任也有义务建立起更加合理化、多样化、市场化的运输网、运输产品，从而实现互惠互利，合作共赢。其次，在营运理念上，铁路部门的服务意识有待进一步提高。国际市场的竞争是方方面面的，货比三家，比的不仅仅是价格、质量，更有服务，如何让消费者切实地感受到被尊重、被重视，让消费者心甘情愿买单、顺心舒畅消费，是值得铁路部门深思的"服务软肋"。另外，建立起完善的国际市场运营体系是稳定中国铁路国际市场的重要保证。从品牌营销、自我推广到客户服务，再到售后服务，完整的营运体系是一个封闭的环，中国铁路虽然已经做好了改革的充分准备，但是如何能够形成不用依赖人为因素仍可以实现运作的营运体制，也是摆在中国铁路面前的重要一题。

"一带一路"带给中国铁路的发展契机是不可估量的，虽然中国铁路走向国际市场仍有一段路需要走，但是国家层面的支持和中国铁路良好的自我认知会使其发展目标更明确、意志更坚决。

二、铁路"走出去"正逢其时

"一带一路"采用古代丝绸之路这一驰名中外的历史符号，秉承

"和平合作、开放包容、互学互鉴、互利共赢"的丝路精神，以"政策沟通、设施联通、贸易畅通、资金融通、民心相通"为合作重点，坚持共商、共建、共享原则，深化沿线国家全方位务实合作，共同拓展发展空间，打造政治互信、经济融合、文化包容的利益共同体、命运共同体和责任共同体。

这一横跨时空的伟大构想，沿着历史长河而来，融通古今，连接中外，体现了和平、合作、共赢、发展的时代潮流，继承了丝绸之路沿线各国追寻繁荣的高铁愿望，给予古老丝绸之路崭新的时代内涵。

三、中国铁路走出去是实施"一带一路"的重要环节

铁路是国民经济大动脉和大众化的交通工具，已成为"一带一路"的重要组成部分，并随着"一带一路"步入务实合作阶段。

（一）中国铁路"走出去"有助于实现"道路相通"

丝绸之路沿线各国间的贸易往来日益频繁，推动了贸易的便利化，使基础设施的互联互通显得十分重要。在"一带一路"的实施中，先投入的交通基础设施互联互通，被细分为公共道路、铁路、航线运输等领域的联通项目，给各地的基础设施建设企业带去了广阔的市场空间。"一带一路"覆盖区域各国与地区，尤其是发展中国家与地区，渴望通过这一倡议，改善基础设施建设，建立通往富庶和繁荣的道路。

"一带一路"推动国内铁路建设。2011年，重庆市开通渝（重庆）新（新疆）欧（欧洲）国际定期货运班列。渝新欧班列是丝绸之路经济带最先开通运用的五定（定点、定线、定车次、定时、定价）班列，由重庆始发，经过新疆阿拉山口离境，通过哈萨克斯坦、俄罗斯、白俄罗斯、波兰最终抵达德国的杜伊斯堡。截止到2013年，这一班列货物运输总额占经新疆阿拉山口到欧洲班列的80%以上，接下来将加强与沿线各国及国内各省区市的合作，从而使"渝新欧"国际铁路的作用得到更好的发挥。福建省作为东南沿海地区，正在拟定加快融入国

家"丝绸之路经济带"和"海上丝绸之路"建设的筹划和行动方案,其中就包括改善以铁路、公路和海空港为主要枢纽的交通网络。2014年6月,安徽省开通了连接新亚欧大陆桥的货运专列,途经西安、乌鲁木齐、阿拉山口直达哈萨克斯坦阿拉木图,缩短了安徽到中亚的货运时间。同一时期,陕西省把推进交通物流枢纽和国际商品物流集散中心建设作为核心项目,为企业"走出去"打通物流通道。

"一带一路"倡议带动了周边国家的基建热情。依据"一带一路"的走向,依托国际大通道,以沿线各国中心城市为主要支撑,将重点经贸产业园区作为合作平台,共同打造新亚欧大陆桥、中蒙俄、中国—中亚—西亚、中国—中南半岛等国际经济合作长廊。

新亚欧大陆桥是指,从中国江苏连云港市开始,到荷兰鹿特丹港的国际化铁路交通干线,由兰新铁路和陇海铁路组成中国国内交通干线。大陆桥途经江苏、安徽、河南、陕西、甘肃、青海、新疆7个省、区,65个地、市、州,430多个县、市,到中哈边界的阿拉山口出国境。出国境后可经3条线路抵达荷兰的鹿特丹港。中线与俄罗斯铁路友谊站接轨,进入俄罗斯铁路网,途经阿克斗亚、切利诺格勒、古比雪夫、斯摩棱斯克、布列斯特、华沙、柏林达荷兰的鹿特丹港,全长10 900千米,辐射世界30多个国家和地区。

亚欧大陆桥陇海—兰新城市带的主要城市有连云港、徐州、商丘、开封、郑州、洛阳、三门峡、兰州、乌鲁木齐等。这是丝绸之路经济带建设最重要的基础设施工程之一。中蒙俄经济走廊共分成两条主要线路:第一条是从华北京津冀开始,途径呼和浩特,再到蒙古和俄罗斯;第二条是由东北地区开始,从大连、沈阳、长春、哈尔滨到满洲里和俄罗斯的赤塔。这两条互动互补的经济走廊共同形成了一个新的开放开发经济带。中蒙俄经济走廊的东北通道连接东北三省,向东运输可以抵达海参崴出海口,向西可经俄罗斯赤塔进入亚欧大陆桥。如今,已开通了"沈满欧""津满欧""粤满欧""苏满欧"等"中俄欧"铁路国际货物班列,并基本实现了正常化的运营。

为支持"一带一路"沿线国家基础设施的建设,中国倡议建立的亚洲基础设施投资银行，向包括东盟各国在内的该地区发展中国家提供资金以支持其基础设施建设。该倡议的提出得到印度尼西亚等东盟国家的积极响应与支持。截至2015年12月，亚洲基础设施投资银行正式成立，共有57个国家成为正式的意向创始成员国。这将为建设"一带一路"提供便利的投融资支持。

2016年7月7日，中国电气进出口有限公司完成了白俄罗斯"戈梅利—日罗宾—博布鲁伊斯克—奥西波维奇"铁路段的电气化改造项目，这成为我国企业在白俄罗斯完成的第一个铁路电气化项目。项目全长193千米，总造价达1.7亿美元，设计最高时速可到每小时160千米。在这一路段上，中白两国铁路工作者相互协作，铺设了约100千米长的外电供电线路，新建了4座列车牵引变电站，安装了9000多根接触网支柱和1000多组硬横梁。该项目使白俄罗斯首都明斯克到白第一大工业城市戈梅利之间350多千米的铁路线实现了电气化。列车比原来的速度更快，乘坐也更加舒适，如今从明斯克到戈梅利的行程用时比原来可节约一个半小时，这为两座城市间人们的出行带来了方便。这一项目将白俄罗斯原来这段铁路的通行能力提升了20%，节约能耗35%，显著降低了环境污染。这一项目的完美完成成为中国铁路产品和铁路施工服务"走出去"的示范案例，必将增强中国铁路建设在海外的影响力。

（二）中国铁路走出去有助于实现"文化相通"和"民心相通"

"一带一路"不止是一条经济带，还是一条多民族相处、多种宗教交织、多文明交融的文化带。古丝绸之路鲜明地体现出"和睦、和谐、和平、多元、共荣"的文化交流特征。如今大背景下，"一带一路"将把"中国梦"同沿线各国民众对美好生活的共同愿景对接起来，共同追求中国人民和各国人民的福祉。而基础设施的建设，将大大带动沿线国家的经济和文化交流。

其中在"中蒙俄经济走廊"的建设中，"万里茶路"的历史文化传统正成为中国、蒙古、俄罗斯三国重振"草原丝路"的文化共识。

这条古代商道在三个国家形成了一些重要节点城市,如俄罗斯的伊尔库茨克、恰克图,蒙古的乌兰巴托,中国的呼和浩特、张家口、北京等。这条商道向北延伸到莫斯科和欧洲其他地区,向南通达到福建等茶叶产地,带动了沿途城镇、商业、加工业、服务业的发展和文化交流。形形色色的驼队商旅操着不同语言,信仰不同宗教,承载不同文化,共同推动了这条商路的繁盛。这也是历史留给中国、蒙古、俄罗斯的一份重要文化遗产,是有利于建设现代"中蒙俄经济走廊"的人文资源。

铁路"走出去"还带动了相关产业的发展。发展旅游产业将对沿线一些国家和地区产生较强的带动作用。铁路等基础设施建设将为旅游业的发展带来更好的条件,为我国居民出游和外国居民来华旅游提供更为便捷的条件。

第二节 中国铁路"走出去"的现状

一、中国铁路"走出去"正在迈开稳健的步伐

在党中央和国务院的大力支持推动下,围绕铁路"走出去"服务"一带一路",铁路部门积极谋划、主动作为。近年来,铁路建设项目、技术装备、技术标准以及教育培训"走出去"取得重要进展。

理清铁路"走出去"总体思路。一是服务"一带一路",结合地缘政治、项目定位、技术标准和风险评估,深化规划研究。二是区别装备制造、工程建设、运营管理等不同实施方式,提出有针对性的支持政策和分类实施策略。三是提高我国铁路技术标准的科学性、先进性、适应性,积极推进我国铁路标准国际化。四是以国际合作为抓手,深度宣传我国高铁发展成果,提升我国铁路影响力。五是加快推进互联互通铁路、非洲铁路和高铁等重点项目,争取早出成果,发挥示范效应。

勾画铁路"走出去"总体布局。一是规划建设新亚欧大陆桥南通

道、经南亚、西亚到达欧洲；中吉乌铁路，沟通中亚、西亚；中巴铁路，经瓜达尔港连接印度洋；泛亚铁路，连通中南半岛和东盟国家。二是同步规划建设26个铁路口岸站，与周边11个国家铁路相连。推进中蒙、中俄、中朝等资源开发型铁路建设，促进地区经济发展。三是建立统一的全程运输协调机制，实现国际货物运输便利化。

（一）铁路建设"走出去"

近年来，我国铁路积极参与境外基础设施建设，铁路"走出去"建设项目稳步推进（见表9.1）。采用工程承包方式完成境外铁路项目47个，约8000千米，正在境外建设铁路项目81个，约1.7万千米，覆盖欧、亚、非、拉美等大洲。随着"一带一路"的实施，"走出去"建设项目取得新进展。

表9.1 近年我国部分海外铁路建设项目

项目名称	国家	起止地点	里程/千米	开工时间	建成或预计建成时间
阿卡铁路	尼日利亚	阿布贾—卡杜纳	186.5	2011年	2014年11月
亚吉铁路	埃塞俄比亚、吉布提	亚的斯亚贝巴—吉布堤	756	2012年4月	预计2016年年底
蒙内铁路	肯尼亚	蒙巴萨港—内罗毕	480	2014年12月	预计2017年
中老铁路	中国、老挝	昆明—万象	417	2015年12月	预计2020年
中泰铁路	中国、泰国	曼谷—廊开—昆明	845	2015年12月	预计2018年年底
匈塞铁路	匈牙利、塞尔维亚	布达佩斯—贝尔格莱德	350	2015年12月	预计2017年年底
雅万铁路	印度尼西亚	雅加达—万隆	150	2016年1月	预计2019年

为推动中国铁路"走出去"，中国铁路总公司于2014年年底组建了中国铁路国际有限公司，搭建了境外业务的工作平台。由中国铁路总公司统筹铁路设计、建设、装备制造企业以及金融机构的优势资源，实现优势互补、分工协作，合力拓展国际铁路市场，精心培育中国铁路品牌，有效提升了我国铁路全产业链的竞争力。在各方努力下，中

国铁路"走出去"已取得积极成效。

2015年2月,由中国铁建集团在安哥拉修建的本格拉铁路正式建成通车。这是继援建坦赞铁路之后,中国在海外修建的最长的一条铁路。横贯安哥拉全境的本格拉铁路,由中国铁建二十局集团承建、中国进出口银行提供信贷支持。该铁路全长1344千米,西起洛比托,终点位于与刚果接壤的边境重镇卢奥,轨距1067毫米,设67座车站。2011年8月29日,洛比托至万博开通客运。2012年3月31日,向东延伸202千米开通客运至奎托。2012年5月25日,通车至卢埃纳。2013年8月通车至刚果边界。经7年施工于2014年8月12日全线竣工。

2015年11月13日,中老铁路项目签约仪式在北京举行。老挝政府副总理宋沙瓦·凌沙瓦与中国国家发展改革委主任徐绍史分别代表两国政府签署了政府间铁路合作协定,标志着中老铁路项目正式进入实施阶段。中老铁路总投资近400亿元,由中老双方按照70%∶30%的股比合资建设,预计于2020年建成通车。中老铁路起于中老边境磨憨,向南至老挝首都万象,线路全长417.8千米,设计时速160千米。磨丁—万象铁路北端与中国境内玉溪—磨憨铁路对接,南端与泰国廊开—玛它普的标准轨铁路相连,共同构成泛亚铁路中通道——中老泰国际铁路大通道。中老铁路的先行开工段万象站及相关工程已于2015年12月2日开工,现场施工组织有序推进,全线初步设计完成初步评审。

2015年6月,中铁二院工程集团有限责任公司与俄罗斯企业组成的联合体,就中标的莫斯科—喀山高铁项目的勘察设计部分与俄罗斯铁路公司正式签约。俄罗斯莫斯科至喀山高铁是俄罗斯2008年11月颁布的《2030年运输发展战略规划》中的重大项目,线路全长770千米,最高设计时速400千米。莫喀高铁项目合同金额约24亿元,是中国高铁走出国门的"第一单",也是推进国家"一带一路"建设过程中的又一重要成就。

2015年11月,中国与匈牙利两国政府正式签署《关于匈塞铁路匈牙利段开发、建设和融资合作协议》。匈塞铁路自匈牙利首都布达佩斯至塞尔维亚首都贝尔格莱德,全长350千米,其中匈牙利境内

166千米，塞尔维亚境内184千米。该项目为电气化客货混线铁路，设计最高时速200千米，建成通车后，两地之间的运行时间将从目前的8小时缩短至3小时以内。2015年12月23日，匈塞铁路塞尔维亚段在塞尔维亚第二大城市诺维萨德举行了启动仪式。目前该项目进展顺利。

2016年7月，从尼日利亚首都阿布贾西郊伊至其中部城市卡杜纳的铁路建成通车，这标志着尼日利亚第一条现代化铁路正式投入运营。阿布贾到卡杜纳铁路（阿卡铁路）全长186.5千米，沿线共设9个车站，设计最高时速150千米，投资约8.5亿美元，是尼日利亚铁路现代化项目第一标段，由中国土木工程集团负责设计和施工。尼日利亚铁路现代化项目全长1315千米，南起拉各斯，北至卡诺，合同总额83亿美元。而在2014年11月，中国土木工程集团有限公司还与尼日利亚联邦交通部正式签署了尼日利亚沿海铁路项目商务合同，项目全长折算单线里程1402千米，设计时速120千米，项目合同金额变更为约119.7亿美元，折合人民币约735.16亿元。

8月8日，中国中铁股份有限公司与孟加拉国铁路局在孟加拉国首都达卡正式签署帕德玛大桥铁路连接线项目建设合同，项目合同金额为31.4亿美元。这一项目是孟加拉国东西部客货运输主通道之一，线路起于达卡站，经帕德玛大桥最终至杰索尔，组成孟加拉国西南部铁路网骨架。项目新建铁路正线里程168.6千米，最高设计时速120千米。项目建成后，孟加拉国西部和西南部地区交通状况将获得极大改善，并将有力带动上述地区及孟加拉国社会经济发展。同时，项目也将促进孟加拉国与中国、印度、缅甸的经贸往来。而帕德玛大桥主桥工程则由中国中铁大桥局于2014年6月2日中标，合同金额约15.5亿美元。目前，项目主体工程已正式开工，正有序推进。帕德玛大桥项目是迄今中国企业承建的最大海外桥梁工程，被当地居民称为"梦想之桥"。

（二）装备制造"走出去"

未来，高铁有望成为铁路市场重要的增长点。德国权威咨询机构调查报告显示，全球铁路市场容量目前是1620亿欧元，未来有望以每年3.4%的速度增长,到2018年增长到1900亿欧元。目前,南美、中东欧、俄语地区的轨道交通设备已经进入车辆更新换代的高峰,潜力巨大;非洲地区对机车、货车、普通客车的需求也在逐步增加。此外,很多国家已经将高铁作为交通运输领域的发展重点。

在国家加快实施"走出去"的大背景下,依托铁路科技进步快速发展的成果,我国铁路机车车辆装备制造企业积极拓展海外市场,从亚非到欧美,从铁路机车、客车、货车、动车组到地铁车辆、有轨电车,从单纯产品输出向产品、资本、技术全方位输出,实现了从低端产品向高端产品提升的历史性转变。我国铁路装备产品出口市场从亚非到欧美,实现了6大洲的全覆盖。据统计,加入世贸组织以来,我国机车车辆出口由2001年的不到8000万美元增长到2014年的37.4亿美元,年均增速34.7%,高于同期全国外贸出口增速16.5个百分点。2014年,机车车辆出口同期增长19.3%,是我国同期外贸出口增速的3倍。

1. 铁路相关装备出口

2014年,中国南车、北车出口签约额均超过30亿美元,同比增长均超过60%。中国南车出口南非新型电力机车、阿根廷城际电动车、伊拉克内燃动车组、马来西亚米轨动车组、新加坡无人驾驶地铁车辆等,高端整车产品出口实现了较大突破。中国北车出口南非232台内燃机车,出口泰国115辆米轨铁路客车,在出口产品数量上创出新纪录;出口巴西的电动车组和地铁列车为2014年世界杯提供便捷运输服务,出口马来西亚24辆动车组,是首次出口时速160千米的"准高速"动车组,出口美国284辆波士顿地铁车辆,成为第一个进入美国地铁市场的"中国制造"。

2015年6月,中国中车旗下的大连机车车辆有限公司向肯尼亚出口13台内燃机车,肯尼亚也是大连机车向非洲出口的第八个国家。2016年5月,中车戚墅堰公司再获向肯尼亚出口56台内燃机车的订单。根据合约,中车戚墅堰公司将在2017年5月底前向中国路桥公司交付56台内燃机车,其中包括43台DF8B型干线货运内燃机车、5台DF11型干线客运内燃机车、8台DF7G型调车内燃机车。这些机车都将服务于肯尼亚蒙内铁路的建设和运营。

2015年7月中国中车旗下的青岛四方股份公司中标香港地铁车辆采购项目，香港铁路有限公司将向青岛四方股份公司采购93列（744辆）地铁列车，总金额约48.4亿元。这既是香港铁路史上最大规模的车辆采购，也是中车史上最大一笔地铁订单。香港铁路公司购买的93列地铁列车，将全面取代现行观塘线、荃湾线、港岛线及将军澳线的第一代列车。这批地铁列车将配备更先进的运作系统和设备，并于2018年至2023年陆续交付。

2016年1月，中车长客股份公司与北方国际合作股份有限公司签订伊朗德黑兰1008辆地铁供货合同，金额达90多亿元人民币。这是目前中国诞生的最大一笔轨道车辆出口订单。此次签订的订单，除少部分在中车长客生产，大部分将在中车长客参与投资的合资公司德黑兰轨道车辆制造公司生产。这也意味着，该项目不仅仅是成品出口，同时也包括生产线和生产技术的出口。

2. 产品、技术、资本全方位"走出去"

中国铁路装备制造企业不断熟悉和了解国际市场规则，根据客户需求打造个性化车辆。为沙特朝觐研制的轻轨车辆，具有极强的耐高温能力和抗风沙能力，自投入运营以来客运量屡屡刷新最高纪录；为泰国曼谷研制的地铁车辆，适应曼谷高温多雨天气，在曼谷历次暴雨洪水中经受考验；为巴西里约研制的电动车组和地铁列车，不仅满足其对车辆强度和非常轨距的特殊要求，还融入巴西的桑巴文化符号。出口土耳其的"祥龙号"100%低地板现代有轨电车，深受当地市民的喜爱。

依托核心技术优势，中国铁路装备制造企业逐步打破了以产品输出为主的传统出口形态，形成产品、技术、资本全方位"走出去"态势。中国南车相继在马来西亚、土耳其、南非等重点市场投资实施本地化生产，带动市场的深入拓展和海外产业布局；斥资2.9亿欧元收购德国采埃孚集团旗下的百年品牌BOGE（博戈）公司；组建中泰高铁联合研究中心、中德轨道交通技术联合研发中心，牵头成立了国际轨道交通车辆工业设计联盟、中国IGBT技术创新与产业联盟。

中国北车2014年先后成立了北车澳洲公司、美国公司、印度先锋公司，继中国北车捷克布拉格工业大学电力牵引与控制联合研发中心、中国北车美国密歇根大学焊接结构研发中心宣告成立后，中国北车—瑞士PROSE转向架技术联合研发中心揭牌。

随着中国铁路"走出去"的推进，铁路装备制造业开始在更高水平、更高层次上实施国际化经营战略，推动企业自主创新，引领创新能力进一步提升。

3. 拉动钢材等基础建材的需求

随着中国高铁"走出去"，铁路用钢以及相关配套设施对钢铁的需求将大幅增加。

铁路建设所需的钢材品种涉及面很广，数量很大，且对性能要求很高。如车站、隧道、桥梁等土建工程，需要大量螺纹钢、线材、盘螺、圆钢等建筑钢材，基本占到了铁路建设整体用钢量的6成左右。据统计，全世界每年仅用于铁轨铺设的钢铁大概为1300万吨，除此之外，每年全世界铁路的2%~3%还需要更新，每一段铁路配套设施对于钢铁需求的拉动也不可小觑。相关统计还指出，每用1吨钢铁铺设铁路，需要3~5吨钢铁用于配套相关的车站、路桥、隧道、电缆、机车等基础设施。

业内人士指出，中国高铁走向国外市场后，后续的运营、车辆购置、设备更新维修、周边土地开发等都将带动未来钢铁的消费，尤其是优特钢的需求量明显增加。诸如制造轨道交通车辆，按中型车B行车计算（长19米、宽2.8米、高3.8米），依据各个类型车辆的用钢特点得出全钢车用钢量为25吨；不锈钢车用钢23吨，其中不锈钢为7吨；铝合金车用钢16吨，其中各类铝制合金为5吨。一般每千米城轨线路约需6~8辆车辆，因此用于地铁及轨道交通的车辆制造，钢材的消耗量很大。据业内专家的统计，轨道交通每投资1亿元，将带动1.12万吨钢材消费。

业界认为，随着国内外市场的逐渐开启，铁路建设行业的景气度将不断提升，再加上中国"一带一路"互联互通大战略，可谓铁路用钢的"及时雨"。实施"一带一路"，高铁、装备制造业走出去，将为我国钢铁企业带来以资本和技术输出为主的又一发展机遇。目前，52个亚投行成员国和地区，除去发达国家和地区外，涉及"一带一路"国家和地区有26个，人均钢消费量101.6千克，粗钢消费量2.7亿吨。2014年我国对这26个国家和地区出口钢材3448.86万吨，占这些国家和地区钢消费量的12.7%。未来30年，如果这些国家和地区人均粗钢消费量达到目前世界人均水平235千米，将有3.6亿吨的增长空间。

确实，"一带一路"建设、周边基础设施互联互通、中非"三网一化"等，对钢材的需求量很大。在南美洲和非洲一些欠发达国家，基础设施建设落后，甚至没有一条像样的铁路，所以在未来的建设中需要大量的钢材。他们要发展，而短期内国内钢材产能又没法满足，因此进口钢材将成为满足这些国家建设的一个途径。这对于我国钢铁业和钢贸业来说，是一个极其巨大的钢材消费市场。国产钢材"走出去"，前景广阔，大有可为。

（三）技术标准"走出去"

1. 中国铁路标准"走出去"成为现实

"最初级的输出是产品，其次是技术，最终则是标准的输出。"近年来，我国加快铁路建设发展，推进铁路创新，铁路的国际影响力不断提升。中国铁路近年来的发展突飞猛进，而中国铁路技术标准"走出去"不断取得进展。近年来，我国高速铁路建设依靠原始创新、集成创新、引进消化吸收再创新等手段，取得了重大技术突破，高速铁路总里程世界第一，在建规模世界第一，持续运行速度世界第一，高速铁路技术领先世界。

中国铁建中非建设有限公司已先后在尼日利亚境内承揽了拉各斯至卡诺现代化铁路项目，尼日利亚沿海铁路项目，奥贡州城际铁路，拉各斯蓝线轻轨和阿布贾城铁项目，累计签订合同金额超过257亿美元。此外，中国铁建承建的尼日利亚阿布贾至卡杜纳铁路是首条按照我国铁路技术标准修建的现代化铁路。中国路桥承建的肯尼亚蒙内铁路、中国土木工程等企业承建的埃塞俄比亚至吉布提铁路，机车、设备、钢轨等完全使用中国铁路标准。目前，我国铁路在标准"走出去"

带动下，正逐步从初期的设备供货和施工建设向设计引领、技术带动、运营维护的全产业链输出转变。

国家铁路局一直在积极为铁路走出去提供技术标准支撑。2014 年 5 月初，李克强总理访问非洲，推动了中非铁路交流合作。2014 年 7 月 1 日，按照国务院有关要求，为适应我国铁路"走出去"的新形势，适应铁路"走出去"对中国铁路技术标准的翻译需求，国家铁路局邀请部分铁路科研机构及勘察设计、铁路运输、施工和装备制造企业共 16 家单位的专家，组织相关部门和单位研究开展铁路标准的整理翻译工作，先后完成了 54 项铁路技术标准翻译出版工作，为铁路"走出去"提供支撑。据统计，我国现行铁道产品标准 1906 项，铁路工程建设标准 213 项，标准翻译工作涉及专业广、翻译难度大、时间要求紧。各相关单位高度重视这项工作，紧紧围绕铁路"走出去"对铁路标准的需求，分清轻重缓急，确定工作计划，明确责任分工，确保完成相关普速铁路标准的翻译工作，满足境外普速铁路建设对中国技术标准的需求。

2015 年，国家铁路局还将重点围绕高速铁路、城际铁路等方面的工程建设和产品技术标准，继续开展标准翻译工作，翻译出版《高速铁路设计规范》等一批英文版铁路技术标准。

一位高铁防灾领域的行业人士表示，在行业内只有符合《高速铁路设计规范》标准的产品才有进入铁路领域的可能性。这次国家铁路局翻译出版英文版的计规和相关标准文书，有利于铁路企业进入海外市场。

除了技术标准的翻译之外，中国铁路的标准输出还包括中国标准动车组的设计和制造工作。

中车一位工程师表示，此前中国高铁走的是引进消化吸收再创新的道路，同时从加拿大庞巴迪、日本川崎重工和三菱、法国阿尔斯通、德国西门子引进了四种不同型号的动车组，这些动车组在国内铁路装备企业和工程人员的努力下，近年来已经掌握了自主知识产权，在此基础上研发制造出了中国自己的动车组，其中一些如高寒动车组、防风沙动车组属于中国特有的技术和产品。

2014年9月,中国铁路总公司曾组织南北车和铁科院召开为期四天的中国标准动车组项目推进会。该项目由中国铁路总公司主导组织实施,中国铁道科学研究院技术牵头,中国南车集团公司、中国北车集团公司及其相关企业设计制造,相关科研单位提供技术支持。该项目自2012年启动以来,在自主化和简统化两个重点领域已取得重要成果,形成了动车组的中国标准,全面开展了知识产权工作。

一位参加该项目的技术人员向记者表示,目前该项目已经基本完成研发工作,预计年内能完成认证工作。

上述人士称,中国铁路部门进行此项工作,目的有三个:一是对内而言,针对中国铁路的需求,推出适合中国国情、路情的高速动车组设计制造平台,从而实现全面自主化;其二,建立统一的技术标准体系,在一个平台上操作,实现动车组在服务功能、运用维护上的统一,提高效率,降低成本;其三,以自主化、系列化和简统化为目标,打造中国标准动车组品牌,解决知识产权问题,助力中国高铁"走出去"①。

企业"走出去"不仅是收获产值,还考验技术标准的复制对接能力和经营管理能力。真正优秀的企业不仅能在国内生存,在任何一个国家都应该能生存。经过多年的建设,中国铁路已经形成高速铁路、城际铁路、重载铁路等标准体系,中国铁路在国际合作的过程中被逐渐认可,并且被采用。同时,中国铁路也在深度参与国际标准化组织的活动及重要标准的编制,积极为世界铁路标准的建设发展做出贡献。从长远来看,"一带一路"的实施对铁路而言也有很大的机遇,可以与沿线国家一道共同促进丝绸之路经济带的建设。

2. 中国标准"走出去"过程将面临激烈竞争

目前,在中国铁路走出去的过程中遇到了很多问题,其中技术标准成为瓶颈问题之一,具体体现在中国铁路技术标准对国外市场的适应程度和国际市场对中国标准的接纳程度两个方面:一方面是中国铁路技术标准是系统总结国内铁路建设和运营实践经验而制定的,"走出

---

① 周伟. 中国铁路标准"走出去"又有新进展. [2016-07-23]. http://news.sina.com.cn/c/2016-07-05/doc-ifxtrwtu9940211.shtml.

去"之后会碰到因国情差异而出现的各种问题，完全照搬中国标准会碰到不适应的情况；另一方面是遇到国外铁路发达国家因标准制定时间早影响力大而形成的技术壁垒。

照搬中国标准无法完全适合铁路建设国的国情。铁路建设所在国的国情与中国往往存在较大差异，照搬中国标准有时很难适应，需要对中国标准进行调整和完善。例如，委内瑞拉铁路项目：根据本国国情要求为时速220千米的客货共线铁路，而中国有时速200千米客货共线技术体系，也有时速250千米客运专线技术体系，但对时速220千米客货共线体系没有成熟经验，项目实施过程中对线路几何设计参数轨道结构基础设施结构等方面开展了大量研究俄罗斯铁路项目，根据本国国情要求为时速400千米的客货共线铁路，而中国铁路标准中只有时速350千米的客运专线技术体系，需要开展大量研究埃塞铁路道砟问题，中国标准要求采用Ⅰ级道砟，而埃塞当地合格道砟严重缺乏。项目实施时，对采用Ⅱ级道砟的可行性进行了专题研究论证后，大多数地段采用了Ⅱ级道砟。

中国铁路标准与国外铁路标准兼容互通性存在不足。目前，海外铁路建设过程中碰到的国外技术标准兼容互通性问题越来越多，主要包括三种情况：一是按照中国铁路标准修建的铁路线路与按国外标准修建的铁路线路之间的兼容互通问题；二是中国铁路工程建设标准中实际有很多隐性参数，与国外车辆信号等设备存在兼容互通问题；三是设计理论与试验方法存在兼容互通问题。例如：① 尼日利亚铁路项目的车站已经按照中国标准修建，其中站台设计标准隐含了中国车辆参数，即车站站台高度及站台边缘至股道中心的距离等与中方车辆尺寸一致，但尼方车辆采购采取国际招标，目前全球有4~5家厂商待定，若两者不匹配，则会存在安全隐患。② 委内瑞拉铁路项目中，由于委方既有的铁路项目使用的是UIC 60 kg/m 钢轨标准和德国VOSSLOH扣件E70轨枕等产品，中国轨道标准采用的是CHN60 kg/m钢轨，两者存在差异，如直接生产则存在知识产权侵权问题。中方企业组成联合攻关小组，共同开展产品研制，并按照外方要求的EN 13146-4:2002标准开展疲劳试验和上道试验相关测试工作后，才最终使国内产品得到成功应用。③ 尼日利亚铁路项目中，中国铁路标准对软土地基稳定性计算采用总应力法，而咨询方意大利 Team 公司要求采用有效应力法，由于地质勘察提供的土体力学参数都是总应力抗剪强度指标，而未开展三轴剪切有效应力试验，在沟通协调上造成了很大困难。④ 俄罗斯铁路项目中，中方路基填料压实采用重型击实试验，压实度要求为 0.98，而俄方采用轻型击实试验，压实度要求为 1.0，标准协调存在很大困难。

外方对中国标准的理解困难。铁路建设国的技术标准一般不系统，因此项目建设方和咨询方等国外技术人员采用的国外技术标准来源也相对较为混乱。例如，孟加拉铁路采用标准包括：印度 IRS 铁路标准、孟加拉国 BRS 铁路标准、国际铁路联盟 UIC 标准、国际电工委员会 IEC 标准、欧洲 EN 标准、美国 ARMEA 标准等，经常需要与中国标准进行对接。外方技术人员对中国标准的理解普遍困难，主要体现在以下两方面：一是中外铁路技术标准体系架构存在差异；二是国外标准一般对功能和性能提出明确要求，并对定义原理做出说明，而很少直接明确实现方法。而中国铁路建设标准很多为工程经验总结，直接提出结论性条文，原理性解释简略。

技术标准对接工作量大。目前，海外项目实施过程中，外方一般要求中方对采用标准做出详细解释，并提供详细的计算单和附图，而我国很多项目承担企业并不是标准编制单位，无法了解和收集规范编制配套研究资料；同时，还需要进行翻译工作，该项工作耗费了大量精力和费用，对工期也有一定影响，且增加了项目工程成本。

3. 铁路技术标准国际化帮助中国铁路"走出去"

对于我国铁路，争取制定国际标准是促进我国铁路产业发展国际贸易的需要，应站在经济全球化的高度，制定我国铁路标准国际化战略，实现从参与国际标准化工作到主导国际标准化工作的转变。在铁道行业重要领域，通过国际标准的制定，将自主创新成果推向国际，体现我国铁路综合实力，促进我国及世界铁路的发展并有效维护自身的权益。

制定我国铁路标准国际化战略规划。根据当前我国铁路产业的技术水平和对未来一定时期发展趋势的预计，依据国家标准化管理委员会一定时期的国际标准化规划，制定阶段性指导我国铁路标准国际化工作的战略规划，确定主攻方向或重点领域，对我国具有的优势技术或前瞻性技术开展以标准化为目的研究计划，对核心技术进行知识产权运作战略规划，指导我国铁路开展标准国际化的具体工作。

国际国外技术标准兼容互通性系列手册编制。中国铁路"走出去"必定会遇上激烈的市场竞争，同时铁路建设国很多具有一定的铁路基础，中国标准完全移植被接纳的难度很大。多数情况是与国外标准对接，主要有以下两种模式：一是在单一项目中不同技术标准混合应用；二是按中国标准修建的铁路要考虑与路网中的其他铁路互联互通。因此，中国铁路标准的国际化应提前布局，开展与欧洲国家（德国、法国、西班牙、俄罗斯等）、日本、美国等铁路发达国家标准和 UICISO IEC EN 等国际标准的兼容互通研究，并编制《国际技术标准兼容互通性系列手册》和《国外技术标准兼容互通性系列手册》。该研究成果可以直接帮助中国企业回答在海外项目合同中是否可以采用某类国外国际标准的问题，为企业在"走出去"过程提供技术支持。

国外标准互认证和国际标准参编。中国标准"走出去"的具体表现形式除了在具体铁路项目中应用中国标准外，还有铁路建设国家对中国铁路标准的相互认证，以及中国铁路标准在国际标准中的推广应用。因此，建议分亚洲（东亚、西亚、中亚）、非洲、欧洲、（中东欧、西欧）、北美洲、拉丁美洲、大洋洲等不同区域，开展中国铁路标准与国外标准的相互认证可行性和实施方案研究（包括知识产权问题），并根据目前中国国外铁路建设项目的进展情况，尽快开展试点，以打破"走出去"遇到的标准技术壁垒。此外，中国应积极参加 UICISO IEC 等国际组织的标准编制工作，以将中国标准推广应用纳入国际标准。

积极组织或参加各类国际标准化活动。我国铁道行业应加大组织或参加各类国际标准化活动的投入，包括组织专家参加国际会议、国际组织或知名机构开展技术交流、邀请国际有关专家培训或讲座等，通过国际标准化组织的网站和国际会议及时了解活动动态，有计划地参加活动。通过参加各类国际标准化活动，可以寻找机会主导国际标准起草，直接参与国际标准起草工作组的工作，将我国铁道行业的技术创新成果纳入国际标准，引导国际技术的发展，使科技成果国际化，从而提高我国的声誉和国际竞争力。通过对正在修订中的国际标准以及实施中的国际标准及时地提出意见和议案，争取将反映我国的意见和要求纳入国际标准，以维护我国的利益。通过参加国际标准化方面的技术会议，可以获得大量有关国际标准制定技术发展动向的信息，特别是国际上的前沿技术，有利于我国铁路产业的发展和技术的创新；同时，可以结识很多技术专家，特别是本行业的国际专家，有利于加强国际交流合作和业务拓展，从而提高我国的技术水平和管理水平。

将我国铁路标准逐步上升为区域和国际主流标准。2006年11月6日，亚太地区62个国家在韩国釜山签署了泛亚铁路计划政府间协议，筹划了40多年的亚洲国际铁路网有望成为现实。为此，建议对成立以我国为主的"亚太铁路标准化协会"并组织编制"亚太铁路标准"、搭建我国铁路标准"走出去"平台的可能性进行研究，逐步将中国铁路标准上升为类似于"欧洲铁路标准""北美铁路协会标准"的亚太铁路标准，进一步提升我国铁路标准的国际影响力。为使国际标准更多地反映中国铁路领域的技术要求和经济利益，建议持续加强与国际铁路联盟（UIC）的联系，与欧盟、德国、法国、日本、美国等几个最重要的铁路标准化组织建立标准化战略伙伴关系。积极争取国务院及其相关部门的大力支持，在与我国铁路相关的国际标准立项、制定过程中，实质性地参与有关活动。具体包括投票、参加国际会议成为国际标准起草组的成员等，使我国高速铁路工程建设标准在国际标准化活动中能够首先实现"重点突破"。

目前，中国铁路已经形成具有自主知识产权的成熟技术标准体系，大量的新技术、新材料、新工艺也还在不断补充进入技术标准，中国铁路取得的成就已经获得全世界认可。随着中国铁路"走出去"进程的不断加速，铁路工程建设技术标准的国际化势在必行，中国标准也将经历与国外标准从竞争走向兼容，再走向融合的过程，中国的铁路技术标准体系也将成为国际标准的重要组成部分，并引领世界铁路的发展。

（四）教育培训"走出去"

中国铁路全面实施"走出去"正逢其时。目前，铁道部成立了中美、中俄、中巴、中印等十几个境外合作项目组，大力开拓国际市场。沙特麦加朝觐轻轨项目进展顺利，委内瑞拉铁路项目开工建设，与美国、俄罗斯、沙特和巴西等国高速铁路合作项目取得进展。中国铁路以先进技术为依托，发挥铁路产业集成优势，推出中国铁路的标准体系，打造中国铁路品牌，"走出去"形势十分喜人。

哪里有建设，哪里有发展前景，那里就缺人才，那里也就是人才聚集地。中国铁路全面实施"走出去"人才奇缺，已成为战略发展的短板。中国铁路全面实施"走出去"，国际工程高素质技能型技术人才严重短缺。

中国高铁"走出去"，人才第一资源，人才是第一支撑。目前，沿线国家铁路技术管理等各类人才匮乏，国际化、复合型人才短缺。

20世纪70年代，中国最大援外成套项目坦赞铁路，在投入运营40年后，随着受过中国培训的老一代职工逐步退休，现今出现维保不力、管理混乱、事故频发、长期亏损等一系列问题，已经处在瘫痪边缘。这表明，单纯的硬件装备技术输出会导致在建设方技术人员撤离后，目标国家因没有自己的技术及人才储备，导致所建铁路无法正常运营。这种状况不仅使技术装备等硬件设施的输出无法可持续发展，更会给输出国的声誉带来极坏的影响。因此，中国高铁"走出去"应当同步推进铁路教育"走出去"，为目标国培养储备本土铁路技术管理人才，帮助目标国真正建好铁路、用好铁路、管好铁路。目前，"一带一路"沿线国家在铁路建设和管理上大多基础薄弱，铁路建设和管理运营人才匮乏，铁路教育体系缺失，无法满足本国轨道交通事业发展的需要。随着铁路"走出去"步伐的加快，各国已经充分认识到人才的重要性和迫切性，印度、埃塞俄比亚、肯尼亚等"一带一路"沿线国家纷纷提出开展铁路技术教育培训的需求，有的国家还提出建设铁道大学等轨道交通科研院所，承担本国轨道交通技术管理人才本地化培养、轨道交通装备适应性研究等任务。截至2015年年底，"一带一路"沿线国家拟与中国合作修建的铁路总里程超过 17 000 km（如表

9.2所示),参照中国铁路定员的经验(约20人/km)进行预测,将会产生超过34万人的人才培养需求,而且伴随着后期工程的不断推进以及"一带一路"的加快实施,这一数字还将以更大的幅度增加。

表9.2 "一带一路"沿线国家与中国合作在建或拟建铁路里程

国家	在建里程/km	拟建里程/km	合计/km	人才培养需求/人
泰国	845		845	16 900
马来西亚		350	350	7000
老挝	420		420	8400
巴基斯坦		1726	1726	34 520
土耳其	158		158	3160
印度		1754	1754	35 080
哈萨克斯坦		1050	1050	21 000
俄罗斯		770	770	15 400
坦桑尼亚		3560	3560	71 200
肯尼亚	472		472	9440
埃塞俄比亚	756		756	14 800
安哥拉	2700		2700	54 000
摩洛哥	26.6	200	226.6	4532
尼日利亚	1385		1385	27 700
印度尼西亚	150		150	3000
匈牙利		166	166	3320
塞尔维亚	184		184	3680
美国		370	370	7400
总计	7096.6	9946	17 026.6	340 532

埃塞俄比亚政府为了发展本国经济,成立了埃塞俄比亚铁路公司(ERC),开展铁路基础设施建设,提供铁路货物与旅客运输服务。目前,埃塞俄比亚铁路公司已经规划了由八大铁路线路构成的国家铁路网络,总里程5060 km。从亚的斯亚贝巴至吉布提的756 km铁路计划于2017年建成通车。二期建设计划在2017年开始,将新建Awash-Weldia、Weldia-Mekele、Mojo-Hawassa三段铁路。远期规划还

有 Weldia-Asaita-Afambo、Hawassa-Woito、Arbaminch-Moyale 等铁路，以及亚的斯亚贝巴轻轨 2 期等。若全部铁路规划得以实施，埃塞俄比亚将形成非洲最大的铁路网，届时铁路相关专业的人才需求超过 10 万人。为培养铁路方面的人才，埃塞铁路公司于 2011 年与本国最好的亚的斯亚贝巴大学工学院（AAIT）开展了联合培养铁路方向专业硕士的项目，由 AAIT 为埃塞铁路公司培养 521 名铁路方向专业硕士。截至 2016 年，已毕业 300 余人。埃塞铁路公司还通过来华培训的方式培养人才，在 2014 年和 2015 年共派遣 400 余名员工到天津铁道职业技术学院参加工务、电务和机务等专业的培训。尽管已开展了多种形式的教育培训，但仍然不能满足埃塞俄比亚铁路运营的需求。为此，埃塞铁路公司提出，成立一所铁道学院的计划，以系统培训铁路各专业、各层次的技术人员。该铁道学院建成后，将由中国相关高校承担运营任务。

肯尼亚蒙巴萨港至内罗毕铁路于 2014 年 10 月动工，计划在 2017 年建成投入使用。蒙内铁路是东非铁路网的起始段，全长 480km，设计运力 2500 万吨，采用中国国铁一级标准，连接肯尼亚首都内罗毕和东非第一大港蒙巴萨港。根据远期规划，该铁路将连接肯尼亚、坦桑尼亚、乌干达、卢旺达、布隆迪和南苏丹等东非 6 国，是非洲"三网一化"，实现东非地区乃至非洲互联互通的重要环节，对非洲国家经济发展起到重要支撑作用。中肯两国领导人对蒙内铁路高度重视。2014 年 5 月，李克强总理与肯尼亚、乌干达、卢旺达、南苏丹等国总统共同出席了该项目的签约仪式，张德江委员长今年 3 月视察该项目的进展情况；肯尼亚总统肯雅塔曾多次亲临蒙内铁路现场，当地人民及社会舆论对该项目也给予了高度关注和期望。随着项目的推进，相关铁路技术人员的培训需求日益凸显。2016 年 4 月，西南交通大学和湖南铁路科技职业技术学院联合对蒙内铁路机车、电务、运输三个方向的专业技术人员开展为期 4 个月的培训，由中方派出专业教师赴肯尼亚进行，这也是中国铁路职业教育成体系地在国外开展培训的一次有益尝试。运营蒙内铁路的定员大约在 10 000 人，后续的培训市场十分广阔。

案例 9.1：服务"一带一路"，职业院校助力高铁"走出去"：以武汉铁路职业技术学院为例①

"一带一路"沿线国家轨道交通人才培养需求是多层次的，既有针对铁路建设维护及运营管理人员、铁路系统高级官员的非学历教育需求，也有为目标国铁路研究机构或高等教育机构培养高层次人才的学历教育需求。中国高铁"走出去"必须优先推进铁路教育"走出去"：一是"引进来"，吸引目标国官员、留学生来华学习培训；二是"送出去"，帮助目标国建立铁道教育科研院所，支撑目标国铁路人才本地化培养。

职业教育如何为国家的"一带一路"服务，如何为参加"一带一路"建设的企业服务，如何加强"一带一路"沿海国家基础建设，如何实现同"一带一路"沿线国家的职业教育领域的交流与合作，推进职业院校走出去和国际化，是新形势下摆在广大职业院校面前的新课题。

中国"走出去"并非是一帆风顺，还存在地缘政治变化、经济发展承受力、技术标准体系兼容等制约因素，这些问题，同样反映在我国职业教育服务"一带一路""走出去"的问题上。其中，语言障碍、学生管理、师资培训对职业院校培的挑战比较大。

从 2015 年 5 月份泰国班普职业学院与武汉铁路职业技术学院联系合作办学事宜开始，合作办学的挑战就放在了双方的面前。第一次谈判，大家就发现，语言上存在巨大的障碍，泰国语是小语种，同时掌握汉语和泰语的人才并不多。从泰语翻译成英语，再由英语翻译成汉语，也会存在信息流失的问题。几经辗转，才从武汉大学里找到了一位汉语好的泰国留学生担任翻译。这只是在谈判，之后的教学，如何解决语言问题，是摆在双方面前的大难题。泰国方面已经找到了泰国孔敬大学孔子学院，先对学生进行汉语基础培训，能否适应到中国来生活的环境，能否听懂有许多专业术语的教学，这仍然是个问题。职业教育里有许多操作环节，通过肢体语言来演示许多操作的环节，

---

① 刘红. 服务"一带一路"战略职业院校助力高铁"走出去". 中国职业技术教育，2015，28:39-43.

对于教学而言是一个有利方面，但专业技术人员的培养，毕竟不完全是操作性的，知识性、理论性知识的传授，仍然需要突破语言的障碍。专业课程由专业教师来教授，语言障碍的突破点在于教师的培训，这对学院的专业教师提出了更高的要求。2016年上半年，泰国的学生就将来到学校学习生活，他们的文化传统是怎样的，生活习惯如何，如何进行管理，这也是摆在学院面前的一个新问题。

"一带一路"所带动的职业教育国际合作，里面有职业教育国际合作中普遍存在的问题，也有特殊问题。首先，语言障碍在国际合作中多少都存在，但是"一带一路"沿线的国家，绝大部分是小语种国家，语言人才相对稀缺，语言的障碍尤显突出，这直接影响教学质量、文化沟通。其次，从国际化合作办学的角度来说，与之前学校与外方的合作不同。此前，学校与国外的合作更多在于与一些发达国家的项目合作，引入多于输出。绝大多数的合作，是把中国的学生送到别的国家去，或者中国接受其他国家的标准。而与泰方的合作，则角度完全不同，对方的学生派到中国来学习中国的标准。那么，准备好标准，用一种最好的面貌去输出，对于我国职业院校来说，这是打造自身品牌，使之成为中国职业教育品牌的绝好机遇，同时也是一次对学校从教育教学质量到对外合作交流能力的一次全方位的考验。

武汉铁路职业技术学院与泰国班普职业学院的合作，是"一带一路"实施后，较早服务于"一带一路"项目的职业院校，他们面临的问题，也是我国职业教育服务"一带一路"的一个缩影。职业教育如何服务好"一带一路"？教育部职业教育与成人教育司葛道凯司长曾经对职业教育服务"一带一路"提出了三个原则：一是要坚持"请进来"与"走出去"相结合。不只为了自己发展，还要帮助对方；同时无论合作伙伴先进或者落后，都有我们可以学习的地方，一定要把"走出去"和"请进来"相结合。二是要坚持政府合作与民间合作相结合。三是要坚持教育合作与产业合作相结合。一方面，企业合作过程中需要职业教育积极参与，通过职业教育参与使企业合作更顺畅、更有效；另一方面，通过教育的合作，为企业合作开拓新的领域，创造新的方式，营造更好的氛围。

"这是一次历史机遇，同时也是对我们学院的一次考验，我们要迎难而上，有敢为天下先的精神。"学院书记刘大洪说。武汉铁路职业技术学院将通过完善合作机制、进行师资培训等举措来应对可能出现的挑战。同时，还有更多具体的问题要在实践中去面对和解决。中国高铁在延伸，武汉铁路职业技术学院服务"一带一路"国际合作的探索也在前进。

随着我国在海外建设铁路里程不断增长，交付运营日期的日益临近，对铁路专业技术人特别是一线管理和技术人才的需求将愈加迫切。受教育内容、人数和成本的制约，对这类人员的教育培训只有在目标国开展方为可行之道。这意味着在铁路"走出去"的进程中，教育培训将成为工程建设和装备制造之后又一"走出去"的产业，将会给国内众多铁路相关的教育培训机构带来全新的发展机遇。国内的高校、科研机构和企业已经开始布局海外铁路教育市场，相关的政策研究、教学资源开发、教师培养、实训体系建设等工作已在进行之中。

二、中国铁路"走出去"过程中遇到的困惑

（一）建设和市场竞争异常激烈

多年来，世界的高速铁路市场一直被日本、德国、法国等少数几个国家的公司所占据，中国高铁"走出去"发展必然会引起世界高速铁路出口市场固有格局的调整，面临的国际竞争问题也在所难免。

首先，知识产权问题是我国高铁"走出去"最为敏感的问题。我国并不是高速铁路技术的原创国，很多技术是在引进国外先进技术的基础上，通过原始创新、集成创新和引进消化吸收再创新而开发出来的，并拥有完全自主的知识产权。虽然目前的技术水平已经高于原创，但在某些方面还并未得到国际社会的一致认可。因此，我国高速铁路的发展不能安于现状，应该放眼长远，继续开发技术性能更优、被国际社会广泛认可的高速铁路的新技术、新工艺和新产品。同时，在条件适宜的情况下,可以联合拥有相关知识产权和专利技术的外国企业，

共同合作参与国际项目。

其次，"一流企业作标准"。中国高铁"走出去"的最高境界，应该是中国标准的输出。目前，我国高速铁路的标准体系在国际社会的知名度还不高，缺少系统、完整的外文译本，在一定程度上影响着我国高铁"走出去"的深度和整体水平，也影响中国高铁的品牌效应。未来，我国应加速推进中国高铁标准的国际化，提高中国高铁标准的国际知名度和认可度。

目前，我国虽然已经成功拥有世界先进的高速铁路集成技术、施工技术、装备制造技术等，也拥有了世界上运营里程最长、运行速度最快的高速铁路系统。但客观而言，我国高速铁路整体水平与传统高铁强国相比，还有进一步完善和改进的空间。与此同时，我国高速铁路的发展时间还不长，高速铁路的整体技术及其稳定情况还需要进一步认真研究。此外，对于在高速铁路发展历史较长的国家所出现的一些技术层面的问题，如沉降问题，我国也应该预先做好积极的准备，加强应对，防患于未然。

未来，我国还应该进一步加快建立健全包括高速铁路在内的全产业"走出去"方面的法律法规体系，规范企业对外投资合作行为；建立整体有效的"走出去"协调运行机制，明确政府部门之间的职责职能，避免因机制问题引发的企业之间的恶性竞争。另外，几乎所有的竞争最终都可以归结为人才的竞争。相关人才的不足，也是中国高铁"走出去"所要面临的一个挑战。

中国高铁"走出去"面临着国际市场的挑战和竞争。但从长远发展来看，随着国际高速铁路规模的进一步扩大，未来国际高铁市场"机遇大于挑战、合作多于竞争"，中国高铁的"走出去"将会进一步提升世界高铁的整体技术水平，通过深化国际间的交流与合作，实现国际社会的"共赢"。

（二）"走出去"的进程充满风险

在铁路"走出去"的进程中也遇到了很多困难，充满未曾预料到的风险。

2009 年，中国中铁与委内瑞拉国家铁路局签订合同，承建在拉美的第一条高铁，从蒂纳科至阿纳科，全长 462.27 km、设计时速 220 km。该项目原计划于 2012 年完工，但因委内瑞拉经济崩溃、资金断链而不得不停摆，自 2015 年中方撤出管理人员后项目已陷入瘫痪状态。

2010 年 11 月，由中国企业承建的沙特麦加萨法至穆戈达莎轻轨项目开通运营。该项目在实施过程中，因实际工程数量比签约时预计工程量大幅增加等原因，预计将发生大额亏损，总亏损额预计约为 41.53 亿元。

2013 年 10 月，中国与泰国签署了《中华人民共和国政府与泰王国政府关于泰国铁路基础设施发展与泰国农产品交换的政府间合作项目的谅解备忘录》，文件中指出中方有意参与廊开至帕栖高速铁路系统项目建设，而泰国以农产品抵偿部分项目费用，这一计划为外界形容为"高铁换大米"。目前，项目已被搁置。2016 年 8 月，日本与泰国就曼谷至清迈高速铁路项目签订合作备忘录，泰国将采用日本新干线技术，全长 700 千米的高铁线路预计在 2018 年动工。

2014 年 11 月，墨西哥官方宣布，中国铁建牵头的联合体中标该国的高铁项目。但仅在 3 天之后，墨西哥又取消了这一高铁投标结果，理由是"为了避免出现对投标程序合法性和透明度的质疑"。目前这一项目已无限期搁置。

上述仅为中国铁路"走出去"遇到挫折的几个例子，也让我们更为理性地思考铁路该如何"走出去"。总结经验与教训，中国铁路"走出去"存在以下几方面的主要困难：

1. 高铁是"三高门槛"的狭窄市场

从某种角度来说，高铁不啻为一个国家的"奢侈级"基础设施。建设高铁有三个较高的经济门槛：首先高铁是高造价项目，需要投入大量资金；其次是人口密度要求很高，世行研究认为线路连接城市所饱有的人口数量至少要达到 2000 万，才有可能收回成本；三是电力供应，时速 250 千米的列车皆为电力牵引，耗电量巨大，而且随着时速增加，耗电量呈阶梯级增长。能满足这些条件，又有意愿修建高铁的国家可谓稀缺。因此一旦有项目消息放出，各大国际高铁巨头闻风就会派出团队跟踪，竞争激烈。国际铁路联盟（UIC）在2013年11月发布的报告指出，目前计划新建高铁的国家有日本、印度、美国、巴西、摩洛哥和几个欧盟国家。此外，经新加坡、马来西亚两国政府批准的新加坡至吉隆坡高铁预计在明年招标。

资金匮乏是高铁上马面临的最普遍问题。越南曾计划在河内和胡志明市之间建设高铁，预期造价为558亿美元，几乎是全年GDP的50%。2010年以花费太过高昂为由遭到国会反对；老挝国会2012年年底通过了中老铁路项目，按原计划应为高铁，但出于降低成本考虑改为时速160千米的普通铁路，造价为70亿美元，但这仍然几乎相当于老挝当时一年的GDP，世界银行、国际货币基金组织都曾劝老挝政府"慎重考虑"。即使是金砖五国之一的巴西，资金也是个很难跨越的障碍。巴西计划建造连接圣保罗和里约热内卢的高铁线路，沿途城市的经济状况和人口密度都已达标，但自2011年开标以来两次流标，原因是大多数高铁公司认为巴西政府给出的盈利预期太低，目前尚不知道第三次招标何时举行。

长距离高铁线路的主要障碍还有人口密度。例如，欧亚高铁必须穿过人烟稀少的俄罗斯西伯利亚地区才能进入欧洲，从经济角度看没有足够的乘坐需求。很多国家在实际操作中不会考虑建设超长客运高铁，因为旅行时间太长，乘客宁愿选择飞机。

高铁建成后，后续的维护保养都对所在国的技术、管理水平有较高的要求。中国计划在非洲设立高速铁路研发中心，但电力是对非洲诸国的考验。一位长期在非洲做铁路工程的负责人对记者表示，非洲大部分国家电力供应不足，民用电力尚未能保障，高铁需要的电力根本无从谈起。

2. 政治风险难以预期

相较于能够以经济模型和分析计算出来的经济门槛，高铁承建双方要面对的更大不确定性在于政治风险。

政局变化影响高铁建设的案例，近年来最为明显的莫过于泰国项目。但除了泰国之外，中国连接东南亚的其他高铁线路也遭遇类似问题。中国计划推动泛亚铁路的建设来实现与东南亚国家的互联互通。

第九章 "一带一路"倡议和中国铁路"走出去"

泛亚铁路规划以云南省为中心辐射,包括三个方案:东线方案需要经过越南,具体为新加坡、吉隆坡、曼谷、金边、胡志明市、河内到昆明;中线方案经过老挝和泰国,从新加坡、吉隆坡、曼谷、万象、尚勇、祥云到昆明;西线方案则要通过缅甸,从新加坡、吉隆坡、曼谷、仰光、瑞丽到昆明。越南出于地缘政治安全考虑,在统一轨道宽度的问题上一直不肯让步,再加上目前中越之间领土纠纷不断,重启连接两国的高铁项目困难重重。缅甸由于国内政局在过去两三年里发生了巨大变化,泛亚铁路的西线建设也停滞了,与中方签订的三年合作备忘录也被缅甸单方面取消。老挝所遇到的国内政治阻力最小,但对它来说需要解决的是邻国的压力。2012 年年底,老挝国会表决通过了酝酿六年的中国—老挝高铁项目,主要因为该段上游的泰国段没有确定,故一直拖延到 2015 年年底方开工建设。此外,中老铁路还受到越南的强力阻挠。

中国高铁在"走出去"的过程中还遇到了一些较为隐形的政治风险。罗马尼亚高铁项目目前已经递交欧盟审批,2013 年李克强总理访问该国时也和对方政府确定了在高铁领域的合作意向,各中国高铁建设公司都开始对项目进行追踪。在具体运作的过程中发现,罗马尼亚作为前社会主义国家,政治体制的变化还不彻底,可变的不确定因素很多。

3. 中国高铁标准尚未得到广泛认同

在高铁基建方面,主要涉及勘察、设计、施工、验收及其他相关的建设规范和标准。得益于先发优势,西方标准至今在全球高铁领域占据主导地位。曾被欧美殖民过的国家,其铁道系统尤其是轨距采用的基本是宗主国的标准。后来西方国家率先研发出高铁之后,大力补贴本国的咨询公司进行可行性报告和设计,逐渐用美标、欧标占据了这块新的全球市场,尤其是被殖民的国家都已经采用了这些标准,想要引入新的标准体系相当困难。另外,中国高铁标准也存在整合不足的问题。在基建方面,中国高速铁路的规范和标准目前仍然与普速铁路共享很多。这上百个标准和规范十分零散,分别由原铁道部、住房和城乡建设部、原铁道部建设司、原铁道部经济规划研究院发布,没有统一收录在一起的版本,也没有翻译成英语。而建设中国高铁标准,并非中铁、中铁建这样的总承包商所能完成，而是一个完整的产业链，包括轨道、道岔、电力电器化、信号都有相应的厂家和安装商。但受限于时间、成本的制约，国内制造企业对申请欧盟认证的热情不高。这也导致中国高铁的建设标准很难进入西方发达国家。

机车车辆方面，中国"高铁标准"同样复杂。中国高铁发展之初，原铁道部用市场换技术并同时鼓励南车、北车进行吸收研发，日本川崎重工、法国阿尔斯通、德国西门子、加拿大庞巴迪的产品和技术分别被南车、北车引进，因而产生了四个高铁型号及其对应的技术平台。CRH1 的生产方是加拿大庞巴迪公司与南车所属青岛四方的合资企业BSP；CRH2 的生产方是南车所属的南车四方机车车辆股份有限公司，技术源自川崎重工；CRH3 的生产者为北车旗下唐山机车车辆厂，与德国西门子合作；CRH5 由北车所属的长春轨道客车股份有限公司与法国阿尔斯通公司合作生产。这种"四方割据"的局面对于中国动车组的部件标准化、平台一体化是很大的阻碍。

4. 海外难复制国内成本优势

世界银行在最新研究报告《中国高速铁路：建设成本分析》中指出，中国高铁建设成本仅是发达国家平均水平的 1/3。在中国建设时速达 350 千米的高铁，每千米基础设施单位建设成本通常为 1700 万至 2100 万美元，而欧洲的高铁每千米的建设成本为 2500 万至 3900 万美元，而在美国加利福尼亚州可高达 5600 万美元。

成本优势是中国高铁"走出去"最常使用的一块招牌。以往的基础设施承包经验也表明，这在非洲、拉丁美洲等欠发达、资金又较紧缺的国家确实往往能帮助中国赢得生意。中国铁路在"走出去"的时候大多数都附有利率优惠的贷款。但贷款最终必须偿还，如果该国没有支付能力，而项目本身又不具有营利性，无异于浪费了中国的投资。

现实中，越来越多的国家对于中国资金也并不是"来之即收"，高铁这类基建项目对于当地政府来说也有更多造福本地经济的需要。2013 年，南车中标南非国家交通运输集团有限公司（Transnet）的订单，为南非铁路改造项目提供 95 台全新普货电力机车，其中 85 台都被要求在南非生产制造，以保证采用本土原材料和劳动力。

世界银行的研究显示，高铁在中国造价较低的因素包括低征地成本、低价劳动力和规模优势。这三项在国外均很难实现：外国的土地多为私有，征地费用高昂；劳动力方面，业主国家对使用本国劳动力的比例有严格要求；只建一两条高铁，就无法对各项建设内容实行标准化设计，建立富有创新性和竞争力的设备制造和土建工程的产能，以及在多个项目上摊还土建设备的资金成本。

第三节　中国铁路走出去的前瞻

一、坚定信心：中国铁路"走出去"的前景广阔

随着全球能源危机、气候变暖、交通安全等问题的日益严重，欧美、俄罗斯等大国以及中东欧、拉美、非洲等越来越多的发展中国家把铁路作为优先发展领域，新一轮铁路发展热潮正在世界范围内兴起。预计到2030年，全球铁路规划新建里程将达10万千米（不含我国大陆地区），其中高铁里程4万千米以上，高铁直接投资1.1万亿美元。另外，现有铁路中存在很多老旧的铁路，它们建成时间已达数十年甚至上百年，大多已不堪使用，急待升级改造或重建。这也给铁路建设带来新机遇。

目前，一批高铁项目已经启动或即将启动。2015年12月，中老铁路开工建设；2016年1月，印尼的雅加达至万隆高铁开工建设。另外，中泰铁路、匈塞铁路塞尔维亚段也已经正式启动，俄罗斯的莫斯科至喀山高铁，马来西亚至新加坡的高铁项目也在加快推进。总体而言，我国铁路"走出去"道路非常广阔。

二、稳步推进：增强防范风险的意识

铁路建设周期长、规模大、覆盖面广、投资额度高、涉及面宽。

在当前国际安全和经济秩序进入深度调整和重构期的新形势下,铁路"走出去"需要面对的不确定因素较多,面临政治风险、经济风险、法律风险、知识产权风险、环境风险、文化风险等六大风险。为有效规避风险,应建立健全风险评估防控机制,定期发布重大国别风险评估,及时警示通报有关国家重大风险,预先防范,妥善应对,加强风险防范和安全保障,为铁路"走出去"创造良好环境。

三、铁路技术教育:增强中国铁路"走出去"软实力的着力点

人才培养培训是中国高铁"走出去"的基础性、先导性、前瞻性工作,同时也是具有战略性、紧迫性和挑战性的工作。目前,"一带一路"沿线国家已在考虑建设相应轨道交通人才培养基地,建立集理论教学和实操训练于一体的培训中心,为本国提供统一标准、统一模式的轨道交通人才学历教育、非学历教育。新建铁路的人才培训工作也已经在持续进行,国内众多高校、科研机构和企业已在着手为"一带一路"沿线国家培养储备轨道交通高层次创新人才以及技术、管理、商务、法务、投融资等各类人才。这些将为中国高铁大规模"走出去",为中国高铁企业在与德国西门子、法国阿尔斯通、日本川崎、加拿大庞巴迪等世界轨道交通企业巨头的竞争中增加决定性的制胜砝码。

附 注

2005—2014年中国进出口贸易总额以及"一带一路"沿线64国对中国的进出口贸易总额 单位：亿美元

	2014	2013	2012	2011	2010	2009	2008	2007	2006	2005
进口贸易额/亿元	120358	121037.5	114801.0	113161.4	94699.3	68618.4	79526.5	73284.6	63376.9	54273.7
出口贸易额/亿元	143883.7	137131.4	129359.3	123240.6	107022.8	82029.7	100394.9	93455.6	77594.6	62648.1
进出口贸易总额/亿元	264241.7	258168.9	244160.2	236402.0	201722.1	150648.1	179921.4	166740.2	140971.4	116921.8
进出口贸易总额/亿美元	41589.9	40987.3	38671.2	36418.6	29740.0	22075.4	25632.6	21737.3	17604.0	14219.1

2002—2014年蒙古对中国的进口贸易额、出口贸易额、进出口贸易总额

	2014	2013	2012	2011	2010	2009	2008	2007	2006	2005
蒙古对中国进口总额	22.1638	24.4959	26.535	27.3164	14.4976	10.6788	9.0783	6.8295	4.335	3.1889
蒙古对中国进口总额	51.0209	35.0955	39.477	37.0107	25.5206	13.6112	15.2561	13.5165	11.4748	5.4103
蒙古对中国进出口贸易总额	73.2	59.6	66.0	64.3	40.0	24.3	24.3	20.3	15.8	8.6

2002—2014年中亚5国对中国的进出口贸易额、出口贸易额、进出口贸易总额

	2014	2013	2012	2011	2010	2009	2008	2007	2006	2005
哈萨克斯坦对中国进口总额	97.4182	160.5084	146.8084	153.947	111.2845	62.9568	77.2783	64.3191	36.0727	29.0936
吉尔吉斯斯坦对中国进口总额	0.5542	0.6235	0.8895	0.9816	0.7212	0.4921	1.2133	1.1369	1.1292	1.0505
塔吉克斯坦对中国进口总额	0.477	0.8875	1.0883	0.7223	0.5606	1.8502	0.2024	0.1028	0.18	0.142
土库曼斯坦对中国进口总额	95.1616	88.9326	86.7338	46.9317	10.4452	0.3873	0.2844	0.5014	0.1601	0.1908
乌兹别克斯坦对中国进口总额	15.9791	19.3809	10.9185	8.0737	13.0224	3.5089	3.2888	3.6345	5.6594	4.505
哈萨克斯坦对中国出口总额	127.0985	125.4512	110.0073	95.6653	93.2007	78.3345	98.2451	74.4586	47.5048	38.9675

2005—2014 南亚8国对中国的进出口贸易额、出口贸易额、进出口贸易总额

	2005	2006	2007	2008	2009	2010	2011	2012	2013	2014
吉尔吉斯斯坦对中国出口总额	8.6715	21.1279	36.6554	92.1205	52.8107	41.2751	48.7829	50.7337	50.7535	52.4252
塔吉克斯坦对中国出口总额	1.4374	3.0578	5.1377	14.7968	12.2168	13.765	19.9678	17.4787	18.6936	24.6824
土库曼斯坦对中国出口总额	0.9088	1.6257	3.0254	8.0194	9.1871	5.2512	7.8416	16.9912	11.3764	9.5428
乌兹别克斯坦对中国出口总额	2.3006	4.0615	7.6474	12.7781	15.6998	11.8102	13.5924	17.8334	26.1336	26.7821
中亚五国进出口贸易总额	87.2677	120.5791	196.6192	308.2271	237.4442	301.3361	396.5063	459.4828	502.7412	450.1211
	2005	2006	2007	2008	2009	2010	2011	2012	2013	2014
阿富汗对中国进口总额	0.0151	0.0019	0.0238	0.0269	0.0138	0.0368	0.044	0.0519	0.096	0.1737
孟加拉国对中国进口总额	0.786	0.9884	1.1417	1.3191	1.4034	2.6888	4.4864	4.7992	6.0237	7.6111
不丹对中国进口总额	0				0.0005	0.0001	0.0008	0.0001	0.0001	0.001
印度对中国进口总额	97.6622	102.7745	146.171	202.5889	137.2728	208.4625	233.7115	187.9582	169.7025	163.5869
马尔代夫对中国进口总额	0.0003	0.006	0.0028	0.0142	0.0013	0.0005	0.0014	0.0019	0.0042	0.0038
尼泊尔对中国进口总额	0.085	0.0828	0.1479	0.0598	0.0529	0.1142	0.1386	0.2952	0.4325	0.4707
巴基斯坦对中国进口总额	8.3317	10.0721	11.0422	10.068	12.6001	17.3102	21.1862	31.3825	31.9684	27.5387
斯里兰卡对中国进口总额	0.366	0.3483	0.4803	0.6054	0.7038	1.0228	1.5289	1.6196	1.8256	2.4827
阿富汗对中国出口总额	0.5121	1.0049	1.6944	1.5163	2.1351	1.7527	2.3001	4.6405	3.2826	3.9356
孟加拉国对中国出口总额	24.0274	30.904	33.4489	45.5607	44.4132	67.8882	78.1057	79.6991	97.0509	117.8227
不丹对中国出口总额	0.0047	0.0016	0.0539	0.0846	0.0412	0.0159	0.1738	0.156	0.1741	0.1112
印度对中国出口总额	89.3428	145.813	240.1146	315.8538	296.5604	409.1496	505.3709	476.7751	484.3241	542.1742
马尔代夫对中国出口总额	0.1693	0.154	0.2479	0.3155	0.4066	0.6348	0.9712	0.7649	0.9741	1.0399

附注 295

	2005	2006	2007	2008	2009	2010	2011	2012	2013	2014
尼泊尔对中国出口总额	1.8794	2.598	3.8558	3.7561	4.0887	7.3126	11.8123	19.6816	22.1089	22.8358
巴基斯坦对中国出口总额	34.2766	42.3937	57.8905	60.5107	55.2833	69.376	84.3971	92.7539	110.196	132.4448
斯里兰卡对中国出口总额	9.3967	11.0641	13.8408	16.3009	15.6893	19.9485	29.8872	30.0109	34.3655	37.928
南亚八国进出口贸易总额	266.8553	348.2073	510.1565	658.5809	570.6664	805.7142	974.1161	930.5906	962.5292	1060.161

2005—2014东盟10国对中国的进出口贸易额、出口贸易额、进出口贸易总额

	2005	2006	2007	2008	2009	2010	2011	2012	2013	2014
文莱对中国进出口总额	2.0773	2.1531	2.4608	0.8888	2.8199	6.6433	5.6682	3.731	0.898	1.8972
缅甸对中国进出口总额	2.744	2.5265	3.7814	6.4755	6.4613	9.6655	16.799	12.9823	28.5687	156.0128
柬埔寨对中国进出口总额	0.2731	0.3509	0.5107	0.3883	0.3689	0.9363	1.843	2.1532	3.6364	4.8291
印度尼西亚对中国进出口总额	84.3696	96.0574	123.9508	143.2293	136.6823	207.9672	313.3738	319.507	314.2426	244.8525
老挝对中国进出口总额	0.2555	0.4965	0.8592	1.3426	3.7463	6.0149	8.2461	7.8663	10.1008	17.7788
马来西亚对中国进出口总额	200.9321	235.7243	286.9705	321.014	323.3592	504.468	621.3671	583.0677	601.5279	556.5224
菲律宾对中国进出口总额	128.6969	176.7456	231.1784	195.0474	119.4841	162.2197	179.9166	196.4413	181.8181	209.8413
新加坡对中国进出口总额	165.146	176.7262	175.2368	201.7126	178.0393	247.2875	281.3992	285.3078	300.6452	308.2873
泰国对中国进出口总额	139.9189	179.6243	226.6469	256.5674	249.0531	331.9594	390.391	385.5466	385.2265	383.3193
越南对中国进出口总额	25.5284	24.8608	32.2628	43.3632	47.4753	69.8454	111.177	162.3129	168.9189	199.064
文莱对中国进出口总额	2.6087	3.1494	3.5876	2.1943	4.2244	10.3194	13.1121	16.2554	17.9358	19.3653
缅甸对中国进出口总额	12.0925	14.6007	20.7784	26.2532	29.0012	44.4207	65.014	69.7194	101.9556	249.6893
柬埔寨对中国进出口总额	5.6334	7.3286	9.3399	11.3437	9.4415	14.4097	24.9911	29.2343	37.7314	37.5765
印度尼西亚对中国进出口总额	167.8733	190.5546	249.9641	315.1605	283.8876	427.5028	605.5462	662.3408	683.5475	635.4485

2005—2014 独联7国对中国的进出口贸易额、出口贸易额、进出口贸易总额

	2014	2013	2012	2011	2010	2009	2008	2007	2006	2005
老挝对中国进出口总额	36.1736	27.3266	17.2078	13.0088	10.8512	7.518	4.0237	2.6386	2.1836	1.2893
马来西亚对中国进出口总额	1020.0563	1060.8338	948.3205	900.227	742.4884	519.6769	535.5657	463.8632	371.0951	306.9956
菲律宾对中国进出口总额	444.5771	380.4994	363.7546	322.4704	277.6223	205.39	286.3698	306.1576	234.127	175.5732
新加坡对中国进出口总额	797.3991	758.9638	692.7265	637.1006	570.7598	478.5587	524.7707	471.4398	408.5791	331.4686
泰国对中国进出口总额	726.2116	712.4055	697.5086	647.3385	529.3702	381.9082	412.9309	346.3812	277.2649	218.1119
越南对中国进出口总额	836.3641	654.7819	504.3941	402.0784	300.8608	210.4518	194.5845	151.1758	99.4943	81.9674
东盟十国进出口贸易总额	6885.266	6431.564	5960.378	5561.068	4475.613	3197.548	3483.226	3109.185	2503.643	2053.556
	2014	2013	2012	2011	2010	2009	2008	2007	2006	2005
格鲁吉亚进口总额	9.0868	8.6209	7.4016	7.6107	2.7493	1.9193	2.9289	1.7674	0.7836	0.4076
亚美尼亚进口总额	1.2281	1.1985	1.132	1.3572	1.1713	0.8744	0.6921	0.5143	0.3308	0.2303
阿塞拜疆进口总额	6.4525	8.6857	10.6983	8.9262	8.4616	5.5342	6.861	4.7512	3.4667	2.3365
白俄罗斯进口总额	11.1059	8.7216	9.1982	7.0513	7.9561	2.8038	3.6136	2.2722	2.158	0.8128
摩尔多瓦进口总额	1.152	1.1263	1.2394	0.9749	0.8052	0.7257	0.7127	0.4999	0.3163	0.5149
俄罗斯联邦进口总额	536.7694	495.9117	440.5596	389.0352	296.1207	175.1858	330.7585	284.662	158.3249	132.1128
乌克兰进口总额	51.0623	78.4923	73.2327	71.4708	55.6383	36.0368	75.6628	58.6581	37.2213	24.9252
格鲁吉亚出口总额	0.5311	0.5446	0.3358	0.3811	0.4525	0.1787	0.0353	0.1559	0.0695	0.0266
亚美尼亚出口总额	1.6717	0.7314	0.3406	0.3463	0.4676	0.2394	0.1151	0.3777	0.0841	0.0035
阿塞拜疆出口总额	2.9706	2.3358	2.139	1.9372	0.8655	1.2832	1.1486	0.0144	0.2202	0.244
白俄罗斯出口总额	7.3828	5.8051	6.6313	5.9849	4.761	5.2959	4.9782	6.1259	4.2877	4.9044

摩尔多瓦出口总额	0.2479	0.1859	0.1862	0.1283	0.0671	0.0326	0.0261	0.0141	0.0056	0.0014
俄罗斯联邦出口总额	415.9351	396.6783	441.5504	403.6987	259.2104	212.3296	238.3276	196.8858	175.5433	158.8994
乌克兰出口总额	34.8354	32.7287	30.3148	32.6247	21.632	21.7601	11.9402	6.6563	4.3717	7.848
独联体七国进出口贸易总额	1080.432	1041.767	1024.96	931.5275	660.3586	464.1995	677.8007	563.3552	387.1837	333.2674

2005—2014 中东欧 16 国对中国的进口贸易额、出口贸易额、进出口贸易总额

	2014	2013	2012	2011	2010	2009	2008	2007	2006	2005
阿尔巴尼亚进口总额	3.7827	3.246	3.4391	2.8148	1.9928	2.072	1.9611	0.8854	0.6606	0.8321
保加利亚进口总额	11.7806	11.1698	10.5457	10.0562	6.6091	5.9607	11.2484	8.1265	17.8282	4.4164
匈牙利进口总额	57.6417	56.9228	57.3797	68.0602	65.1831	53.4327	60.9685	50.1496	32.8729	24.9349
波兰进口总额	142.568	125.7488	123.8646	109.3955	94.3831	74.8697	90.4037	65.5293	40.0617	25.9544
罗马尼亚进口总额	32.2318	28.2254	27.9718	34.5378	30.0446	23.7737	28.8992	20.8423	60.8542	13.6926
爱沙尼亚进口总额	11.461	11.0982	12.3334	11.3085	6.7674	3.6254	5.8813	5.8465	4.5603	3.1143
拉脱维亚进口总额	13.167	13.7427	13.1271	11.9295	7.9416	4.5231	8.4898	6.8454	4.394	2.817
立陶宛进口总额	16.5829	16.8618	16.3043	13.351	9.8234	6.557	10.5998	8.0214	5.5586	3.6071
塞尔维亚进口总额	4.2456	4.3191	4.1288	3.9635	3.4502	3.0835	4.9252	3.5441	0	0
黑山进口总额	1.5707	0.8638	1.4576	0.8998	0.7108	0.7693	0.866	0.5342	0	0
斯洛文尼亚进口总额	16.7537	13.8556	7.7002	9.6421	6.9293	4.4644	2.6557	0	0	0
克罗地亚进口总额	10.2733	13.8994	12.9983	15.4093	13.4373	11.1863	17.4199	15.1526	8.7839	5.7366
捷克进口总额	79.929	68.378	63.2304	76.6941	71.2152	50.2402	54.9748	41.3478	23.6583	16.6741
斯洛伐克进口总额	28.285	30.8444	24.2303	25.126	19.5848	13.9906	19.6604	14.706	5.7728	3.0836

国家/项目										
前南斯拉夫马其顿进口总额	0.7666	0.6348	0.8875	0.9181	0.5278	0.5601	0.7072	0.7534	0.2824	0.215
波黑进口总额	2.8398	0.9133	0.4671	0.4143	0.3759	0.3566	0.7283	0.5392	0.2408	0.1957
阿尔巴尼亚出口总额	1.8932	2.3484	1.4312	1.5453	1.4777	0.6428	0.8826	0.6634	0.1284	0.0704
保加利亚出口总额	9.8486	9.5674	8.3889	4.5928	3.23	1.4108	2.1678	1.58	0.8185	0.8912
匈牙利出口总额	32.599	27.1515	23.231	24.5222	21.977	14.664	13.822	12.1008	6.9931	3.6553
波兰出口总额	29.3474	22.318	19.969	20.4798	16.9661	15.0593	13.9443	11.1225	6.6712	5.5732
罗马尼亚出口总额	15.2067	12.075	9.7957	9.4625	7.5613	4.3319	3.599	2.8147	2.3091	2.9231
爱沙尼亚出口总额	2.255	1.9958	1.3577	2.0542	1.8191	0.7933	0.8869	0.8986	2.8498	0.5767
拉脱维亚出口总额	1.4691	0.9916	0.6883	0.6344	0.3889	0.26	0.1801	0.215	0.1372	0.0856
立陶宛出口总额	1.5749	1.2479	0.895	0.8761	0.4215	0.3811	0.2913	0.1969	0.156	0.1148
塞尔维亚出口总额	1.1274	1.8013	1.0135	0.7789	0.5512	0.2923	0.1228	0.1312	0	0
黑山出口总额	0.5356	0.1614	0.2202	0.1206	0.0307	0.0074	0.0213	0.0135	0	0
斯洛文尼亚出口总额	2.0204	1.7657	1.2647	1.3156	1.1055	0.949	0.5724	0	0	0
克罗地亚出口总额	1.0066	1.0427	0.7451	0.7953	0.5089	0.7486	0.6784	0.6763	0.5503	0.4383
捷克出口总额	29.8669	26.1492	24.0699	23.1793	17.2801	11.315	10.027	8.308	5.167	3.7178
斯洛伐克出口总额	33.7608	34.5816	36.5523	34.5735	17.9056	8.9745	9.8373	7.3531	3.364	1.8302
前南斯拉夫马其顿出口总额	0.9058	1.0797	1.3978	1.5431	0.9176	0.2418	0.1328	0.0983	0.0287	0.1265
波黑出口总额	0.3724	0.2088	0.2989	0.233	0.176	0.142	0.0661	0.2729	1.201	1.0341
中东欧十六国对中国的进出口贸易总额	597.6692	545.2099	511.3212	521.2932	431.2936	319.6791	377.6214	289.2689	235.903	126.311

附注 299

2005—2014 西亚北非 16 国对中国的进口贸易额、出口贸易额、进出口贸易总额

	2014	2013	2012	2011	2010	2009	2008	2007	2006	2005
伊朗进口总额	243.3849	140.3665	115.9745	147.6209	110.9199	79.1911	81.6343	72.8405	44.8895	32.9659
伊拉克进口总额	77.4384	68.9409	49.1182	38.2465	35.8977	18.3835	12.7116	6.8738	4.9116	4.0811
土耳其进口总额	193.0546	177.4699	155.8456	156.1357	119.4204	83.3367	106.0631	104.7563	73.0328	42.5373
叙利亚进口总额	9.8437	6.9015	11.8944	24.2024	24.4297	22.1058	22.9336	18.6847	13.5555	8.8863
约旦进口总额	33.6453	34.3456	29.5864	25.1272	18.889	19.5839	18.2613	10.9929	9.7775	8.3181
黎巴嫩进口总额	26.0486	24.9083	16.9194	14.5839	13.1945	10.5687	10.8345	6.9872	4.9944	4.7204
以色列进口总额	77.3911	76.453	69.8813	67.408	50.3705	36.5234	42.57	36.56	25.6132	19.5434
巴勒斯坦进口总额	0.7551	0.9068	0.4067	0.4782	0.2601	0.2357	0.4078	0.375	0.2786	0.236
沙特阿拉伯进口总额	205.7524	187.3981	184.5235	148.4971	103.6644	89.7745	108.2347	78.0728	50.5583	38.2442
也门进口总额	22.0131	21.3882	19.551	11.0428	12.2386	11.6844	11.8458	9.6305	8.0226	5.471
阿曼进口总额	20.6538	19.0084	18.1158	9.9818	9.445	7.475	7.9452	5.4756	3.3954	1.9099
阿联酋进口总额	390.3451	334.113	295.6832	268.1285	212.3534	186.318	236.4369	170.2362	114.0478	8.7298
卡塔尔进口总额	22.5401	17.1091	12.051	11.9876	8.5544	8.7211	10.7416	6.2088	4.3681	2.0367
科威特进口总额	34.2872	26.7551	20.8918	21.2841	18.4859	15.4285	17.513	13.3863	8.6131	6.2847
巴林进口总额	12.3178	12.3893	12.0278	8.8001	7.995	4.7527	6.5508	3.847	2.8392	1.87
希腊进口总额	41.8561	32.1898	35.9317	39.4937	39.5889	34.5791	40.7459	32.5297	21.7887	19.3529
塞浦路斯进口总额	10.3758	9.7173	10.9332	11.2341	13.4779	12.0374	11.2487	6.9783	3.507	2.8728
埃及额西奈半岛进口总额	0	0	0	0	0	0	0	0	0	0

"一带一路"倡仪创造的内外市场及大中小企业协同发展的新契机

项目										
伊朗出口总额	275.0385	253.8986	248.6839	303.4131	182.9908	132.9997	195.942	133.056	99.5846	67.8668
伊拉克出口总额	207.6124	179.8476	126.5577	104.4363	62.7519	33.096	13.8166	7.658	6.5327	4.1568
土耳其出口总额	37.054	44.8623	35.1101	31.2376	31.6854	17.6108	19.6293	12.924	7.6595	6.2174
叙利亚出口总额	0.0213	0.0471	0.1092	0.2616	0.4029	0.1002	0.0986	0.0827	0.5066	0.1774
约旦出口总额	2.632	1.6988	2.971	2.5672	1.6471	1.1226	1.2318	0.8207	0.5323	0.7887
黎巴嫩出口总额	0.2539	0.4558	0.2033	0.2592	0.2728	0.0898	0.1327	0.1862	0.086	0.0419
以色列出口总额	31.4064	31.8132	29.2232	30.377	26.0739	15.2574	17.9282	16.5394	13.1441	10.7354
巴勒斯坦出口总额	0.0009	0.0019	0.0034	0.0104	0.0003	0.0075	0.0025	0.0015	0.0021	0.0023
沙特阿拉伯出口总额	485.0803	534.5071	548.6187	494.6754	328.2905	235.7094	310.227	175.5968	150.8453	122.4572
也门出口总额	29.3285	30.613	36.0406	31.357	27.7908	12.3751	32.0987	17.4529	22.3255	26.6769
阿曼出口总额	237.9586	210.4061	169.7544	148.7649	97.7923	54.1123	116.2685	67.2273	61.2947	41.3891
阿联酋出口总额	157.6336	128.2353	108.5197	83.0637	44.5155	25.9508	46.1325	30.1203	27.9675	20.456
卡塔尔出口总额	83.3673	84.6335	72.781	46.9431	24.5584	13.8176	13.1163	5.88	5.6198	4.7272
科威特出口总额	100.0496	95.8664	104.6781	91.752	67.0836	35.0069	50.3881	22.9062	19.24	10.205
巴林出口总额	1.8396	3.0518	3.4803	3.2584	2.5191	2.1123	1.3132	1.0245	0.6482	0.6894
希腊出口总额	1.8396	3.0518	3.4803	3.2584	2.5191	2.1592	1.8548	1.7045	1.0431	0.8669
塞浦路斯出口总额	0.6258	0.528	1.4451	0.2626	0.1721	0.1543	0.1059	0.0802	0.0299	0.0284
埃及颓西奈半岛出口总额	0	0	0	0	0	0	0	0	0	0
西亚北非十八国对中国的进出口贸易总额	3073.445	2793.879	2550.996	2380.151	1700.252	1222.381	1566.966	1077.697	811.2552	525.5433

注：数据来源于中国统计年鉴、国家统计局，经作者加工整理。

参考文献

[1] FINGER JM, KREININ ME. A. A measure of "export similarity" and its possible uses[J]. The Ecomomic Journal, 1979,89（356）:905~912.

[2] GUILLAUME GAULIER,FRANÇOISE LEMOINE, DENIZ ÜNAL-KESENCI. China's specialization in east Asian production sharing[C]. East Asia's De Facto Economic Integration, Palgrave Macmillan UK, 2006.

[3] HOWARD K W F, HOWARD K K. The new "Silk Road Economic Belt" as a threat to the sustainable management of Central Asia's transboundary water resources[J]. Environmental Earth Sciences, 2016, 75（11）:1-12.

[4] LUKIN.The ldea of a "Silk Road Economic Belt" and Eurasian Integration, International Affairs: A Russian journal of world politics[J]. Diplomacy & International Relations,2014, 03:32

[5] MACKENZIE C. BABB. Clinton says building new silk road is critical for afghanistan[J]. US Embassy., 2011, 9:21

[6] MIROUDOT S, ROUZET D, SPINELLI F. Trade policy implications of global value chains[J]. General Information, 2013.

[7] MISHRA R. Asian infrastructure investment bank: an assessment[J]. India Quarterly A Journal of International Affairs, 2016, 72.

[8] ONMA M. WTO negotiations and other agricultural trade issues in japan[J]. The World Economy, 2006（6）: 697-714.

[9] WANG Y. Offensive for defensive: the belt and road initiative and China's new grand strategy[J]. Pacific Review, 2016, 7:455~463.

[10] ZHANG H. on the prospect of china's financial industry: go global

with the "one belt one road" initiative[J]. Frontiers, 2015, 25（25）:78~82.

[11] 安晓萌.中央大型建筑企业践行"一带一路"风险要点及应对策略浅析[J].企业改革与管理，2015, 13: 24~25.

[12] 白明."一带一路"搭台与能源合作唱戏[J].电器工业，2015, 6:30~32.

[13] 包菊芳,杨婉.基于资源整合的物流企业核心竞争力评价研究.中国市场，2013, 2:40-42.

[14] 包斯文.世界那么大钢铁"搭车"去看看[N].中国冶金报，2015-06-06.

[15] 鲍洋."一带一路"建设促进企业转型升级[J].建筑，2016(9):23.

[16] 博思数据研究中心.2014—2019年中国对外工程承包市场监测及投资前景研究报告[R]. 2014.

[17] 蔡金.中央财政支持加大对中小企业的金融服务力度[J].中国中小企业，2014（7）:26~27.

[18] 蔡振伟,林勇新.中蒙俄经济走廊建设面临的机遇、挑战及应对策略[J].北方经济，2015（9）:30-33.

[19] 曹东亚,陈坤."一带一路"战略之亚投行：人民币国际化新引擎——基于国际比较视野[J].时代金融，2015（24）:29-30, 32.

[20] 曾博伟.奏响"一带一路"旅游四重唱[J].中国旅游报，2015-06-12（4）.

[21] 车军,李倩,晓月.梦圆多哈大运河申遗成功[J].名城绘，2014, 04:6-15.

[22] 陈安娜.我国高铁"走出国门"的机遇与挑战[J].商业时代，2014, 17:127-129.

[23] 陈凤菊.中国中小企业发展问题研究[J].现代商业，2013（3）:155-157.

[24] 陈海涛,杨红燕.中国建筑业协会.科技创新助力建筑产业现代化[OL]. [2015-10-12].http:// www. zgjzy.org/ NewsShow.aspx? id=6568.

[25] 陈恒，魏修建，杜勤."一带一路"物流业发展驱动因素的动态

轨迹演变[J]. 上海财经大学学报，2015（2）.

[26] 陈华，张珊."一带一路"背景下金融服务业对外开放的新路径[J]. 审计月刊，2015，8: 50-51.

[27] 陈钦."一带一路"背景下"海丝旅游"品牌的创建——以福建为例[J]. 广西民族师范学院报，2015，6:65-67.

[28] 陈钦."一带一路"背景下"海丝旅游"品牌的创建——以福建为例[J]. 广西民族师范学院学报，2015，32（6）:65-67.

[29] 陈少翠."一带一路"孕育下的建筑行业新发展——以浙江省建设投资集团有限公司发展为例[J]. 中外建筑，2015,（5）:147-148.

[30] 陈霞. 泰国与日本就曼谷至清迈高铁项目签订合作备忘录[OL]. [2016-08-15]. http://www. roa dzb.com/news/detail/13172.html

[31] 陈鑫. 汤森路透：缺乏海外投资经验成中企走出去最大瓶颈[OL]. [2015-10-23]. http://www. chinanews.com/cj/2015/10-23/ 7586473. shtml.

[32] 陈雪琴. 国际制造业布局和转移新趋势及我国应对策略[OL]. [2015-02-28]. http://cyzy. miit.gov.cn/node/6278.

[33] 陈永昌.构筑中蒙俄经济走廊龙江丝路带[N]. 黑龙江日报，2015-01-13（12）.

[34] 陈雨露."一带一路"与人民币国际化[J]. 中国金融，2015（19）:40-42.

[35] 程国强. 深化智库合作 共建现代丝绸之路[J]. 对外传播，2015，（3）:13~14.

[36] 程漫江."一带一路"引领中国开放新格局和金融业新发展[J]. 新金融评论， 2015（3）.

[37] 储信艳.王毅访非：愿帮非洲修高速铁路网[OL]. [2016-07-18]. http://www.people.com.cn/n/ 2015/0112/c348425- 26366442.html.

[38] 褚津笙. 中国高铁网已初具规模将进入全面收获期[OL]. [2016-07-19]. http:// pinglun. youth. Cn/ttst/ 201412/t20141223 _6320462.htm

[39] 崔路路，丁宁."一带一路"战略的SWOT分析[J]. 中国市场，2015（46）: 200-204.

[40] 崔雁冰，姜晶.我国跨境电子商务的发展现状和对策[J].宏观经济管理，2015（8）:65-67.

[41] 崔宇明，李玫，赵亚辉.金砖国家贸易竞争与互补性研究[J].山东社会科学，2015（4）:87-9.

[42] 上海社会科学院经济研究的宏观经济分析小组.砥砺前行中的世界经济：新常态、新动力、新趋势——2015年世界经济分析与展望[J].世界经济研究，2015（1）:3~23+127.

[43] 董保宝，葛宝山，王侃.资源整合过程、动态能力与竞争优势：机理与路径[J].管理世界，2011（3）:92-101.

[44] 董红光，刘勋."一带一路"战略的挑战及重点应对策略探讨[J].广东第二师范学院学报，2016（4）:75-82.

[45] 董兰萍.重庆市中小企业融资的困境及对策研究[J].江苏商论，2015（12）:112~113.

[46] 董锁成，程昊，等."一带一路"交通运输业格局及对策[J].中国科学院院刊，2016（6）:666-667.

[47] 窦安旎，杨倩.对接"一带一路"战略构想推动云南"桥头堡"战略全面发展[J].金融经济，2015（14）:30-32.

[48] 杜尚泽.习近平主持加强互联互通伙伴关系对话会并发表重要讲话[N].人民日报，2014-11-09（1）.

[49] 丰华，"一带一路"战略下内蒙古经济发展的机遇与挑战[J].区域经济，2015（26）:98~99.

[50] 封慧，朱启才."一带一路"背景下我国出口企业发展的机遇和挑战[J].商，2016（14）:107-108.

[51] 冯浩.一路一带战略下国际通道建设问题的思考[J].综合运输，2014，10:29-34.

[52] 冯肇伯.论经济转型的三大宏观问题：中东欧国家经济转型研究[J].经济学家，1997（1）:20-27.

[53] 凤凰网财经.法媒：墨西哥撤销中国公司中标高铁项目结果[OL].[2016-07-18].http://finance.ifeng.com/a/20141107/13257267_0.shtml.

[54] 付业勤，李勇."一带一路"战略与海南"中国旅游特区"发展[J].热带地理，2015，35（5）:646-654.

[55] 傅成伟. 中国国际贸易促进委员会. 金融服务业助力港口航运共同推进"一带一路"[OL]. [2016-07-08]. http://www.ccpit.org/Contents/Channel_3529/2016/0708/668928/ content _ 668928.htm.

[56] 高佳琳. 外汇储备与"一带一路"战略的相互影响[J]. 外交学院, 2015.

[57] 葛艳华. 勇于担当奋发有为努力建设清洁低碳安全高效现代能源体系——2016年全国能源工作会议[J]. 中国电业: 发电版, 2016（1）:9-11.

[58] 耿文博. 沿"一带一路", 江苏知名品牌输出[OL]. [2016-08-16]. http://js.xhby.net/ system/2016/ 08/16/ 029416558.shtml.

[59] 顾立汉, 李画画. 我国中小企业技术创新能力的现状及问题分析[J]. 科技信息, 2008（25）: 375.

[60] 顾仲阳. 为消除贫困贡献中国力量[N]. 人民日报, 2015-10-17（2）.

[61] 管爱琴. "一带一路"战略下跨境电商发展路径思考——如何构建跨境电商纠纷解决机制[J]. 服务外包, 2016（5）:76-80.

[62] 郭孟珂. "一带一路"战略下四大领域发展机遇研究[J]. 现代管理科学, 2016（6）:45-47.

[63] 郭树宾. 亚投行·丝路基金·投资[J]. 新商务周刊, 2015（7）:26-27.

[64] 郭帅. 中国海外所建最长铁路通车 全长1344公里[OL]. [2016-07-15]. http://www.changzhinews. com /html/News/245/53788.html

[65] 国家发展改革委、外交部、商务部. 推动共建丝绸之路经济带和21世纪海上丝绸之路的愿景与行动[N]. 人民日报, 2015-03-29（4）.

[66] 国家可再生能源中心. 2014中国可再生能源产业发展报告[M]. 北京: 环境科学出版社, 2014.

[67] 国研室. "一带一路"国家的贸易概况[OL]. [2016-08-05]. http://www.gov.cn.

[68] 韩春霞, 刘鑫, 郝生跃. 大型建筑业企业"规模不经济"问题分

析[J]. 工程管理学报, 2014（2）: 148-152.

[69] 韩国新, 王敏. 创新驱动, 优化流程, 提升核心业务运行效率[J]. 金融电子化, 2015（10）:72-74.

[70] 韩岫岚. 小企业应立足于市场化和国际化进行经营新[J]. 经济研究参考, 1998（50）:31-34.

[71] 韩永辉, 邹建华. "一带一路"背景下的中国与西亚国家贸易合作现状和前景展望[J]. 中国经贸, 2015（1）.

[72] 郝时远. 文化是"一带一路"建设的重要力量[N]. 人民日报, 2015-11-26（7）.

[73] 何茂春, 张冀兵, 张雅芃, 田斌. "一带一路"战略面临的障碍与对策[J]. 新疆师范大学学报:哲学社会科学版, 2015(3):36-45.

[74] 何颖. 贵在"融", 重在"实": 浅谈国企"走出去"战略之文化融合[J]. 中外企业文化, 2015（7）: 58-59.

[75] 贺豪雄. "一带一路"战略下中小企业如何走出去[J]. 商, 2016（2）:13-13.

[76] 侯福来. "一带一路"国家战略下中国与欧盟经贸关系研究[J]. 外交学院, 2015.

[77] 胡毅. 中国及新疆地区与俄国及中亚地区贸易比较优势研究[J]. 新疆财经, 1998（2）: 22-24.

[78] 华梦圆. 我国铁路机车车辆技术标准国际化发展研究[J]. 北京: 北京交通大学, 2014.

[79] 黄益斌. "一带一路"战略中的民航业发展机遇[J]. 空运商务, 2015（3）: 13-15.

[80] 惠宁, 杨杰宁, 韩震. 中国资源型企业跨国并购后期运动中的问题及对策分析[J]. 资源与产业, 2013, 15: 19-23.

[81] 姬忠莉. 基于中小企业集群的合作营销对策分析——以常州横林地板产业集群为例[J].管理观察, 2010（19）:108-109.

[82] 贾少学. "一带一路"倡议背景下的俄罗斯能源投资制度分析[J]. 法学杂志, 2016（1）: 40-47.

[83] 姜潇潇. 中国国企对外直接投资风险防控[J]. 中国经济合作, 2014, 6:31-34.

[84] 姜晓依."一带一路"背景下企业进出口新福利[J].上海企业,2015(5):65-66.

[85] 蒋芳婧.浅析全球化时代的东南亚汽车产业[J].东南亚纵横,2015(2):37~42.

[86] 蒋希蘅,程国强."一带一路"建设的若干建议[J].西部大开发,2014,10:98-101.

[87] 蒋屹."一带一路"战略背景下我国海外矿产资源开发外部安全风险研究[M].北京:中国地质大学, 2015.

[88] 蒋志刚."一带一路"建设中的金融支持主导作用[J].国际经济合作, 2014(9):59-62.

[89] 交通运输部.新华网.2016年上半年交通运输经济运行情况[L].[2016-07-21].http://news. xinhuanet.com/politics/2016/07/21/c _129167053.htm.

[90] 矫阳.中国铁路品牌海外赢赞誉[N].科技日报,2015-02-02(12).

[91] 解江凌,赵杨.我国大型交通运输企业社会责任信息披露研究——以中央企业为例[J].生产力研究,2013,9:156-158.

[92] 解祥华.中小企业市场营销创新战略分析[J].企业经济,2005(4):66-69.

[93] 金德谷."一带一路"与边疆经济发展:基于满洲里市的税收分析[J].广西民族研究, 2016(1):156-163.

[94] 金微.中国高铁布局东南亚[OL].[2016-7-20]. http://paper.people.com.cn/rmwz/html/ 2013-11/01/ content_ 1354226. htm.

[95] 金星宇.高铁将成"一带一路"战略助推器[J].地球, 2015(2):50-51.

[96] 井华.中国信保发布2014年《国家风险分析报告》[J].国际融资,2014(9).

[97] 康慧珍."一带一路"与中小企业发展机遇[OL].[2015-08-08]. http://big5.gm w.cn/g2b/theory.gm w.cn/ 2015-08 /08/content _16590695. htm.

[98] 康森,黄鹏飞.共建21世纪海上丝绸之路:中国与"海丝"沿线国家贸易投资齐头并进[OL].[2015-02-12]. http://news.

"一带一路"倡仪创造的内外市场及大中小企业协同发展的新契机
xinhuanet.com/2015-02/12/c_1114354332.htm.

[99] 雷闯, 刘新红. 铁四院参与设计非洲首条中国标准现代化铁路首段186公里铺轨完成, 通车在即[OL]. 武汉勘察设计, 2014, 6:64.

[100] 李丹, 崔日明. "一带一路"战略与全球经贸格局重构[J]. 经济学家, 2015（8）:62-70.

[101] 李德. 我国金融业现状和未来发展前景[J]. 金融纵横, 2010, 11:7-11.

[102] 李钢. 互联网模式下SME的融资与信息整合创新研究现代工业经济和信息化, 2016（10）:105-107.

[103] 李国彦. 投身"一带一路"不能穿新鞋走老路[J]. 建筑, 2015, （14）:23.

[104] 李果. 中国北车 高铁动车组 向世界出发[N]. 证券导刊, 2010, 25:78-79.

[105] 李辉. 主动服务国家"走出去"发展战略为铁路发展培养高技能人才[J]. 职业技术, 2010, 10:96.

[106] 李继宏. 中国高铁"走出去"面临的机遇与挑战[J]. 对外经贸实务, 2015（1）:74-77.

[107] 李金枝, 汪平. 福建旅游主动融入"一带一路"建设[N]. 中国旅游报, 2015-01-07（18）.

[108] 李竞. 华为与中兴进入欧洲统一通信市场的策略分析[J]. 西安电子科技大学, 2011.

[109] 李梦卿, 安培. 职业教育耦合"一带一路"战略发展的机遇、挑战与策略[J]. 职教论坛, 2016, 7:46-51.

[110] 李维明, 牛克洪. "一带一路"背景下煤炭企业"走出去"对策建议[J]. 煤炭经济研究, 2015, 7:63.

[111] 李文启. 互联网金融破解中小企业融资困境研究[J]. 中州学刊, 2014（8）: 51-54.

[112] 李延长. 后冷战时期俄罗斯的中东政策与个案分析[M]. 西安: 西北大学, 2011（6）.

[113] 李燕. 加大地方财政扶持力度推进中小企业发展[J]. 港澳经济,

2015（32）:65-65.

[114] 李寅翔.建筑企业借"一带一路"开拓新市场[J].进出口经理人，2015，10:48-50.

[115] 李永全.和而不同：丝绸之路经济带与欧亚经济联盟[J].俄罗斯东欧中亚研究，2015，4: 1-6.

[116] 理查德.萨克瓦，丁端.欧亚一体化的挑战[J].俄罗斯研究，2014（2）: 3-23.

[117] 梁海明."一带一路"背景下外宣如何有效助力我国企业更好地"走出去"[J].中国记者，2016，3:67-70.

[118] 梁海明.风口、痛点、机遇——奏响"一带一路"企业走出去的三部曲[J].决策探索（下半月），2016（2）:10-13.

[119] 梁海明.海外传播"一带一路"，须有全球视野[J].留学生，2016，1:32-35.

[120] 梁经伟，文淑惠，杜洪燕."一带一路"战略下中国与周边国家经济联动关系研究.地域研究与开发，2016，35（3）: 5-10.

[121] 廖萌."一带一路"建设背景下我国企业"走出去"的机遇与挑战[J].经济纵横，2015，9:33.

[122] 林全杰."一带一路" 中国金融业发展战略分析[J].中国市场，2016（3）: 81-82.

[123] 林诠.中国经济会否在降准降息轮回中重走"铁公机"第四浪[J].中国建材，2015， 5:66-73.

[124] 林炜铃， 邹永广."一带一路" 沿线旅游合作空间格局与合作机制[J].南亚研究季刊， 2016（2）: 76-83.

[125] 林毅夫."一带一路"需要加上"一洲"[J].党政论坛:干部文摘，2015（4）:32-32.

[126] 刘波.中国铁路走出去需化解六种风险[OL].[2015-02-03].环球网 http://news.xinmin. cn/world/2015/02/03/26714962.html.

[127] 刘佳骏."一带一路"战略背景下中国能源合作新格局[J].国际经济合作，2015，10:30-33.

[128] 刘亮.借力"一带一路"，上海中小企业获新机[J].上海经济，2016（3）:21-34.

[129] 刘硕智. 我国交通运输发展现状及发展趋势的综合分析[J]. 企业技术开发, 2012, 23: 26-28.

[130] 刘文娟. 发达国家劳动密集型产业转移的因素分析及启示[J]. 桂海论丛, 2007（4）: 6-9.

[131] 刘喜红. 我国中小企业营销创新策略探讨[J]. 科技创业月刊, 2006（3）:54-55.

[132] 刘晓岚. 中国企业海外矿产资源并购研究[M]. 北京：中国地质大学, 2015.

[133] 刘薛梅. 甘肃鼓励开发区内企业融入全球产业链[OL]. [2016-08-18]. 凤凰网财经, http:// finance. ifeng.com/a/ 20160818/14767459_0.shtml.

[134] 刘雪梅.共享"一带一路"发展机遇 内蒙古推进"中蒙俄经济走廊"建设战略选择[J]. 内蒙古统计, 2015（6）:44-46.

[135] 刘勇. "一带一路"战略下旅游产业整体竞争力的提升路径[J]. 鄂州大学学报, 2015, 22（8）: 49-51.

[136] 龙海雯, 施本植.中国与中东欧国家贸易竞争性、互补性及贸易潜力研究：以"一带一路"为背景[J]. 广西社会科学, 2016（2）:78-84.

[137] 卢锋, 陈建奇, 杨业伟. 减速与调整：全球宏观经济形势研判[J]. 国际经济评论, 2012, 6:20-56, 4.

[138] 卢国学. 中国企业"走出去"的风险与控制——从综合安全视角审视中国的"一带一路"建设[J]. 东南亚研究, 2015（6）: 56-63.

[139] 陆南泉. "一带一路"若干问题[R]. 中国经济报告, 2015, 1:101-104.

[140] 罗清和, 曾婧. "一带一路"与中国自由贸易区建设[J]. 自贸区论坛, 2016: 43.

[141] 马建英. 美国对中国"一带一路"倡议的认知与反应[J]. 世界经济与政治, 2015, 10:104-132, 159-160.

[142] 马捷思. 旅游新丝路风景"一带一路"[N]. 云南经济日报, 2015-04-09（A01）.

[143] 马良成. 中国"向西开放"战略与伊斯兰世界关系研究[D]. 昆明: 云南大学, 2015.

[144] 马涛. 中国与东南亚新兴市场国家的经贸发展[J]. 中国经贸, 2013（1）:52-53.

[145] 毛艳华. "一带一路"对全球经济治理的价值与贡献[J]. 人民论坛, 2015（9）:31-33.

[146] 毛钟红. 我国中小企业创新能力现状、问题及对策研究[J]. 科技创业月刊, 2008（5）: 5-6.

[147] 梅新育. 合理定位中巴经济走廊[OL]. [2016-03-28]. http://www.guanhaihk.com/ home/index/ article/id/5281.html.

[148] 米军, 袁黎霞. 中国与东北亚主要国家农产品贸易竞争力实证分析[J]. 财经问题研究, 2012（8）:92-98.

[149] 欧浦钢网. 铁路是带动钢铁消费的"硬道理"[OL]. [2016-07-17]. http://www.opsteel.cn/news/2015-06/19533D 39DF502B61E0 50080A7 DC918D1.html.

[150] 潘毓镶. "一带一路"战略下建筑企业"走出去"的思考[J]. 广西电业, 2015, 10:33.

[151] 彭刚, 李霞. 决战极端贫困：中国的共享发展之路[J]. 人民论坛, 2016（3）:38-47.

[152] 彭青林. 以旅游特区落实建设"一带一路"的海南担当[N]. 海南日报, 2015-03-30（A03）.

[153] 齐慧. 中俄共建高铁协议有望月底签署[OL]. [2016-07-15]. http:/paper.ce.cn/ jjrb/html/2015-05/15/ content_240330.htm.

[154] 祁敬宇. "一带一路"战略中金融业的重大机遇[J]. 农业发展与金融, 2016, 3:42.

[155] 企业大数据：2015年全国中小企业超2000万家[OL]. [2016-07-06]. http://www.askci. com/news/finance/ 20160706/ 09414738378. Shtml.

[156] 人民网. 商务部：我国与"一带一路"沿线国家双边贸易额2360亿美元[OL]. [2015-04-29]. http:// politics. people.com. cn/n/2015/0429/c70731-26921235.html.

[157] 认真落实"一带一路"战略扎实推进交通运输互联互通[OL]. [2014-10-13]中国政协新闻网,http://cppcc.people.com.cn/n.

[158] 任佳."一带一路"建设云南地缘优势无可取代[OL]. [2015-05-10]. http: //yn. yunnan. cn/html /2014－03/06/content_3109912_2. htm.

[159] 桑百川,杨立卓.拓展我国与"一带一路"国家的贸易关系:基于竞争性与互补性研究[OL]. 经济问题,2015(8):1-5.

[160] 商务部对外贸易司. 2001—2014年我国铁路装备出口实现跨越式发展[OL]. [2016-07-16]. http://wms.mofcom.gov. cn/article/ztxx/dxcdsbmy/201507/20150701029871. shtml.

[161] 商务部. 加快实施自贸区战略构建开放型经济新体制[OL]. [2016-03-23]. 新华网 http://news. xinhuanet.com/politics/2016-03/23/c_128827257.htm.

[162] 尚福林. 目前我国间接融资比重达到80%以上[OL]. [2014-02-19]. http:// www._ce. cn/ macro/more/201402/19/ t20140219_2327757. shtml.

[163] 邵勇.浅谈我国国有商业银行对中小企业的信贷支持[J]. 新疆财经,2002(4):61-63.

[164] 沈晶."一带一路"背景下宁夏中小企业市场营销创新战略分析[J]. 营销策略,2015(29):7~9.

[165] 沈镭,薛静静. 中国能源安全的路径选择与战略框架[J]. 中国人口·资源与环境,2011,10: 49-50.

[166] 沈平,邱树彦. 中小企业技术创新的难点及对策[J]. 技术经济与管,2001(3):81-82.

[167] 沈子傲,韩景华."一带一路"建设中我国中小企业如何实现从商品"走出去"向资本"走出去"的转变[J]. 商场现代化,2015(20):20-1.

[168] 师华. 国际贸易争议解决方法的比较研究[J]. 法学杂志,2002(6): 54-56.

[169] 师小涵. "高铁外交"在老挝:道路并不平坦[W]. 南方周末. 2014-04-04.

[170] 石善涛. 推进"一带一路"建设应处理好的十大关系[J]. 当代世

界，2015，05:23-26.

[171] 石译. 透视中国"一带一路"战略背后的能源格局[J]. 能源思考，2015（1）.

[172] 世界银行官网. 世界经济论坛《2015—2016 年全球竞争力报告》[OL]. [2016-03-01]. http://www.worldbank.org/.

[173] 数据告诉你我国中小企业生存现状[OL]. [2016-07-20]. 中国自动化网，http://stock.10jqka.com.cn/20160720/c591844822.shtml，2016-07-20.

[174] 宋德奇. 搭"一带一路"顺风车 促中国—东盟检测认证便利化[J]. 中国质量万里行，2015，10:53.

[175] 宋海胤. 主体间性视域下的丝绸之路文化传播路径与策略研究[D]. 北京：北京交通大学，2016.

[176] 宋锡祥. "一带一路"与哈萨克斯坦投资仲裁保障机制研究[M]. 上海：上海市社会科学界学术年会，2015.

[177] 苏庆义. 推进"一带一路"战略 构建线性价值链[OL]. [2016-04-28]. http://news.hexun.com/2016-04-28/183600438.html.

[178] 孙久文，潘鸿桂. "一带一路"战略定位与澳门的机遇[J]. 现代管理科学，2016，01:27-29.

[179] 孙立行. 开放条件下中国金融风险预警指标体系研究[J]. 世界经济研究，2012，12.

[180] 孙章. "一带一路"建设与中国铁路"走出去"[J]. 城市轨道交通研究. 2015，18（3）.

[181] 汤敏. 中国需要第三极，需要"一带一路"[J]. 财经界，2015，02:95-98.

[182] 田春玲. 上海如何推动中小企业借"一带一路"走出去[OL]. [2016-05-03]. http://help.3g.163.com/16/0503/12/BM530L3C00964JN9.html.

[183] 田文玲，范小建.贫困问题将是长期的社会现象——访国务院扶贫办主任范小建[J]. 中国老区建设，2009（2）:7-8.

[184] 仝中燕. 高铁"走出去"的政治风险及其对策[J]. 党政论坛，

2015，11:45-47.

[185] 汪玲玲. 我国进口石油资源流动特征研究[D]. 南京:南京师范大学，2015.

[186] 汪平，叶书宏，等. 中国铁路驰全球[J]. 中国名牌，2015（14）:24-26.

[187] 汪士和. 民营建企如何"走出去"[J]. 施工企业管理，2015，10:112-113.

[188] 王海江. 中国中心城市交通联系及其空间格局[J]. 河南大学，2014.

[189] 王欢欢，李忠林. "一带一路"视野下的中国—南亚区域合作：进展及挑战[J]. 2016，02:33-37.

[190] 王娟娟. 一带一路经济区现代物流体系构建[J]. 中国流通经济，2016，3:30-31.

[191] 王坤玲，一带一路背景下重庆中小企业如何捕捉商机[J]. 现代商贸工业，2016（15）:14-15.

[192] 王岚. 融入全球价值链对中国制造业国际分工地位的影响[J]. 统计研究，2014，31（5）:17-23.

[193] 王琳，彭其渊，李娜. 中国高铁"走出去"人才培养课程设置的思考[J]. 西南交通大学学报：社会科学版），2015（3）:14-20.

[194] 王敏，柴青山，王勇，等. "一带一路"战略实施与国际金融支持战略构想[J]. 国际贸易，2015（4）:35-44.

[195] 王敏. "一带一路"能源战略合作研究[J]. 经济研究参考，2016，22:34-44.

[196] 王琴梅，曹琼. "一带一路"道路联通的现状、阻滞因素及推进建议[J]. 发展研究，2015，10:17-21.

[197] 王思超. "一带一路"助力新疆旅游"抢跑"[N]. 中国旅游报，2016-03-03（4）.

[198] 王西平. 丝路旅游"宁夏制造"大有作为[J]. 新商务周刊，2015，17:39-41.

[199] 王兴斌. 设立海南国际旅游特区的新思考[J]. 中国旅游报，2015-06-10（11）.

[200] 王义桅，吕楠. 热话题与冷思考——关于"一带一路"与中国外交的对话[J]. 当代世界与社会主义，2015（4）:4-12.

[201] 王永才. 浅谈铁路在国家"一带一路"战略中发挥的作用[J]. 中国科技博览，2015（45）:292-292.

[202] 王志轩."一带一路"电力企业的机遇与挑战[J]. 中国能源，2015，37（10）:9-12.

[203] 王子先. 研发全球化趋势下自主创新与对外开放关系的思考[J]. 国际贸易，2013，9:4-13.

[204] 魏琪嘉，肖宏伟."一带一路"战略风险评估及应对建议[J]. 2016（2）:69-77.

[205] 温斯琪. 长客签下超级大单 为伊朗生产1008辆地铁车辆创出口订单之最[OL]. 2016-01-08. http:// mt.sohu.com /20160108/ n433871077. shtml.

[206] 文瑞."一带一路"战略背景下的中欧经贸合作[J]. 国际经济合作，2015（5）:58-62.

[207] 吴必虎，朱虹."一带一路"的旅游巨变值得期待[J]. 中国旅游报，2015-04-03（4）.

[208] 吴俊，沈仲亮."一带一路"的旅游愿景如何实现[N]. 中国旅游报，2015-04-01（1）.

[209] 吴克俭，芦金宁. 中国高速铁路技术标准体系[J]. 中国铁路，2010（7）:1-7.

[210] 吴学东. 大型交通运输企业国防交通建设研究[J]. 国防交通工程与技术，2007（1）:8-10.

[211] 吴颖."一带一路"战略与中国和阿拉伯国家的能源合作[J]. 外交学院，2015.

[212] 吴志成，李金潼. 国际公共产品供给的中国视角与实践[J]. 政治学研究，2014（5）:111-124.

[213] 吴志成，李金潼. 践行区域合作共赢与全球协商共治的中国方案——中央政府主导下的"一带一路"建设[J]. 当代世界，2015（5）:18-22.

[214] 吴志成. 董柞壮."一带一路"战略实施中的中国海外利益维护

[J]. 天津社会科学，2015（6）:69-75.

[215] 夏先良. 中国"一带一路"与美国 TPP 在全球贸易规则上的博弈[J]. 安徽师范大学学报：人文社会科学版， 2015（5）:549-557.

[216] 项璐琼. 中国进出口贸易的结构变化分析[J]. 时代金融，2015，17: 301-302.

[217] 谢海燕. "一带一路"战略下中国高铁走出去的现状、风险及对策[J]. 全国商情：经济理论研究，2015，20:35.

[218] 谢泗薪，侯蒙. "一带一路"战略架构下基于国际竞争力的物流发展模式创新[J]. 中国流通经济，2015，8:37-38.

[219] 谢晓东. 中国铁路服务"一带一路"战略[J]. 大陆桥视野，2015（9）:57.

[220] 谢燮. "一带一路"战略下的交通发展趋势[J]. 中国远洋航务，2015（9）:34-35.

[221] 辛颖. 海外投资风险防控启示录[J]，法人，2015（12）:14-19.

[222] 新财富杂志. "一带一路"风吹建筑业[OL]. [2015-04-07]. http://www.xcf.cn/tt2/ 201504/ t20150407_737929.htm

[223] 新亚欧大陆桥协调机制办公室专家王为. 铁路助力"一带一路"建设[N]. 国际商报，2015-05-22（A02）.

[224] 徐飞. 中国高铁"走出去"的十大挑战与战略对策[J]. 人民论坛·学术前沿，2016，14:58-78.

[225] 徐洪才. "走出去"，协会政府企业要协同一致[J]. 中国建材，2014，10:26.

[226] 徐建华. 开往世界的中国高铁[J]. 今日中国， 2016（3）:26-29.

[227] 许娇，陈坤铭，杨书菲，等. "一带一路" 交通基础设施建设的国际经贸效应[J]. 亚太经济， 2016 （3）: 3-11.

[228] 许佑顶，高柏松，杨吉忠，徐骏. 中国铁路工程建设技术标准"走出去"战略研究[J]. 铁道工程学报， 2016（5）:116-122.

[229] 严冰. 铁路技术装备全面"走出去". [2016-07-17]. http://paper.people.com.cn/ rmrbhwb/ html /2015-01/30content1528783.htm.

[230] 严海宁. 我国政府主导型产业集成创新的独特优势及路径选择[J]. 南昌航空大学学报:社会科学版，2015，17（4）:40-45.

[231] 严捷凯. 以交通先行推进"一带一路"战略[J]. 中国发展观察，2015（7）:27-28.

[232] 严洲. 中国铁建揽 257 亿美元尼日利亚项目铁路局提供支撑. [2016-07-16]. http://www.guancha.cn/Neighbors/2015_05_26_320937.shtml.

[233] 杨飞虎，晏朝飞. "一带一路"战略下我国对外直接投资实施机制研究[J]. 理论探讨，2015（5）：80-83.

[234] 杨宏恩，孟庆强.市场对接、产业融合与打造中国-东盟自由贸易区升级版[J]. 求是学刊，2016，43（4）:51-57.

[235] 杨怀. 积极构建内蒙古沿边开发开放经济带[J]. 内蒙古统计，2012（4）:10-11.

[236] 杨景海. 国外政府对中小企业的金融支持及对我国启示[J]. 商场现代化，2007（6）：258-259.

[237] 杨龙. 经济全球化时代企业的经营思路与电子商务[J]. 中国市场，2013，6:40-41.

[238] 杨眉，郭芳，姚冬琴. 新丝路战略的经济支点[J]. 中国经济周刊，2014，26:18-27， 88.

[239] 杨思灵，高会平. 一带一路：印度的角色扮演及挑战[J]. 东南亚南亚研究，2015（3）:1-7, 108.

[240] 杨挺，田云华，邹赫.2013—2014 年中国对外直接投资特征及趋势[J]. 国际经济合作，2014，1: 25-32.

[241] 杨晓波. "一带一路"战略实施需要金融支撑[OL]. [2015-06-04]. http://news.xinhuanet.com/finance/ 2015-06/04/c_127878354.htm.

[242] 杨雄. 李克强谈外贸：多措并举遏制进出口下滑势头[OL]. [2016-03-05]. http://business.sohu.com/20160305/n439468689.shtml.

[243] 银路. 技术创新管理[M]. 北京：机械工业出版社， 2004.

[244] 应治邦. 谈大企业在交通运输业开发中的作用[J]. 经济改革，1994（1）:59-60.

[245] 优势互补扩大国际产能合作[M]. [2016-03-08]. 环球网，http://world.huanqiu.com/hot/2016- 03/ 8671248.html.

[246] 于红,张巍.传统中小企业网络营销渠道建设探析[J].商业时代,2013(13):19-20.

[247] 于佳欣,樊曦.中国铁路设备出口成为外贸出口新亮点[J].中亚信息,2015(2):20-21.

[248] 余博,高杰.浅谈中小企业自主创新[J].商场现代化,2006(7S):151-152.

[249] 余娜,贾凡迪.中国电力新闻网.火电利用小时数创新低2015年煤炭消费持续平稳[OL].[2015-01-26]. http://www.cpnn.com.cn/zdzgtt/ 201501/ t20150126_779790.html

[250] 张冰馨.中国高铁走出去的路有多长[J].市场观察,2015(9):12-16.

[251] 张高丽.坚持共商共建共享,推进"一带一路"建设[J].杭州(周刊),2016(2):7.

[252] 张国伍.路带经济中的综合交通运输发展——"交通7+1论坛"第三十六次会议纪实[J].交通运输系统工程与信息,2014,14(5):1-9.

[253] 张红力.金融引领与"一带一路"[J].金融论坛,2015(4).

[254] 张建平,樊子嫣."一带一路"国家贸易投资便利化状况及相关措施需求[J].国家行政学院报,2016(1):23-29.

[255] 张锦,陈刚,李国旗,Nguyen Thiyen."一带一路"战略中交通物流关键问题与对策[J].物流技术,2015,21:4-6,14.

[256] 张静.从"一带一路"战略看我国产业布局[J].西部大开发,2016(4):46-49.

[257] 张军社.日本强推G7涉海声明背后的祸心[J].解放军报,2015-04-18(8).

[258] 张可成.供给侧改革中"一带一路"支撑作用研究[J].河南社会科学,2016(4):11-17.

[259] 张茉楠."一带一路"倡议深化全球价值链分工与合作[J].海外投资与出口信贷,2016(3):3-7.

[260] 张茉楠."一带一路"引领中国未来开放大战略[J].中国中小企业,2015(3):19-24.

[261] 张文. 加强旅游交流 推动民心相通[N]. 西安日报, 2013-10-25 (4).

[262] 张晓武. "新常态"背景下我国出口产品结构优化的研究[J]. 价格月刊, 2016 (3): 45~49.

[263] 张学鹏, 曹银亮. "一带一路"前景下经济开放与西部地区经济增长[J]. 宁夏社会科学, 2016 (3): 81-89.

[264] 张燕生. 适应经济全球化新形势, 构建开放型经济新体制[J]. 当代世界, 2014, 3:2.

[265] 张杨. 借丝路之缘谋旅游发展大计[N]. 西安日报, 2016-05-15 (1).

[266] 张永军. 我区推进"中蒙俄经济走廊"建设的着力点[J]. 北方经济, 2015 (8): 36-39.

[267] 张宇, 纪新宇. "一带一路"战略促进能源行业调整升级[J]. 中国改革报, 2015-09-29 (7).

[268] 张长立, 高煜雄, 曹惠民. "一带一路"背景下中国海外知识产权保护路径研究[J]. 科学管理研究, 2015 (5): 5-9.

[269] 张祖韬. 中企在白俄罗斯完成首个铁路电气化项目[OL]. [2016-07-09]. http://www.wokeji.com/jbsj/eb/201607/t20160709_2684866.shtml.

[270] 章庆慧, 蔡畅. "丝绸之路经济带"构想下的"无差异空间"与区域合作——论中国与中亚的交通运输合作[J]. 欧亚经济, 2014, 6:66-124.

[271] 赵明亮, 杨蕙馨. "一带一路"战略下中国钢铁业过剩产能化解: 贸易基础, 投资机会与实现机制[J]. 华东师范大学学报: 哲学社会科学版, 2015, 4: 12.

[272] 赵顺. 从宏观角度审视"一带一路"战略与我国经济发展和区域经济合作的关系[J]. 国际金融, 2015 (9): 38-44.

[273] 赵志浩. 国有企业"走出去"的社会责任研究[J]. 现代商业, 2015, 24:222-223.

[274] 郑健. 中国铁路"走出去"——铁路服务"一带一路"战略的思考[J]. 时事报告(党委中心组学习), 2015 (4):144-160.

[275] 郑蕾,刘志高. 中国对"一带一路"沿线直接投资空间格局[J]. 地理科学进展,2015,34(5):563-570.

[276] 郑永年,张驰."一带一路"与中国大外交[J]. 当代世界,2016(2):8-11.

[277] 智库活动报告. 杨丹:中国中小企业该怎么抓住一带一路好机[OL]. [2016-8-20.]. http:// biyelunwen.yjbys.com/cankaowen xian/428590.html.

[278] 中国报告网. 2014年中国能源产业发展现状及所面临的问题分析[OL]. [2014-10-29]. http://market. chinabaogao.com/nengyuan/ 10291960A2014.html.

[279] 中国建筑业协会. 2014年度中国建筑业双百强企业评价研究.工程管理学报,2015(4):1-5.

[280] 中国贸易救济信息网.工程机械行业借"一带一路"战略走国际化发展道路[OL]. [2016-01-29]. http://www.cacs.gov.cn/cacs/newcommon/details.aspx?articleid=135425.

[281] 中国商务部对外贸易司. 我国铁路标准"走出去"带动全产业链输出[OL]. [2016-07-16]. http://wms. mofcom.gov.cn/article/ztxx/dxcdsbmy/201507/20150701029878. shtml.

[282] 中国铁建电气化局集团北方工程有限公司官网-行业信息. 中国铁路昂首挺胸"走出去"[OL]. [2016-07-15].http://www.crcen.com/newsshow/2000.aspx

[283] 中国网. 深入解析一带一路 中投互助力中小企业腾飞海外[OL]. [2016-08-09]. http:// finance. china.com/ jykx/news/11179727/20160809/23249947_2.html.

[284] 钟洪亮. 我国产能过剩治理研究[D]. 福州:福建师范大学,2015.

[285] 仲星.中企走出去如何破"瓶颈"? [OL]. [2015-11-03]. http://www.ceccen.com/ lianmengredian/1446540553.html.

[286] 周景彤,梁婧. 一带一路战略背景下的国内产业布局[J]. 化工管理,2016(1):13-16.

[287] 周密. 探寻"一带一路"上中国工程的新方向[J]. 国际工程与劳务,2015(3):20-24.

[288] 周伟. 中国铁路标准"走出去"又有新进展[OL]. [2016-07-23]. http://news.sina.com. cn/c/2016-07-05 /doc-ifxtrwtu 9940211. shtml.

[289] 周音. 今年前 10 个月中国交通固定资产投资同比增 15.6%[OL]. [2014-11-27]. 中国日报网. http://www. chinadaily com.cn/hqgj/jryw/2014-11-27/content_12795735.html.

[290] 朱飞雄, 倪光斌. 开展中德铁路标准对比分析促进中国铁路标准走向世界[J]. 铁道经济研究, 2010（4）:5-9.

[291] 朱华. 投资发展周期理论与中国 FDI 发展阶段定位研究[J]. 经济学动态, 2012（5）:37-42.

[292] 朱梅, 杨琦. 我国铁路技术标准国际化措施研究[J]. 铁道技术监督, 2012（6）:1-8.

[293] 朱瑞. 实现互联互通愿景 共担网络空间责任[J]. 信息安全与通信保密, 2014, 12:84-85.

[294] 卓丽洪, 郑联盛, 胡滨."一带一路"战略下政策性金融机构支持企业"走出去"研究[J]. 经济纵横, 2014, 4:86-87.

[295] 宗良. 大型企业参与"一带一路"战略的前景与策略选择[J]. 国际金融, 2015, 6:7.

[296] 宗元勇. 武峰鹏. 我国中小企业的融资困境及应对策略.滨州学院学报, 2011（1）:79-83.

[297] 宗媛. 论政府如何推动中小企业信息化建设[J]. 上海改革, 2004（9）: 14-18.

[298] 邹嘉龄, 刘春腊, 尹国庆, 等.中国与"一带一路"沿线国家贸易格局及其经济贡献[J].地理科学进展, 2015, 34（5）:598-605.

后 记

当今世界正发生复杂而深刻的变化,世界经济缓慢复苏、发展分化,各国面临的发展问题依然严峻。在后金融危机时代,作为世界经济增长火车头的中国正式提出"一带一路"倡议。该倡议有利于将我国的产能优势、技术与资金优势、经验与模式优势转化为市场与合作优势;有利于维护全球自由贸易体系和开放型世界经济;有利于进一步推动沿线各国实现经济政策协调,共同打造新一轮的全球经济合作架构。在"一带一路"的大背景下,中国大中小企业应该抓住这一难得的机会,整合资源,趁势而为,积极开展国际营销,融入全球激烈的市场竞争中去!

本书在响应国家"一带一路"倡议的背景下,积极有益地讨论了中国经济转型升级以及引导中国大中小企业和谐发展等课题,切合中央宏观层面有关"21世纪海上丝绸之路"的相关方针政策开展需要。本书在整合现有文献资料的基础上,按照"战略解读—产业建构"的思想进行了研究,主要涉及能源行业、金融业、交通运输业、贸易合作、协同发展、社会责任等方面,并结合较多的真实典型案例,较全面地分析了"一带一路"倡议将会带给中国市场及大中小企业哪些新的发展契机,中国大中小企业将要面临哪些新风险和新挑战,以及大中小企业在"走出去"的过程中如何更为有效地整合资源、抱团取暖、协调发展。本书立足学术前沿,观点明确,资料翔实,具有良好的应用价值,为我国在"一带一路"倡议下调整原有的规则、重构产业、把握机遇提供了必要的成果支撑。

尽管本书查阅了大量的国内外参考文献和数据，但是由于时间仓促，加之水平有限，难免有挂一漏万之处，因此还有很多需要提高和完善的地方，敬请同行、读者不吝指教。

2015年8月—2016年8月，受我校组织部委派，我在江苏省宜兴市挂职并荣幸地担任了宜兴市第八批科技镇长团副团长，感谢在此期间给我无私帮助的各位领导和朋友，他们是王中苏、周中平、朱晓晔、朱晓泽、董国强、蒋震平、朱晨辉、吴俊奎、尤晓英、刘超、钱曙光，等等；感谢江苏神马铝业有限公司许德荣、无锡市虎皇漆业有限公司、成都云图控股股份有限公司等的大力支持；感谢我的12名挂友，他们是：戈林兴、李春雷、陈伟、周政、戴玉明、李珍、滕堑、许柯、刘越、万里强、赵国智、刘浩，正是有他们的陪伴，才使我的挂职生活充满了乐趣和欢声笑语！

感谢西南交通大学经济管理学院的全体同仁，他们的支持是我前进的动力。感谢我的博士研究生（杨力、宋红娟、罗宵、陈习宇、贾佳）和硕士研究生（杨强、张颖超、赵丽娟、柳萌、王逸瑜、王慧梅）等收集了大量资料！感谢我的夫人倪铃洁，感谢我可爱的女儿倪蒋润菲，她们在背后为我默默付出了很多！感谢本书的责任编辑，她的严谨、一丝不苟值得我认真学习。

本书为国家自然基金面上项目——大数据背景下网络定向广告精准传播综合学习模型研究（71572156）的阶段性成果。同时，本书非常荣幸地得到了四川省科技厅项目（项目名称：基于经济增长效率测度的四川省区域经济创新驱动发展战略研究；项目编号：2015ZR0015）的资助；得到了四川省白酒产业发展专项课题（项目名称：白酒广告设计与创新研究——基于眼动实验的方法；项目编号：SC14BJ18）的支持；得到了四川省社会发展与社会风险控制研究中心（项目名称：大数据背景下网络舆情、社会风险与公共安全治理；项目编号：SR15A09）的资助；得到了四川省教育厅四川农业特色品牌开发与传播研究中心项目（CAB1501、CAB1505）的资助；得到了成都市科技局（项目名称：成都市区域科技创业生态系统功能机制与评价体系研究、创新驱动背景下区域产学研结合技术体系研究）的资助；得到了四川网络文化研究中心（项目名称：网络媒体的社会责任及其评价模式研究，项目编号：WLWH15-36）的资助。在此表示最为真挚的感谢！

编著者

2017 年 3 月